「他者」の倫理学

青木孝平
AOKI Kohei

レヴィナス、親鸞、そして宇野弘蔵を読む

Éthique de l'《Autrui》
lire Lévinas, Shinran, et Uno Kozo

社会評論社

まえがき

本書はタイトルこそ「他者の倫理学」であるが、そのサブタイトルには、レヴィナス、親鸞、宇野弘蔵といういっけん何の脈絡もないような名前がならんでいる。

このため、本書を手に取ったとき読者は、大きな困惑もしくは訝しさに似た感覚に襲われるかもしれない。これはいったい何について論じた書物なのであろうか、また、誰に向けて書かれているのであろうか、という理解不能の感覚である。あるいは、それよりも前に、まず、書店員や図書館司書といった書籍を扱う担当者にお詫びを申しあげるべきかもしれない。この本は、いったいどのジャンルに入るのか、どういうテーマの棚に分類すべきか、おそらくかなり手間どり迷惑を掛けてしまうのではないかと推測される。

もしかしたら彼／彼女らは、サブタイトルにレヴィナスの名があることから本書を現象学に、より広くは哲学のジャンルに配置するかもしれない。または親鸞の名があるため仏教学に、より広くは宗教学に分類するかもしれない。さらにまたは宇野弘蔵の名によって経済学に、より広くは社会科学の分野に収められることになるかもしれない。

しかしながら本書は、これらのどのコーナーに置かれたとしても、やはり周囲の書物から浮き上がりどこか場違いの感覚を免れ得ないであろう。なんといっても本書は、これらいずれかの領域の専門的研究書に属するものではない。こんにちレヴィナスも親鸞も宇野弘蔵も、それぞれに新しい資料が発見され渉猟されており、文献学的にも人物史的にも精緻で微細にわたる研究成果が次々と発表されている。本書は残念ながら、そうした現象学や仏教学や経済学のプロパーの研究者に太刀打ちできるような学術書ではありえない。それはひとえに私の勉強不足に原因がある。

しかしながらいささか弁解めくが、そのせいでむしろ、第Ⅰ部のレヴィナスも、第Ⅱ部の親鸞も、第Ⅲ部の宇野弘蔵も、各部を独立して取り出せば、それぞれ初心者にも理解し読了してもらえるような入門書的・解説書的な記述に終始しているはずである。その意味では読者には、それぞれの好みに応じてどの部分から読み始めてもらってもかまわない。けれども、できれば全Ⅲ部の全体にひととおり眼を通していただければありがたいと思う。

なぜなら、いっけん無関係にみえるレヴィナス、親鸞、宇野という三者三様の思想を、古い言い方をすればインターディシプリナリーに、少し前に流行した表現を借りればトランスクリティークに重ね合わせたとき、そこに、読者の予想を超える、そして著者である私自身の意図をも凌ぐ、思いもよらない未知の「思考」が厳然と立ち現れてくることを期待するからである。すなわちそれは、現象学の超越論的主観性ないし純粋意識から大きくはみ出し、大乗仏教による自力作善の行から遥か彼方にあり、マルクス経済学における人間の労働という主体の完全な外部にある、それゆえ誰の想像力をも凌駕する「思考」である。このような「思考」を、認識主体としての自己を超えるという意味において、本書では「他者の倫理学」と名づけたいと思う。

いうまでもなく、これまでのほとんどすべての思想は、つねに「自己」を起点とし、あるいはそうした自己を普遍化した「人間」なるものを出発点としてきた。現象学的哲学や仏教は、そうした人間の意識によって世界を構成し、マルクス的社会科学は、同じ人間の労働によって世界を生産できるものとみなしてきた。もちろん論壇では、このような主体としての「自己」ないし「人間」を超克する思想として構造主義や関係主義の思想がはなばなしく登場したこともあった。だが、それらは、関係的構造の項に「自己」としての「人間」を縛りつけることはできても、けっきょくついに、自己（人間）を真実に対象化することには必ずしも成功しなかったように思われる。

本書は、レヴィナス、親鸞と宇野弘蔵という思想の出所も思考の形成過程もまったく異なるものをクロスオーバーさせることで、形而上学的観念論と弁証法的唯物論との障壁をいったん解体し、自我を根源的に相対化しうる「他者」を主体とする思想、すなわち語の厳密な意味での倫理的思考へと向かうことをめざしている。誤解を恐れずに言えば、現象学の外部にあるレヴィナス、仏教を異化する親鸞をつうじて、マルクス経済学を否定する宇野弘蔵を再発見する試みであるということになろうか。彼らの思想のなかに、徹底した「他者」中心の倫理学を見いだそうという企てであるといってもよいだろう。

本書は、いまだけっして体系的といいうるような完成された作品ではない。もしかしたら著者の舌足らずの言語のせいで、自分では表現したつもりになっている思考の半分も読者に伝わらないのではないかと危惧している。けれども、賢明なる読者諸氏には、この未熟な書物の言外にあるものを想像力で補って読んでいただき、本書に期せずして埋め込まれた「倫理への渇望」を汲み取っていただければ、なによりの幸せである。

著　者

「他者」の倫理学

レヴィナス、親鸞、そして宇野弘蔵を読む

目次

はじめに

カール・マルクスの歴史社会の認識には「外部」がない。それゆえ「他者」がいない。その弁証法的唯物論とよばれる論理学は、方法的に、G・W・F・ヘーゲルにおける「精神」の自己展開を逆立ちさせて、これを「労働」の内的な自己発展過程へと読み替えたものにすぎない。

周知のようにヘーゲルの『精神現象学』は、人間の意識が、感覚としての意識から自己意識をへて理性にいたり、それが精神、宗教から絶対知にまで到達するという、意識の内在的発展過程を記述するものであった。また、『エンチクロペディ』においては、絶対精神の自己展開である「論理学」が、存在・本質・概念から、その主観性と客観性の分裂をへて理念として現われ、「自然哲学」にいたる。それは力学・物理学・有機体学を介して、さらに人間の「精神哲学」へと発展し、最後に、主観的精神から客観的精神を経過して絶対精神へ還帰するという壮大な精神（意識現象）の内発的自己運動の考察であった。

マルクスはこうした弁証法的思考形式を歴史に適用し、有名な史的唯物論を構想する。それは物質的生産力の発展過程に対応して生産関係なるものが自己展開する、人間の労働それ自体の「内的」な発展史観であった。

このことは主著『資本論』についても、おそらく当てはまるであろう。『資本論』がそのまま史的唯物論の具体化であるとはいえないであろうが、それが、資本主義の「内的」な生成・発展・消滅を説く歴史理論であることは大方の認めるところであろう。マルクスにおいて資本は、人間の労働が対象化され結晶したものとしての商品および貨幣から導き出される。そして、資本主義における労働とその生産力の発展、したがって蓄積の進展は、競争の圧力によって生産性の高い技術の導入を強いられることになり、こうした資本の有機的構成の高度化が、長期的には利潤率の傾向的な低下として作用する。それはまた、いわゆる過剰労働力の累積的な滞留を生じさせ、これが労働者の賃金下落と貧困、労働条件の劣悪化、無知と粗暴、道徳的堕落という絶対的窮乏化をひきおこすことになる、というロジックである。

したがって資本主義は自動的に終末を迎えるのであり、『資本論』において労働者は、資本構成の高度化あるいは絶対的窮乏化という法則を人格的に体現するものとして、いわば弁証法的必然性に突き動かされて資本主義の墓掘り人となる。それゆえ労働の担い手である人間は、資本主義の「内部」から自然発生的かつ必然的に資本主義社会を打倒する運動に立ち上がることにならざるをえない。こうした思惟形式は、『資本論』の再生産表式の不均衡から資本主義の自動崩壊を説くR・ルクセンブルクや、『資本論』の論理的延長上に帝国主義戦争の不可避性を導きだすV・I・レーニンにも、基本的に受け継がれているとみることができるであろう。

マルクスにとって「人間」なるものは、ヘーゲルにおいてそれが絶対精神の運動に操られる観念的存在であったのと同様に、物質的生産の運動内部から一歩もはみ出すことのない「労働」の具現者であった。したがって資本主義は、人間労働の生産力の自己発展にともなって社会の「内部」から自動的に崩壊を遂げることになり、資本主義の「外部」から法則そのものを意識的に廃絶し資本主義を意図的に変革する能動的「他者」は、いっさい登場する余地はなかったのである。すなわち、ヘーゲルを逆立ちさせたマルクスにおいて、経済学は普遍的歴史理論であり、人間のイデオロギー的実践はいわゆる上部構造として、物質的経済的土台の変化に規定された受動的・従属的・消極的な位置にとどまった。それゆえマルクス主義における「理論と実践の弁証法的統一」なるものは、実質的には、理論による実践への支配に帰結する以外になかったのである。

戦後の一時期、たしかに、初期マルクスの『経済学・哲学草稿』や『フォイエルバッハ・テーゼ』が流行し、主体性唯物論と呼ばれる思想がもてはやされた時代があった。けれどもこれも、普遍的「人間」なるものを基準にして、資本主義において疎外された人間から本来的な人間主体への復帰をめざす、ヘーゲル左派流の弁証法的必然性に基礎づけられた「主体性」でしかなかった。観念論であれ唯物論であれ、ヘーゲルやマルクスの弁証法的認識の枠内においては、資本主義の運動そのものに「外部」的に対抗する「他者」は、ついにどこにも、そのレゾンデートルを見つけることはできなかったのである。

さて、わが国においては、こうしたマルクス理論の常識からみれば、きわめて奇異な、マルクスを裏切る「マルクス学」が存在する。理論と実践の分離、あるいは科学とイデオロギーの峻別によって知られている宇野弘蔵の理論体系である。その三段階論（原理論・段階論・現状分析）と呼ばれる方法論は、唯物論的な歴史の反映ではなく、あくまでも思惟によって構成された認識モデルである。

宇野は、マルクスの『資本論』にみられる労働の生産力の発展によって資本主義が生成・発展・死滅するという弁証法を否定し、独自に、商品経済としての流通が人間の労働＝生産を包摂するという想定にもとづいて、純粋資本主義と名づけた認識モデルをつくりあげた。一般に「原理論」と呼ばれる認識論である。したがって宇野原理論はマルクスと異なり、人間の労働が主体ではなく、あくまでもそれを「外部」から包む商品経済の方が主語である。それは、市場メカニズムが「あたかも永遠に繰り返すかのごとくに」運動する循環の論理学であり、それゆえ、その「内部」に包摂された労働者をはじめとするあらゆる人間は、商品経済的な自由・自立・自存の「自我」を基調とした小ブルジョア・イデオロギーに囚われ、そこから一歩も脱け出せないことになる。

宇野は一見すると、巷間に言われるように、純粋理論としての経済学だけを追求した科学主義リゴリズムの権化のようにみえるかもしれない。しかし彼は、原理論をひとまず自閉した認識モデルに純化することによって、かえって、資本主義とそのイデオロギーである近代的「自我」なるものの特殊性、すなわち歴史的な自己限定性を浮き彫りにすることに成功したのである。

たしかに純粋資本主義の「内部」からは、小ブルジョア的自己あるいは近代的自我を否定するイデオロギー的実践の登場する余地はない。だが、むしろそれは、その「外部」に、資本主義とは異質の壮大な実践固有の領野が広がっていることを強く示唆するものであろう。逆説的なロジックとしてではあるが、宇野は、資本主義の理論的認識の範囲を厳格に限定することによって、理論に従属せず理論から独立した実践的イデオロギーの可能性を徹底的に擁護した。いいかえれば、資本主義内部の「自我」に対して、「絶対的に他なるもの」としての「他者」の存在意義を原理的に明証したともいいうるであろう。

そのうえで、原理論と区別された「段階論」と呼ばれる領域が構成される。そこにおいては、資本主義の「外部」すなわち「他者」としての非市場的な存在者が類型的・明示的に導入される。いいかえればそれは、「自己」に対して「他なるもの」の認識論的なコンフリクトが初めて現出するステージでもあるといってもよいだろう。そして最後の「現状分析」の領域では、資本主義的な人間の意識(自我)よりもむしろ、その外部にある「絶対的に他なるもの」が積極的で能動的な役割を果たすこととなる。それゆえ現状分析は、唯物史観はおろか資本論さえも妥当しない「単一の社会科学 Social Science」を構成するのであり、それはまさに思想的には、「他者」の側を主体として資本主義的な「人間(自己)」というイデオロギーを批判し、その根源的で全面的な変革の可能性を照射することになるのである。

こうしたマルクスから宇野にいたる経済認識の変化は、社会科学における主体という契機を、「内部」から「外部」へ、いいかえれば「自己」から「他者」へと転換する過程でもあった。けれどもこの転換は、たんに社会科学に限られたものではない。むしろあらゆる優れた哲学思想が被らざるを得なかったパラダイム転換の一環でもあったのではないか。

そこで、本書では、マルクスから宇野への方法論的転換の思想史的意味を、西洋と日本における哲学（主体の形而上学）の変遷を範型にして探ってみることにしたい。

第一に、西洋における自我（主体）の形而上学の典型として、E・フッサールに始まる現象学の潮流をとりあげることにする。現象学こそは、自己意識の構造（超越論的主観性）そのものを解明することから、「他者」との共同主観的な世界を探りあてようとした代表格である。けれどもこの試みは失敗に帰したといってよいだろう。それは、独我論的な自己の主観性の世界に、「他者」を引きずり込み暴力的に支配するものでしかなかったからである。これに対して現象学的倫理学の形成は、J・P・サルトルからM・メルロ＝ポンティにいたる試みを介して、E・レヴィナスによってはじめて可能となった。レヴィナスは、自我の全体性に還元されず、逆に、自己を超越する「他者」の無限性の明証へとたどり着くことに成功したのである。

類似した変換は、西洋の宗教学でも、キリスト教におけるカトリックからプロテスタントへの転換のなかに垣間見られるかもしれない。だが、より鮮明な例として、日本における大乗仏教の変遷にひとつの典型を探ることができるであろう。そこで第二に、奈良・平安期に隆盛を誇った聖道門仏教（自力仏教）から、鎌倉初期の法然をへて親鸞にいたる浄土門仏教（他力仏教）への転位の思想的意味を検討してみることにしたい。親鸞こそは、自力作善によって自己が悟りへといたる道を放棄し、絶対的「他者」としての仏を主体とする救いの道を説いた思想家だからである。

もちろん、時代背景も思想的文脈もまったく異なる現象学（哲学）や仏教学（宗教学）における認識論の転換と、経済学（社会科学）におけるイデオロギー論との比較は、たんなるアナロジーとしてもあまりにも無謀な企てであることは十分に承知しているつもりである。しかしながら、マルクスから宇野にいたる経済理論から「弁証法」や「唯物論」という無意味な装飾を取り除いて、そこになお残る思惟形式のプロトタイプのなかに根源的な倫理を発見するためには、どうしても、このような迂回した思考プロセスをたどることが必要なのである。

第Ⅰ部

現象学における他者

第Ⅰ部においては、まずE・フッサールに始まる超越論的主観性すなわち独我論的な「自己」に映現した純粋意識の世界を検討する。そこでは「他者」もまた、「自己」によって構成され、自己の自同的な意識のうちに包含され還元される対象でしかなかった。しかしながらこれに対して、こうした純粋意識の世界を批判し、逆に、「絶対的に他なるもの」つまり「他者」を能動的主体として肯定することで、「自己」の徹底的な受動化をはかろうとする哲学が登場してくる。いうまでもなくE・レヴィナスによる現象学的倫理学である。

ここでは、レヴィナスにおいて、いかにして自己の現象学から「他者の倫理学」への転換が可能となったかを追体験し、その意義を探ってみることにしたい。

第一章　フッサールにおける独我論の哲学

1　西洋的二元論の哲学を超えて

西洋近代の哲学は、一七世紀に、中世的な身分社会を批判して自由な個人を謳歌する人間主義Humanismusの思想として始まった。それはまた他方において、勃興しつつある資本主義の商品経済的合理性に依拠して科学主義Szientismusを標榜し、これを啓蒙するものであったともいってよいだろう。まずは、こうした近代における宿痾というべき人間と科学の二元論的思考の検討から考察を始めることにしたい。

近代哲学はフランシス・ベーコンがその端緒を切り開いたといわれる。彼は、科学の方法として、従来のアリストテレス的な演繹法による普遍主義を否定し、人間理性と実験の能力だけに依存する帰納主義を提起した。つまり、これまでの形而上学に取り憑いていたあらゆる偏見と先入観、いわゆる

「イドラ idola」をいっさい除去し、まったくの無前提から出発すべきことを説いたのである。

これを受けてルネ・デカルトは、一切の前提をふるいにかけて、わずかでも疑いの対象となりうるものはすべて虚偽として排斥するという、いわゆる「方法的懐疑」を提唱した。そして、この世界におけるものは存在であれ思想であれ物質であれ観念であれ、人間の眼前に絶対的に確実なものは何ひとつとしてなく、「あらゆる命題は疑いうる」という結論を導き出したのである。けれども、森羅万象の一切を疑うことは可能であるが、絶対に疑うことが不可能で確実な事実が一つだけある。それは、少なくとも現実に懐疑している「私自身」が、今ここに厳然と存在しているということである。このことだけは絶対的に不可疑的な事実としてある。こうしてデカルトは、「我思う、ゆえに我あり Cogito, ergo sum.」というテーゼを、哲学のもっとも初原的で絶対的な第一原理として位置づけた。それゆえデカルトの「我 ego」は、物質的な世界から切り離された意識の主体としての自我であり、自然的世界を客体として観察することのできる純粋に思惟する主体、すなわち認識主観性としての自我でなければならなかったのである。

こうしてデカルトは、主観的で非物質的な意識の主体としての自我を「実体」として捉えたうえで、他方において、この外側に客体的な対象として存在する自然的物質的な世界をも、「実体」として肯定することになる。すなわち、自我とは思惟的主体としての精神であり、世界とは延長的客体としての物質である。この両者を架橋しうるのは、唯一、無限的実体としての「神」以外にありえない。すなわちデカルトのいう「実体 substantia」とは、その存在のために他の何ものも必要とせず、それ自身によって自存するものであり、まさに自我（精神）と物質（世界）とは、それぞれ独立した実体として何ら相互に作用しあうことなく自己完結した固有の体系をなすものであった。

それゆえデカルトにおいて、自我と自然、主観と客観、精神と物質、意識と存在を対立的な「実体」として捉える、西洋近代の二元論的世界観がはじめて誕生したのである。それはまさに、資本主義の形成にともなう商品経済的な個人の尊厳を基調とする「人間主義（主観主義）」と、その産業技術的進歩に支えられた物質世界の「科学主義（客観主義）」という相対立する哲学を双方ともに肯定する思想を、形而上学的に宣言するものでもあったともいえるであろう。

さて、こうした自然科学的方法をモデルとして、人間の認識論そのものを考察の対象としたのが、イマニュエル・カントであった。彼は一七八一年に『純粋理性批判』を著している。カントは、これまでの自然科学がア・プリオリに前提としてきた、認識の真理性は自然界に客観的に存在する対象を人間の意識がそのまま模写することによって保証されるという素朴な実在論を、根底的にひっくり返すべきことを主張した。これがよく知られているように、認識が対象に従うのではなく、対象の方が認識に従うという「コペルニクス的転回」である。

カントによれば、人間の認識は、まず、外界にある材料を自己の感覚器官を介して後天的に受け入れる、受動的で経験的な直観にはじまる。つぎに、この外界の材料を認識によって内面化し、主観的意識に先天的に備わっている思惟形式（量・質・関係・様相）にもとづいて能動的・主体的に加工する。このようにして、認識は、人間主体における受動的直観と能動的思惟の統合によって初めて可能となるという。このことをカントは、「直観なき思惟は空虚であり、思惟なき直観は盲目である」と表現する。彼が『純粋理性批判』において、自らの認識論を、（イギリス的）経験的実在論と（大陸的）超越論的観念論とをともに克服するものであると宣言しているのは、このような認識論における二重の系譜の統合を自分が初めて可能にしたという自負を表明しているのであろう。こうしてカントは、認識論を人間主体の問題として据えなおし、理論理性的な認識の構造を積極的に基礎づけようとしたのである。

けれどもカント哲学の真骨頂はその先にある。

それはあくまでも純粋理性そのものに対する批判である。いいかえれば理性に対する理性自身の自己吟味であり、人間の理性的能力それ自体の限度を見定めることでもあった。それまでの認識論では、人間の主体的・能動的な認識能力すなわち理論理性そのものを極限まで展開すれば、人間は神をも認識できるとされてきた。これに対してカントは、そうした独断論的な理論理性主義を批判し、そこに一定の限界があることを認めて受容することになる。一般に、カントが、デヴィッド・ヒュームの経験論的観点からする因果批判を受け入れることによって、R・デカルトからG・W・ライプニッツにいたる超越論的観念論の「独断の微睡から目覚めた」といわれるのは、この理論的展開を指していよう。

カントは、人間が外的世界を認識し経験することには必然的に限界があり、認識できるのは実体としての対象世界（物自体）ではなく、物の「現象」的側面だけでしかないという。非歴史的で不変の母型である「物自体 Ding an sich」は、人間の超越論的認識を制約する普遍的構造であり、経験的認識はその「現象」をたんに一面的に感知するにすぎない。この意味で、カントにとって「物自体」は、純粋理性の能力の本質的な限界を指ししめす極限概念であるとされたのである。

このことは、実在的物質ではなく、とりわけ抽象的概念にかんしてよく当てはまるであろう。カントは、たとえば神の存在、霊魂の不滅、人間の自由といったテーマについて、それが真理であるかどうかは、理論理性の対象つまり「物自体」としては判断することができず、人間の意識はただその「現象」について考察するだけであるとする。すなわち、神について、現象としては絶対的必然的な存在者はいないが、物自体としてそれは存在する。人間は、現象としては因果律に支配されて自由はないが、物自体としては自由である。霊魂という実体は、現象としては存在しないが、物自体としては人間の認識の根底にある普遍的意識を実体化したとき永遠不滅のものとなる、というのである。

こうしてカントにおいて「物自体」の存在とその「現象」に対する認識との乖離は、二律背反（アンチノミー）の問題として扱われ、理論理性の領域では積極的な解決を見いだせないことになる。このアンチノミーは、つづく第二批判である『実践理性批判』に委ねられ、そこにおいては、一種の道徳的信仰の問題としてこれに解決を与えようとしたといえる。すなわち物の存在に、自然の因果律では律せられない自由による因果性を認め、これを実践理性の優位として指し示すことによって、そこに道徳固有の領域を確保しようというのである。さらに第三批判である『判断力批判』では、こうした同じ理性のもつ二つの局面が有機的自然の目的へとかたちを変えて展開されることにもなる。

しかしここでは問題を理論理性に限定し、それゆえ第一批判だけを扱うことにしたい。

2　超越論的主観性の現象学

以上のように客観と主観、存在と認識、自然と自我の対立というデカルト的な二元論、あるいはカント的なアンチノミーは、これまで、理論理性の内部においては解決できない問題として扱われてきた。これに対するひとつの解決策として提唱されたのが、ヘーゲルに始まる概念の自己展開としての弁証法的一元論であるとするならば、もうひとつのそれは、エトムント・G・A・フッサールを始祖とする現象学であるといってよいだろう。

フッサールは、一九〇七年の『現象学の理念』、そして一九一三年の『純粋現象学および現象学的哲学のための諸考察・第一巻（イデーンⅠ）』において、独自の超越論的還元という方法論を提起した。

彼はまず、人間が経験的で具体的な事物の総体から成る外的世界を自明なものとして前提する態度を「自然的態度 natürliche Einstellung」と呼ぶ。さらに近代科学は、実験実証的方法によって、この外的世界の存在に学問的な客観性と普遍性を付与してきた。これを「自然主義的態度 naturalistische Einstellung」と呼ぶ。フッサールによれば、こうした自然的および自然主義的態度においては、必ず、まず、世界が意識から独立に超越的で客観的に存在するのを自明のこととして前提とし、つぎに、人間が主観的かつ個別的にこれを認識するという、デカルト的二元論ないしカント的アンチノミーが潜んでいるという。

現象学は、このような誰もが当然のこととして疑わず素朴に信憑している世界像を、ひとつの憶見（ドクサ）として根底的かつ方法的に懐疑することから開始される。

このため現象学は、外的な世界の実在そのものを遮断して、それについていったん判断停止（エポケー）を行なう。それは、客観的世界の存在自体を抹消するものではないが、その存在をひとまずカッコに入れ、世界を、純粋な意識の表層にあらわれる現象へ、つまり「事象そのものへ Zu den Sachen selbst!」一元的に還元して分析することになる。これが、純粋意識ないし純粋主観への超越論的還元 phänomenologische Reduktion といわれる方法である。それゆえこうした現象学的な還元は、世界があらわれる意識の主観的表象だけを立脚点にして、なぜ客観的世界がそれに先行して存在するかのような信憑が生じるのかという、意識現象それ自体の存立構造を問うことになるのである。

この点をフッサールは『イデーンⅠ』において、つぎのように説明している。

「現象学的観念論は、自然や実在的世界の現実的存在を否定するのではない。……現象学的観念論の唯一の課題と作業は、この世界の意味を解明することであり、正確にいえば、この世界が万人にとって現実的に存在するものとして妥当し、かつ現実的な権利をもって妥当しているゆえんの、ほかならぬその意味を解明することである。」（イデーンⅠ-Ⅰ 三二頁）

フッサールによれば、意識とは、ドクサを取り払って原的にある事象（現象）そのものへと純化された純粋自我であり、それは、意識の内部にあらわれる知覚や記憶などの射映に形式を与えて意味の統一を構成する意識作用（ノエシス）、およびその相関者として意識によって構成された受動的対象性（ノエマ）から成り立つ。意識は自らの意識を意識することはできず、意識とはつねに「何ものかについての意識」でしかありえない。彼は、こうした意識の働きを「志向性 Intentionalität」と名づける。それは、「～についての」という表現から明らかなように、原理的には意識による対象の「構成 Konstitution」を意味する。すなわち意識の志向性によってのみ、事象は初めて「対象 Objekt」となる。それゆえ、のちのフランスの実存的現象学においては、それは「対象化 objectivation」あるいは「意識事象の主題化 thématisation」とも言い換えられるのである。

フッサール自身はこの意識事象の志向的統一性を、「意識経験（コギト）―意識作用（コギタチオ）―意識内容（コギターツム）」というシェーマで表現している。すなわち人間の具体的経験は、多様な知覚という意識内容を素材（ヒュレー）とし、意識の志向的統一という作用をつうじてのみ構成されるという。これが、純粋意識の志向性にもとづく世界の「第一次領域 die primordiale Sphäre」といわれる場面である。

こうしてフッサールの現象学は、世界の実在の証明ではなく、世界という信憑がなぜ意識に成立するかという存在の妥当性すなわち明証性を明らかにするものであった。たとえば道具であれ食物であれ、それらの個物が、眼、耳、鼻や口その他の感覚器官を通じて一定の表象として原的に意識に現れている、すなわち知覚されていること自体は、絶対的に確かなことである。それゆえこの「知覚直観（個的直観）」による認識そのものは、けっして否定することのできない不可疑性をもつとされるのである。

しかしながら、たとえばカントが理論理性そのものの限界とみなした「神の存在」、「霊魂の不滅」、「人間の自由」といった抽象的概念についてはどうであろうか。これらにはなお、絶対的確証を超越transzendentした可疑性が残るのではないか。

けれどもフッサールは、神や霊魂や自由といった観念も、あらかじめそこに客観的意味（真理）が存在するというドクサを捨て去れば、それがいま意識に実際に現出し、直観されているという事実そのものは、やはり不可疑的たらざるをえないという。ここでは概念の真理性は問題となりえない。むしろ言語的に表現された概念そのものが、意味としての側面をもち、それがそのまま思考的認識の素材に提供されていることこそが重要である。あらゆる概念は言語に置き換えが可能であり、この言語に含まれる意味をフッサールは「本質」と名づけた。この意味の認識作用が「本質直観Wesensanschauung」と呼ばれるものである。すなわち抽象的概念にも、知覚直観と同じように直観（本質直観）が成り立つ。それゆえ、感性的知覚も本質としての意味の認識も、意識に直接射像された「直観」として観取できるかぎりにおいて、それらを疑うことにまったく意味がないことになる。

「いっさいの諸原理のなかで、とりわけ重要な原理は、すべての原的に与えられる直観こそが、認識の正当性の源泉であるということ、つまり、われわれに対し原的に、いわば生身のありありとした現実性において呈示されるすべての『直観』は、それが自らを与えてくるとおりのままに、しかし同時にそれがそのとき自らを与えてくる限度内においてのみ、端的に受けとらなければな

らないということである。」(イデーンI-I　一一七頁)

「もろもろの事物は、知覚されたり想起されたり、それゆえ現実的なものと意識されたりできるし、あるいはまた、変様された作用のなかで、疑わしいものとか空しいものとか意識されることもできる。……本質もまた、他の対象と同様に、あるときは正しく、またあるときは間違った仕方で、思考されることができるのであり、後者の例が幾何学的思考のばあいである。本質把握や本質直観は、多様な形態をもつ作用であり、とりわけ本質観取は、ひとつの原的に与える働きをする作用であって、そのようなものであるからには、感性的作用の類比物であり、空想的作用の類比物ではないのである。」(同)

それゆえフッサールは、本質直観ないし本質観取による認識を、意識の「内在 immanent」による世界存在の本質還元と呼んだ。この内在から出発して意識のうちで事象経験を構成することを「超越 transzendent」と呼ぶ。すなわち現象学とは、意識に内在的に与えられた事象の超越論的な再構成を意味する。この二つの作用の統合によって、フッサールは、自らの現象学が唯一の「厳密な学 strenge Wissenschaft としての哲学」になったと自負したのである。たしかにそれは、客観的存在と主観的認識との対立を「神による統一」によって解決するデカルトや、「物自体」の存在と「現象」の認識に二律背反を認めるカントの難問、すなわち二元論を排し、超越論的意識による内的世界の構成へと一元的に自閉することによって切り抜けるひとつの解法であったということができよう。

けれども、こうした現象学による世界の超越論的自己への還元に対しては、構造主義やマルクス主義などから、環境や言語や社会関係による規定性ないし構成性を無視した独我論であるといった批判が噴出することは避けられないところであった。これらの批判に応答すべく、フッサールは、その現象学のなかに「他者 der Andere」を位置づけ、自己が他者とともに共属する「間主観的世界 Intersubjektivität」を構成しようと企てるのである。

3 フッサールによる他我の明証

こうしてフッサールは、一九三一年に『デカルト的省察』を発表し、その「第五省察」において、いわゆる「間主観性」論を展開することになる。すなわち、これまで彼が遂行してきた世界の超越論的主観性による自己意識への還元に対し、この省察では、純粋自我により構成された世界において、どうすれば他者の主観的世界が妥当視されることが可能になるかという、現象学における最大のアポリアに挑むことになるのである。

いうまでもなく間主観的世界が成立するためには、自己と同じ主観を共有する「他者」、いいかえれば唯一の超越論的主観である自我が認識しているのと同じ世界を認識する「他我」が存在していなければならない。しかしながら現象学においては、自己と同型の他者をあらかじめ前提することはできない。それゆえフッサールは、自己の意識に現れる他者を、自己と同じ主観をもつ存在として「構成」することによって、他我の存在を明証し理解しようとする。つまり、自己の主観は独我論的な主観ではなく、他の主観と相互的で共軛的な間主観性をもつものであり、自己は他者との共属世界においてのみ存立しうることを明らかにしようというのである。

すなわちそれは、これまでの超越論的還元が、世界から純粋自我へと還帰する自我論的還元であったのに対して、いわば純粋自我を出発点にして、あらゆる人々に共通に認識される世界の妥当性を構成する「形相的還元 eidetische Reduktion」の試みであるといわれるものである。

出発点は、『イデーンI』において到達した世界の「第一次領域」である。それが、他者を含むあらゆる自然的な信憑をカッコに入れた超越論的主観性の世界であることはいうまでもないことであろう。そこには自我と、その意識によって構成され意味付与された事象世界しか存在しない。この自我によって構成された事象世界には、あらゆる物質や観念が含まれているが、ただひとつ他とは異なるものが存在する。フッサールはそれが「自己の身体」だというのである。

「身体 Leiblichkeit」はたしかに構成された世界の一部であるが、他の世界の素材とは明らかに異なっている。フッサールによれば、そこには二つの異質性がある。第一に、「自己の身体」は、私のすべての感覚直観が帰属する唯一の素材であること。第二に、「自己の身体」は、私の意識の自由な志向性に応じて動かすことができる、つまり私の意思が直接自由に支配しうる唯一の素材であること、である。こうして「自己の身体」は世界のさまざまな他の構成物と区別され、それらに先行する。すなわち、「自己」と「自己の身体」の関係こそが、世界においてもっとも根源的で密接な関係として認知されることになるのである。

さて、この関係が直観されると、「自己」は、「自己以外の身体」について、それを私ではないものとして認識することになる。なぜなら、「他の身体」は、私の感覚的直観に帰属せず、私の意識の自由な志向性に応じた動きをすることがないからである。けれども、物体としての「他者の身体」は、それが私の身体に類似しているという事実から、具体的には頭部と胸腹部、性器や四肢などによって構成されているという事実から、「自己の身体」との「類比性 Analogie」を直観することができる。すなわちそれは、私の身体と「対関係 Paarung」にあるものとして理解されることになる。こうして「他者の身体」は、自己の身体とまったく同じ「身体」という意味を移入されるのである。フッサールは、その第五省察においてつぎのようにいう。

「私の第一次領域のうちに一つの物体が現れ、それが私の身体に類似している、すなわち私の身体と対関係を結ぶに違いないような外観をもつ物体として現れたばあい、その物体は、私の身体からの意味の移し入れによって、ただちに身体という意味を受け取るにちがいない。」（デカルト的省察 二〇三頁）

いいかえれば、「他者の身体」に、「自己」から「自己の身体」への密接な志向関係と同様の意味を付与し、ここから、「自己投入 Einfühlung」と呼ばれる「意味の移し入れ Sinnesübertragung」によって、他の身体の動きに対応する「自己」の類似者としての「他者」を構成することになる。たとえば私は、自分が喜びや悲しみを感じたとき、その志向性に応じて自己の身体にどんな創造的作用が生じるかを知っている。一例をあげれば、私の感情の変化によって顔に紅頬や落涙が生じ全身に発汗が生じることがある。それゆえ私は、私ではない他の身体に、私と同じような紅頬や落涙あるいは発汗という作用が起こったとき、そこに私と同様の感情をもつ「類似者」すなわち「他者」の存在を構成することができるようになる。これをフッサールは、身体の「対」関係を介した自己の「根源的呈示Präsentation」に対応する、他者の「想像的呈示Verge-genwärtigung」と名づけている。

こうした一連の過程をへて、初めて「他者」は、「自己」の「類比的統覚analogisierende Apperzeption」として、私の意識のうちに間接的に呈示されることになるのである。

このように、人間は知覚直観によって物体としての認識を構成し妥当していくことができるが、「他者」の妥当にかぎっては、特殊な構成方法を採らざるをえない。フッサールはこれを空間的位置関係に喩えて、「自己の身体」がここにあり「他者の身体」がそこにあると仮定したばあい、「もし私がそこに身を置いたならば、他者の身体は、同様の現れ方をするであろうものである」という。すなわち「自己」と「自己の身体」の密接な根源的関係から「類比」して、「自己」ではないが「自己」と同様のものがそこに存在するはずだという確信が得られるというのである。

それゆえ「他者」は、自己の類似者として以外にありえない。他者は、必然的に私の客観化された最初の自我であり、これをフッサールは「私の第一次領域の指向的変種」と名づける。ここにおいて「他者」は、たんなる私の類推現象にとどまらず、「私という自我の変容態Modifikation meines Selbst」すなわち「他我alter ego」という意味を付与されることになる。すなわち他我のモナドは、私のモナドを通じて間接的に提示され、構成されることになるのである。

「根源性（オリジナル）として現前し確認できるものは、固有なものとして私自身に属している。それに対して、原初的には充足されない仕方で経験されるもの、それが『異なるもの』としての『他者』なのである。それゆえ他者は、自分固有のものの類似物（アナルゴン）としてのみ考えることができる。……つまり他者は、現象学的には私という自己の『変容』として現れるのである。」（デカルト的省察二〇六頁）

それゆえ他者は、私と同等の存在でありながら、いいかえれば私でないもう一人の私として根源的に意識される存在でありながら、根源のままには与えられない存在でなければならない。他者は、「根源性」という言葉のなかに形容矛盾として含まれる、私ではない他の私つまり私の「類似物」という二重の性格をもってのみ現前することになる。

したがってフッサールのいう「間主観性」とは、けっして「自己」と「他者」のあいだにある共同的な主観性もしくは主観の相互作用を意味するものではなかった。それゆえまた、「自己」と「他者」がともに同一の世界の中に属しているという事実を保証するものでもなかった。なるほど「他者の主観性」は、それぞれの相関者としての他者の違いに応じて多様に現出するであろう。だが、それはあくまでも、私（自己）の主観性によって他者を認識する、ひとつの確信の妥当を意味しているにすぎない。それぞれの主観は各人の「構成」によってひとつのまとまった体系をもちうるが、それらの「間主観的世界」なるものは、どこまで遡っても、それぞれの私（自己）による超越論的主観性の世界への内属から脱却することはできなかったのである。

以上から明らかなように、フッサールの説く「他者」構成なるものは、自己の意識に現れる主観を他者も同じように共有するはずだという確信を述べているにすぎないことになろう。したがって、そこに構成された「他我」は、たんに自我が投影された自己の操り人形にすぎず、実際に原的に生きている他者になっているわけではない。フッサールのいう「他我」は、超越論的に構成された純粋意識の枠内に閉じ込められて、自我による意味付与から一歩も超出することはなく、いわば自我の暴力性に服従する幻想的な「他者」でしかなかったのである。フッサールはこれを認める。

「私は他我の身体によって他我を意識するのである。他我の身体は、他我自身には、絶対ここという現れ方において与えられている。しかし私は、私の第一次領域のうちにおいてそこという様態で現れるものと、他我の第一次領域のうちにおいて彼に対してここという様態で現れるものとが、同一の物体であるといったいどうして言えるのであろうか。」（デカルト的省察 一一六頁）

すなわち現象学という独我論を前提とするかぎり、私の身体と、私の意識のなかに構成された他者の身体との間には「超えることのできない深淵」がある。それはけっして単一の世界を構成していない。

これこそが、フッサールの説く「間主観的世界」が、ひとつの客観的世界ではありえず、誰もが同じ世界を見ているはずだという、いわゆる「自己投入 Einfühlung」された私だけの臆見的世界にとどまったゆえんであろう。こうして、「他者」の主観が「自己」の主観と基本的に同一の構造をもつという推測の範囲において、「自己」は「他者」を理解できるというのが、フッサールの「間主観性論」の結論であった。それはいわば、私（自己）が他者を理解したのではなく、理解したつもりになっているにすぎなかった。そこでは、自己と他者との共属的同一性は、ついに保証されることはなかったのである。

けっきょくフッサールは『デカルト的省察』において、自己とそれ以外の他者とが共通に営むという意味での「間主観的世界」の構成に失敗したといわざるをえないのではなかろうか。

その後の一九三六年、フッサールは、存命中の最後の著作である『ヨーロッパ諸学の危機と超越論的現象学』を執筆する。

この著書で彼は、初期の『イデーンI』において現象学的還元によってエポケーした「自然的世界」を、「生活世界 Lebenswelt」の名のもとに肯定するようになる。そこでは、現象学の中心的概念であった超越論的主観性によって世界を能動的に構成するという方法論は背後に退き、逆に、自然的で客観的な生活世界の「先所与性 Vogegebenheit」なるものが強調されることになる。すなわちこの著作においては、自然主義的態度にもとづく科学的世界への批判だけが全面に押し出され、自己と他者が共存する自然的世界＝生活世界は、「あらゆる現実的および可能的実践の普遍的領野としてあらかじめ与えられている」として、その現象学的分析はもはや完全に放棄されてしまうのである

晩期フッサールにおいては、純粋自我による間主観的世界の構成という当初のテーマは消えてしまい、その哲学は、世界に対する自我の受動性をあらかじめ前提とするものへと大きく変貌していったといえよう。こうして前提とされた歴史的・文化的な「生活世界」においては、超越論的意識による

他者の構成はあらかじめ所与のものとされ、もはや、「他者の存在」の明証という問題意識そのものが、その理論体系中に占めるべき位置をもたなくなっていくことになる。それはフッサール現象学の深化というよりも、やはり方法論的後退を意味するのではなかろうか。

それゆえ本書においては、前期フッサール固有の現象学のみを検討対象とし、晩期フッサール理論は検討の対象からはずさざるをえない。

4 身体的存在としての他者

サルトルによる対他存在論

前期フッサールは、世界を認識する主体として、超越論的主観性としての自己の意識を出発点に置いた。これに対して、「自己の意識」を「固有の身体 corps propre」に置き換えて、現象学的世界のなかに「他者の存在」を明証的に位置づけ直そうと企てたのが、J・P・サルトルおよびM・メルロ＝ポンティであった。

たしかにフッサールも、他者を認識するために、他の身体に自己の身体との類似性を見いだし、他者に「自己投入 Einfühlung」するという方法によって他我の存在を明証しようとした。けれどもメルロ＝ポンティが言うように、フッサールの現象学が首尾一貫した超越論的観念論であろうとするなら、形相的還元によって得られる「他者」なるものが経験的な意味において自我の意識の内部にとどまるものなのであり、そこでは、自己と他者の意識の交流など問題にもなりえない。フッサールのいう「身体」は、いわば人体の模型（マネキン）にすぎず、「他我」とはそこに投射された自我以外のなにものでもないことになる。それゆえメルロ＝ポンティは、フッサールの語る「自己の身体」を、超越論的主観性を背後にもった意識としての「自己」によって自由に操縦される道具にすぎないと批判するのである。

ジャン＝ポール・サルトルは、こうしたフッサールの他者論の欠陥を補正するために、一九四三年に執筆された『存在と無』において、これまでの即自存在、対自存在という自我論に加えて、第三の自己の存在次元を「対他存在 être-pour-autrui」として捉えようと試みた。

サルトルのいう「対他存在」とは、自己の意識へと絶対に解消しえない厳しい緊張関係に置かれている他者の存在のあり方を意味する。すなわちサルトルにとって、他者とは偶然に出会うものであって、フッサールのように自己意識によって構成されるものでは決してありえなかった。フッサール的な独我論を免れ「他者」の実存を説くために、サルトルは、自己の意識そのものが、存在としての他者の意識によってあらかじめ影響を受けていることを明証しなければならなかった。それは、フッサールのように自己の認識によって他者の存在を信憑できる理由を探すことではなく、「他者」を、直接、具体的に疑う余地のない現前を露にする存在として明確にすることである。いいかえれば、私が認識する以前に、他者は、すでに私の存在にかかわるものとしてそこに在ることを説かねばならないことになる。

サルトルは、こうした他者の現前を、自己が他者の眼を見ることではなく、逆に、自己が他者の視線にさらされる意識を示すものとして、「まなざし regard」という身体的タームで表現しようとする。そしてこれを、「羞恥 honte」の体験なるものとして説明しようというのである。

他者が私にまなざしを向けるとき、私は他者の意識の対象として固定化される。ここにいう対象の固定化とは、対自としての私が即自として事物化して、私の自由が他者の視線によって剥奪されることを意味する。他者のまなざしは、私ではない者としての根源的な他者の身体的表現であるがゆえに、私によるいっさいの意味付与を拒み、私の側からはけっして認識できないものとしてある。このことを逆にいえば、他者の意識のなかに固定された私の存在は、もはや他者の所有に帰属するようになってしまう。それゆえ、他者のまなざしに捕まえられることは、私の自由な主体性の喪失であり、私の「他有化 aliénation」として表現される。そのとき私を襲う「羞恥 honte」の感情は、これまで対自存在であった私が突然「対他存在」に縛りつけられたことによって生じる、逃れようのない不断の脅威の意識を意味している。

サルトルは、この現象を、他者の側にのみ瞬間的で非定立的な自我意識（主観性）が開示されるものとして、つぎのように説明している。

「他者は私の世界に属する存在ではなく、純粋な主観として与えられている。私が対象として立てることのできないこの純粋な主観は、……つねにそこに、私の手の届かないところに、距離をもたずに存在している。まなざしの体験において、私は顕現されない対象存在としての私を体験

することによって、他者の捉えがたい主観性を、直接的に、私の存在とともに体験する。」（存在と無Ⅱ 一一七～八頁）

それゆえサルトルは、「まなざし」によって、自己は他者を自由な意識的主体として具体的に体験することができるという。それはすなわち、自己が他者によって対象化された外面的存在でしかないことを意味する。翻ってこのことは、私（自己）が他者を対象化するときにもあてはまるであろう。つまり、他者もまた、私（自己）にとっては外面的に体験する存在にすぎないことを意味するはずだからである。

ところが、ここで生じる問題は、同一人物が他者に支配される対象であるとともに、同時に、他者を支配する主体であることは不可能である点である。「まなざし」において私に、他者の無限の自由を体験させるものは、そのまま私自身の奴隷状態ないしは私の諸々の可能性の死そのものである。すなわち私は、他者のまなざしを通じて自己を対象へと貶め、自己の主体性を他者の意識のうちに吸収され解消してしまおうとするマゾヒストに陥る以外にない。このことを拒否しようとするのであれば、逆に私は、自己のまなざしによって他者の主体性を剥奪し無化し、他者を自己の対象とすることによって暴力的に他者の自由を奪うサディストになるしかない。私（自己）には、この二者択一以外にいかなる選択肢もありえない。当然にも、この二者の両方を同時に選択することはできない。そこにはけっきょく、自己と他者が「われわれ」となりうるような共属的関係性は望むべくもなかったのである。

それゆえそこにあるのは、やはり自他の間主観的な共存世界なるものではなかった。それは、互いに相手に対して対象化するか、されるかという「相剋 conflit」としての関係でしかなかった。したがってサルトルの「まなざし」は、フッサールの認識による対象の構成という現象学的思考をそのまま他者の認識へと転倒して類推し、自己と他者の関係を自由と自由の和解しがたい衝突、葛藤、せめぎ合いとして描き出すものであったといえるであろう。それは、いまだフッサール現象学の枠内にとどまる思考である。

メルロ＝ポンティによる知覚的他者

メルロ＝ポンティによれば、フッサールによる他者理解の試みの挫折は、なによりも人間を、自分だけしか接近できない「意識」として規定したことに起因するという。この点では、サルトルの「まなざし」もまた、身体的行為というよりは、なお人間の視覚による特殊な意識の発現を指し示すものにほかならない。デカルト以降さまざまに論じられた人間存在はすべて、現実の人間からほど遠い、「我思う」ことを本質とする抽象的で観念的な思惟の主体でしかなかったのである。

これらに対してメルロ＝ポンティは、世界とのかかわりを維持するのは、思惟し認識する自己の意識すなわち「自我」ではなく、それゆえその意識の下僕としての身体でさえなく、なによりも「自己の身体」それ自体でなければならないという。こうして彼は、伝統的に西洋哲学を支配しつづけてきた「思惟としての意識」と「物体としての身体」という心身二元論の観念を徹底的に棄却することを要求する。

この説明のために、彼が一九四五年に執筆した『知覚の現象学』において提示したのが、幻影肢と精神盲という病理症例であった。

幻影肢とは、戦争や事故で負傷して手足の切断手術を受けた人間が、すでに存在しない手足がかってあった場所に痛みや痒みを感じるという病理現象のことである。この現象は、一般に心理学では、患者が負傷時の情動を思いださせる状況に生じる、「欠損の拒否」という心理的要因から説明されてきた。これに対し生理学においては、切断面から大脳に通じる神経経路に与えられた刺激が切断された抹梢部からの刺激として誤って伝えられたものとして説明されてきた。しかし、心理学的説明では、大脳に通じる感受的伝道路を遮断すれば幻影肢は消えるという生理的事実を説明することができない。また、生理学的説明は、コカインによる局部麻酔を投与しても幻影肢が消えないという事実によって反駁される。したがって心理学も生理学も、幻影肢の原因を十分に解明できないことになる。

また、精神盲とは、戦場での砲弾破片などにより大脳の後頭葉を損傷した患者のことである。症例によると、この患者は、鼻にとまった蚊を手で追い払う、あるいは鼻づまりのさいポケットからハンカチを取り出して洟をかむなどの動作は容易にできる。けれども、鼻を指差すように指示されたり、腕を水平に上げるよう命じられたりしても、それらの行為をすることは不可能であるといわれている。すなわち、生活に必要な具体的で習慣的な目的のある運動はできるが、純粋に抽象的な意味をもたない指示行為や身体運動はできないのである。つまり常識的に考えれば、大脳の損傷はあるが身体に故障のない患者は、純粋な身体運動は容易にできて、生活上の意味を帯びた日常的行動は困難になるように思われるが、現実にはまったく逆の現象が起きていることになる。それゆえ、こうした精神盲の解明においてもやはり、心理学も生理学もいずれも無力であることになる。

これらの病理現象からメルロ＝ポンティは、主体／客体、精神／物体にとどまらず心理的／生理的、意識／身体といった諸々の二項対立の無効を宣告する。

彼は、これらの病理現象は、患者の人格的実存が世界にかかわることから生じる問題ではなく、むしろ前人称的実存としての身体が世界へ企投する様式の問題だというのである。それゆえ人間を、意識的で人格的な「現勢的身体 le corps actuel」の層において把握してはならないことになる。彼はむしろ、この層を背後で支える、人格以前の非人称的で一般的な「習慣的身体 le corps habituel」の層が厳然と存在することを主張する。身体が恒常的に世界と結びつくのは、むしろそうした非人称的で、認識以前の知覚の層であるというのである。メルロ＝ポンティはこの層を「無言のコギト cogito tacite」と名づける。

そしてその独自の身体論を基礎づけるために、彼はさらに、この「知覚としての身体論」をつぎのように展開することになる。

メルロ＝ポンティによれば、現象学的還元において重要なことは、超越論的意識への還帰ではなく、認識以前の身体そのものへの還帰である。人間の物に対する原初的経験は、「我思う」といった意識の定立によってではなく、たとえば自己の手や眼球、鼓膜、鼻膜による触覚・視覚・聴覚・臭覚といった身体の運動によってこそ理解できる。すなわち、「我思う」に先行する「我知覚する」という運動である。この運動が物の諸性質を開示するためには、人と物の間に知覚能力そのものが存在していなければならない。この主体の能力は、感覚器官が住みついている場所つまり「身体」を有することで初めて発現することができる。それゆえ身体とは、一方では、自己の感覚としての主体そのものであるとともに、他方においては、物体として局在化された対象でもあるという「可逆性 réversibilité」の関係にある。

メルロ＝ポンティは、その遺稿である『見えるものと見えないもの』（一九六四年）において、フッサールの『イデーンⅡ』を発展させて、こうした可逆的関係性を、存在論のレヴェルまで掘り下げていっそう精緻に説明している。

たとえば、私の右手が左手に触れるときに、私の右手は左手を対象として把握するが、それと同時に右手によって対象として把握された左手が、今度は右手を対象として把握する知覚の主体へと転換している。つまり私の身体のなかで主体と対象の相互転換がなされる。それは、私の身体が関与する世界との合体によって、世界と私の身体との間の相互転換へと転写される。つまり、知覚の主体としての私の身体と、知覚の対象としての私の身体との間の関係は、知覚する身体と、知覚する物すなわち世界の関係へと組み込まれ、同化される。身体と世界は、知覚するものであるとともに知覚されるものであるという、主客の相互転換的な可逆性という構造をもっているのである。そしてこのかぎりにおいて、両者は同じ生地でできあがっている。

こうした知覚の主体であるとともに客体であるものを、メルロ＝ポンティは「肉 chair」と名づける。それゆえ彼は言う、「私の身体と世界は同じ肉で出来ている。」

この私の身体と世界の関係は、そのまま同時に、「私の身体」と「他者の身体」との関係にも当てはまる。このような自己と他者との関係を、メルロ＝ポンティは、一九六〇年に刊行された論文集『シーニュ』において、つぎのように述べていた。

「私が他者の手を握るとき、あるいはただそれを見つめるというときでさえ、他者の身体が私の前で生気を帯びてくる。……ここにあるのは比較でも類比でも投射でも『投入』でもない。もし私が他者の手を握ることで、その人がそこにいるという明証をもつのは、それは、他者の手が私の左手と入れ代わるからであり、私の身体が、逆説的にも私の身体にその座があるような『一種の反省』のなかで、他者の身体を併合してしまうからである。私の二本の手が『共現前compréscence』し『共存』しているのは、それらがただ一つの身体の手だからである。他者はこの共現前の延長によって現れてくるのであり、他者と自己とは、いわば同じ一つの『間身体性intercorporéité』の器官なのである。」（シーニュ第二巻 一七～八頁）

こうしてメルロ＝ポンティは、フッサールの「間主観性」を「間身体性」という概念に置き換えることによって、「他者」の存在を「意識」による構成ではなく、「身体」すなわち「知覚」それ自体のレヴェルにおいて考察することになる。そこでは、「類比」も「投射」も「自己投入」も必要がない。自己がまず知覚するのは、他者の「感受性 sensibilité」であり、そこから出発することによってのみ、他者の思考や他者そのものをも知覚することが可能になるというのである。

じっさい、自己の意識が他者の意識を経験することは不可能である。私が彼の思考を思考することなど決してありえない。しかし感覚的世界においては様相が根本的に異なる。彼が「見るもの」が私には「見えるもの」である。もちろん、対象に対する認識は異なるにしても、自己と他者は同一の視覚をいわば「交差性（キアスム chiasme）」として共有しうるのである。

メルロ＝ポンティによれば、世界への知覚的現前はけっして存在の独占を主張しない。われわれは、知覚的生においては「脱自」によって自己を脱け出て世界のうちに存在しうる。それは、他者の脱自と同じ世界に共属し共存していることを意味する。周知のようにサルトルは、ハイデガーの「世界―内―存在 In-Der-Welt-Sein」という用語をフランス語に翻訳して「être-dans-le-monde」と表現した。だが、メルロ＝ポンティは dans の代わりに「帰属」を意味する à を用いて、これを「être au monde」と訳し直した。これは、思考する「意識」が世界の内から世界を超出しようとするのに対して、知覚する「身体」が事実性において、それゆえ知覚されるものとして、世界の内に帰属し続けていることを意味しているとされるのである。

身体的知覚において、自己と他者は二元論的対立関係ではなく、循環的で相互に可逆的なゲシュタルト的全体性として、いわば受動的綜合という「地」に対する「図」の関係として、「世界に根づいている」のである。

すなわち、自己と他者は、ともに世界―内―存在として存在する実存的主体であるがゆえに、自己の身体の各々の部分がシステムをなす内的関係にあるのと同様に、自己の身体と他者の身体とのあいだにも、相互に共約できる「対」のシステムつまり「間身体性」がある。私は、他者の身体の動作を見ることによって、そこに他者の知覚的事実があらわれる心的意味を読み取ることができる。他者における身体の動作は、他者の世界—内—存在としての多様なヴァリアントである。メルロ＝ポンティにとって世界とは、自己と他者の個々の行為がその裂開 déhiscence から生み出される共通の母体そのものであり、非人称的で匿名の「無言のコギト」が相互の紐帯をかたちづくっている場所なのである。

以上から明らかなように、メルロ＝ポンティは「身体」自体の知覚を通じて、たしかに、世界内に「他者」を位置づけることに成功したようにみえる。

しかしながらその「他者」は、彼のいう「自己」と同様に、非人称的で人格性のない、絶えず反転可能で可逆的な、いわば「自己」と循環論的な「他者」でしかなかった。なるほど彼は、フッサールのように、自己の主観的世界の内部に「他者」を強引に構成しようとはしなかった。けれどもその代わりに、自己のものでも他者のものでもない「間身体性」という、「自己」と「他者」の両者が共通に含まれるいわば中間領域を設定して、そこにいっさいを還元してしまったのではなかろうか。すなわち、彼の他者論は、世界に帰属する自己がそのまま「他者と共存する存在」であり、その存在は、共存から出発して、自他の分裂をへて、ふたたび共存に還るという「弁証法」のなかに位置づけられていたといえるであろう。

このことによって、フッサールと異なりメルロ＝ポンティにおいては、なるほど「自己」と「他者」の共存性ないし同等性はいちおう確保できたかもしれない。しかし自己と他者が、「見るもの」と「見えるもの」、「感じるもの」と「感じられるもの」というゲシュタルト的な相互の可逆性を前提に構成されているかぎり、他者の「他者」たるゆえんは際限なく不明確になってしまう。つまり、自己の世界に対して外部的に存在するものとしての「他者」の意味、あるいはその絶対的な人称性や個別的人格性は、完全に消え去ってしまわざるをえない。このことは、メルロ＝ポンティが最初期の著書『行動の構造』いらい、（ヘーゲル的な概念の自己発展ではないにしても、）矛盾的対立を統合するいわゆる弁証法的思考を、生涯手放すことがなかったことのひとつの帰結であったといえるかもしれない。

こうしたフッサールからサルトルをへてメルロ＝ポンティにいたる他者論に対して、これらを乗り超える論理を示し、現象学の臨界点において他者の「絶対的な他性」を明らかにしたのが、つぎにみるレヴィナスであった。

第二章　レヴィナスにおける他者論

1　ハイデガーの存在論的現象学

E・レヴィナスの哲学思想的な出発点は、フッサールの現象学における直観の理論およびハイデガーの存在論を批判的に克服することであったといってよいだろう。とりわけ、彼の最初の課題は、まずはハイデガーの「存在」概念に対する全面的な挑戦であった。

これまでみてきたように、フッサール以来の現象学は、存在している物体や概念すなわち「存在者 Senendes（他者）」をいかに構成するかを重要なテーマとしてきた。常識的には、人間が認識できるのは個々の「存在者」だけであり、「存在」そのものは不可知的なものであり、存在は存在者によって規定されるしかないと考えられてきたからである。

これに対して、マルティン・ハイデガーは一九二七年刊の主著『存在と時間』において、「存在

Sein」それ自体の現象学的な分析を試みようとした。すなわち彼によれば、存在者が存在を規定するのではなく、逆に、存在こそが存在者を決定し存在せしめる。それゆえその哲学は、存在者の存在を探る「存在論的 ontologisch 現象学」なのである。

ハイデガーは、いっさいの存在者のなかで人間だけが存在を探求する存在であるとして、これを「現存在 Dasein」と名づける。それはまた世界に投げ込まれた被投的存在として、文字どおりそこにDa 存在 Sein する「世界―内―存在」とも規定できるであろう。この自ら存在しつつ、世界のあれこれとかかわる自己の存在のあり方が「実存 Existenz」と呼ばれる。こうして現存在は、世界のあらゆる存在者を、自らの関心に応じて自己のための道具的存在者して配慮することになるのである。けれども世界には、道具的存在者とは異なる「他者」が存在する。すなわち、私と他者はこの世界において共存する「共存在 Mitsein」である。そうであるがゆえに、私は他者に、物の提供や気遣いといった「顧慮 Fürsorge」をする。たとえばそこには、自己が他者と異なるがゆえの優越感や劣等感という懸隔性、他者の価値観を無自覚に受容する平均性、特定の他者を排除して多数と同化する均等性といった顧慮が生じざるをえない。こうした諸々の存在者（他者）にさまざまに配慮し顧慮を行なうことによって、原存在は存在の本質的問い掛けを回避し「本来的自己」を喪失してしまうのである。

ハイデガーは、こうした「他者」の支配のもとに自己を解消し、自己の存在可能性を喪失した原存在を「ひと das Man」と名づけ、その世界―内―存在としての日常的なあり方を「頽落 Verfallen」と呼ぶことになる。それはすなわち、原存在が世界の「内にある in-sein」ということ、いいかえれば、自己のいる「ここ」が他者の「あそこ」から理解されることによって、原存在の実存のすべてが明るみに出されることになるという「開示性 Erschlossenheit」を意味する。ハイデガーは、このような現存在の存在者（他者）に対するかかわりによって開示された頽落を、「情状」「了解」「語り」といった用語で表現する。そこでは「ひと」の実存が、たとえば「無駄話」「好奇心」「曖昧性」というかたちで典型的にあらわれるというのである。

無駄話とは、現存在の開示が自己を語るものではなく存在者（他者）とのかかわりによって真実を喪失した状態を指す。また好奇心とは、現存在が存在者を我がものとすることなく単に見ることが自己目的化されている状態を指す。そうした無駄話や好奇心による日常的理解はたんなる刺激や興奮にすぎず、存在者を真に理解することのない曖昧性にとどまる。それゆえ、現存在が、存在者（他者）に支配されたこうした「非本来的自己」ないし「日常的自己」から如何にして脱却し、どのようにして「本来的自己」なるものへと回帰することができるのか、これがハイデガーの存在論のテーマとなるわけである。

すなわち彼は、現存在を、誕生と死の間にあり常に「死にかかっている存在 Sein zum Tode」として把握する。本質直観によって「死」を理解すれば、死は代替不可能であり確実性をもち無規定であり没交渉であり、そして人間存在の最後の可能性を絶つものとして追い越し不可能である。こうした死の無規定性は「不安 Angust」において根源的に開示される。人は死の「不安」を紛らわすために、その恐怖の隠蔽と馴致、逃避により快楽へと向かう。こうした現存在の憂慮 Sorge は「ひと」の存在の本質そのものでもある。

けれどもハイデガーによれば、人間は、自己を死にいたる存在として受けとめ、すすんで死を受容して生きる「死への先駆 Vorlaufen zum Tode」が可能な存在である。死への自覚により、人間は、日常性における頽落から脱し、「他者」による支配を超えて、自由な人間として生きることが可能になる。彼は、死への先駆が現存在に「本来的自己」への固有の可能性を指し示すとして、これを「良心 Gewissen」と名づけるのである。

「死とともに、原存在は、そのもっとも固有の存在可能性として自己に切迫する。この可能性において、原存在は自己の世界内存在そのものが問題となる。……死の切迫によって、この原存在にとっては他の原存在とのあらゆる関係は解消されるからである。それゆえ原存在は自己のもっとも固有の存在可能性へと完全に差し向けられる。」（存在と時間Ⅱ 二八八〜九頁）

現存在はまた、状況への非投性の不条理、他の可能性を放棄した企投の選択、実存の根拠の欠如によって、自己を本質的に「負い目を持つ者 Schuldigsein」として開示せざるをえない。「良心」の呼びかけは、これらの現存在の負い目に光を照らし、自らが「被投」された状況から可能性をめがけて「企投」することを要求する。ハイデガーは、現存在が死への駆動により本来的自己を開示することを「決意性 Entschloßenheit」と呼んでいる。死によって限られた「時間」を、この先駆的決意性によって予期し覚悟し了解することで、現存在は、「自己を脱し自我を捨てて存在の明るみに立ち帰る」ことが可能になる。ハイデガーにとって「存在」とはまさに、「他者」による支配を脱し、現存在が還帰すべき根源としての故郷なのである。

こうしてハイデガーにおいては、「存在論」こそが、あらゆる存在者の根底にある存在を問い、あらゆる学問の基礎の確立を企てる「第一哲学」であるということになる。

2　レヴィナスによるハイデガー批判

さて、こうしたハイデガーの存在論に対して全面的な批判を展開したのがエマニュエル・レヴィナスであった。

レヴィナスは、一九六一年に執筆されたその主著『全体性と無限』において、これまでの哲学体系においてはつねに二次的な位置に甘んじてきた倫理学こそを、存在論に代わって「第一哲学」の座に据えようと試みる。すなわち、「外部」の「他者」を圧殺してきた現象学における一元的「存在論」の伝統に抗して、「同 le Même」と「他 l'Autre」という対概念を中心に据えて、形而上学の復権を図ろうというのである。

レヴィナスによれば、フッサールの超越論的還元による「純粋意識」と同様に、ハイデガーの「存在」の概念は、個々の存在者の具体性や主体性を捨象して、複数の項も外部もない全一的な「自同性 mêmeté」の立場に立っている。この点では、他者の存在を強引に超越論的主観性の埒内に回収するフッサールの企ても、他者を存在の頽落とみなして現存在から本来的な存在への回帰をはかるハイデガーの試みも、いっさいを自己同一化する全体主義的な「同」の暴力にほかならない。「同」に一元化された「存在」は、けっして還帰すべき根源としての故郷などではなく、逆に、「他」を無化し抹殺する恐怖の対象でしかない。ハイデガーの説く「存在」を、レヴィナスはフランス語で「イリヤil y a」と呼んで、そこに、匿名で非人称な無差別性のもつ無慈悲さ、残酷さ、不気味さ、それゆえ暴力的な恐怖を読み取り、むしろ「存在」からの脱出を積極的に主張することになる。

ハイデガーは、現存在が退落する根拠を、存在者（他者）への配慮や顧慮という目的的実践に求めた。そして、そこから本来的実存へ回帰する道を死への駆動に求めた。レヴィナスはここに西欧哲学の根源的病巣を見いだすことになる。彼は、「これまでの西欧哲学は、他者との社会関係を、失われた全体性totalitéの回復のための手段として理解してきたのではないか」という疑問を提起している。レヴィナスによれば、既存の哲学はおしなべて、原初に統一した存在という全体性すなわち「同」を設定して、そこから存在者（他者）を導きだし、こうした「他者」との社会関係を、みずからが「同」としての全体性へ還帰するための媒介的な道具とみなすにすぎなかったというのである。

「存在論が不可能なのは、存在一般の理解によって『他者』との関係を支配することはできないからである。そうではなく逆に『他者』との関係の方から存在一般の理解は導かれる。『他者』としての存在者の存在を私が考察するときでも、私は『他者』とともにある社会から身を引き離すことはできない。……対話者としての『他者』との関係、存在者との関係がいっさいの存在論に先立つ。他者との関係こそが、存在することにおける究極的関係である。」（全体性と無限 五四

〜五五頁）

「たしかにハイデガーにおいては、（フッサールと異なって）対象認識に還元できない他者との共存在が立てられてはいる。だが、こうした共存在も、けっきょくは存在一般との関係、了解という存在論に立脚している。……ハイデガーにおける間主観性は共存在、すなわち自我や他者に先行する一個の我々という中立的な間主観性にすぎない。」（同　八九頁）

レヴィナスによれば、ハイデガーは、原存在が存在者としての他者と関係することを、そのまま存在との関係として説明している。この「存在者に対する存在の優位」は、一人の存在者と別の存在者との関係、つまり自己と他者の関係を、両者に共通の基底である「存在」という中立的な項に還元することにほかならないという。それは、非人称的で中立的なるものをアルケーとする恐るべき全体性に帰着するのではないか、と批判するのである。ここからレヴィナスは、「同」の恐怖を、つねに自己が自己を維持し自己同定し続ける「全体性」という企みのなかに見いだすことになる。この自己同定とは、他者を自己に同一化し組み込んで自らの全体性を維持しようとする存在そのもののことであるとされる。ここにおいて「自我 le moi」とは、「その実存が自己同定にある存在、自我に到来するすべてのものを通じて自らの同一性を再発見する存在」であると規定されることになったのである。

ここでレヴィナスが批判しているのは、ハイデガーの説く日常性（非本来性）における原存在の頽落の場面ではなく、むしろ本来的とされる人間のあり方、すなわち「存在」そのものに対して向けられている。レヴィナスは、他者を自己に内在化して支配しようとする「存在」の全体性すなわち「同」

そのものを問うているのである。

それゆえ、レヴィナスはつぎに、自己同定としての「同 le Même」の進展過程を独自にたどり、その根拠を「享受」から「労働」へと探っていくことになる。

彼は、ハイデガーの説く目的的で道具的な日常の実践にとどまらず、「目的なき行動」としての「享受 jouissance」を、「他」を「同」に還元する第一段階として捉える。それは何かを欲求し、食べ、味わうことによって生きる、つまり「〜を糧にして生きる」ことである。たとえばパンやケーキは味覚や臭覚や触覚に解消され、私はそれを享受する。けれども希望や憧憬や夢想のような、たとえ実体がなく支えるものがないエレメントであっても、人はこれを感受性 sensibilité によって自己の「同」に還元することができる。すなわち享受できる。レヴィナスはこのことを、「自我 Ego は、享受から誕生し、幸福を求めるものとして認知される」という。

さらに、「他」を「同」に還元する第二段階は「労働」である。労働とは、肉体的な動作を身体感覚において所有し享受することを意味する。ここにおいても、必ずしも労働の成果として生産物の獲得が必要なわけではなく、むしろ労働によって自己の満足や幸福、充実という感受性が享受されれば、人はこの感受性を「同」に還元し所有することができたといえる。このようにレヴィナスは、享受や労働によって実現される「同」のもつ利己性そのものを「所有 avoir」と呼んで告発するのである。

「所有とは、最初だけ他なるものであり、私に対して他であるものについて、その他性そのものを中断することである。この所有の可能性が『同』のあり方にほかならない。」（全体性と無限

三八頁）

「自らを認識することによって、主体は自己を所有し支配し、主体の同一性をそれ自体で否認することになるものにまで自らの同一性を拡張する。『同』の帝国主義はまさに自由の本質である。実存の様相としての『対自 pour soi』は、生きようとする自然な意欲と同じくらい根底的な自己への執着を示している。」（同）

それゆえ、享受と労働において、自己は、「他」を気にかけない利己的な自我としてあらわれる。これによって同の自己同定とは、「空虚な同義反復ではなく……エゴイズムという具体的なものである」ことが明白になる。ここにおいて「同」の自己中心的傾向は頂点を極めることになろう。ハイデガーにおいて自己の「存在」に対する関係は、他者とのかかわりではなく、自分自身の死との関係、すなわち自己の内的関係としてのみ最終的に完結した。そこには、他者とかかわり自己の外部に出たとしても、つねに他者を包摂し支配して自己にのみ還帰する「存在」の暴力性がある。「存在」とは、つねに自己同一性をもつ一つの閉じた全体性であり、他者（存在者）を無化して自己に還元しようとする「同」の一元的支配である。

レヴィナスは、こうした「同」としての自我、それゆえ外性 extériorité をもたず内性 intériorité にとどまる自我、全体性の外に出ようとしない全一的存在としての自我、具体的存在者としての他者を否定する非人称的な匿名性としての自我、こうした自我そのものに、「存在」の暴力すなわちエゴイズムを見て取っている。それゆえレヴィナスは、ハイデガーの抽象的「存在」という全体性の暴力から脱出して、具体的な個としての「存在者」の立場にたつことを主張する。それはまさに、自己と他者とのあいだに人格的で倫理的な関係を構築することであった。

一般に、ハイデガーの説く死への駆動による生の全体性は、ナチズムによる民族共同体の賛美にひきよせて理解され、逆に、レヴィナスによる全体性の暴力に対する批判は、ナチズムにより強制収用所に送られたユダヤ人としての体験が反映しているといわれている。たしかにナチズムによって家族全員を虐殺され自らもその捕虜となった悲惨なホロコースト体験が、レヴィナスの政治・経済・戦争から存在論にまでいたる全体主義に対する告発のひとつの大きな動機となっているのは紛れもない事実であろう。しかし本書では、レヴィナスの哲学をそのような政治主義的なイデオロギーに還元して検討する手法を採用しない。そうした社会構築主義的手法が「現象学」という方法の批判にふさわしいとは、とうてい思えないからである。

ここではむしろ、レヴィナスが、そうした自同的な「自我」ないし「存在 Il y a」の呪縛をいかに批判し、そこからどのように脱却しようとしたのかという思想的格闘だけを問題としたいと思う。

3　絶対的他者の顕現

無限性としての他者

レヴィナスは『全体性と無限』において、自我という存在を「全体性 totalité」と呼んだ。なぜなら、それは複数の項も自己の外部も存在しない自己同一的な存在だからである。彼は、このような自同的な主体が、どのようにして自己に同一化しえない「他者」と出会えるのかと自問する。自我は、つねに自己完結的な全体性を維持するひとつの閉じた体系であり、「他」を自己の全体性のなかに取り込み同一化して支配しようとする「同」である。それは、自らの外部に出ようとせず、仮に出たとしてもつねに他者を吸収し、自己の全体性へと還帰する。こうした存在の苦悩、自我の悪循環は永遠に続くしかない。レヴィナスによれば、こうした「内性」に自閉する自我のエゴイズムは、自己の内省によっては解決できない。それは「他者」という存在者の現前によってのみ克服できるというのである。

レヴィナスは、これまでの西欧哲学は自我の能動性や主体性を問題にすることはあっても、「他者」それ自体を中心的テーマに据えることはなかった。仮に、それがテーマ化されることがあっても、自己による意味付与によって自己の「同」に還元されるという疎外論の文脈でしかなかった、という。すなわち西欧哲学の起源は、みごとに「他者」の露呈と一致している。だが、そこにおいては、他者は存在者として現れつつも、みずからの他者性を喪失している。なぜなら哲学は、その揺籃期いらい、「他」でありつづける「他者」に対して恐怖を抱き、克服しがたいアレルギーに苛まされてきたからである。西欧哲学が本質的に存在の学であり、人間の根本構造の解明が自己の存在了解にとどまり限定されたのは、そのせいだったというのである。

それゆえレヴィナスによれば、主体としての「自己」から分離した「他者 l'autre」は、文字どおり「同」に対する「他」として、自我の全体性を喰い破って向こう側から出現するしかない。すなわち「他者」の「他性 altérité」は、「全体性」の内部からではなく、逆にその絶対的な「外部」に顕現する以外にない。他者はいわば「無限 infini」としてのみ存在する、というのである。レヴィナスは、既存の哲学の常識を真っ向から否定するこうした「無限」としての「他者」という観念を、デカルトの説く「無限の神」から着想したといわれている。

よく知られているようにデカルトは、その『第三省察』において意識としての自己の存在証明にづいて神の存在を証明しようとした。すなわち、有限である自己の意識内に、なぜ無限である神の観念が生じるのかと自問し、あらかじめ存在する神自身が私の内部に神の観念を植え付けたからであると結論づけた。すなわちデカルトは、有限な存在である人間が無限の観念をもつことができるためには、「無限」である存在（神）があらかじめ存在していなければならない、というのである。

レヴィナスはこれにならい、無限の観念を「有限な思考からその思考内容がはみだす」ことであると定義する。そしてデカルトの観点をつぎのように敷衍する。

「デカルトの無限の観念 idée de l'infini は、その観念を考える者に対して完全な外在性が保たれるような存在者との関係をあらわしている。」（全体性と無限 五八頁）
「事物についてはその客観的実在と形式的実在との合致の余地が残されている。けれども無限の観念は、観念されたもの ideatum が観念を超過する dépasser という点で例外的である。」（同五六頁）

レヴィナスにおいて「無限の観念」とはデカルトのような神ではなく「他者」であった。それゆえレヴィナスは、「無限」と「有限」、したがって「他」と「同」あるいは「他者」と「自我」を、けっして二項対立的に捉えているのではない。そうではなく、彼の説く「他者」は「他者という観念」そのものを超越しはみ出している。それゆえ、「無限の他者」は、有限なる自己のたんなる外部にとどまらず、むしろその前提をなすものとして、あらかじめ存在していなければならない、というのである。「他者」は自己の思いもよらぬものであり、自己の認識を超えた、いわば「超越 transcendance」としての存在である。それは自己と同じ度量衡をもってしては計量できないものである。それゆえ、レヴィナスは強調する、「絶対的に他なるもの、それが他者である l'absolument Autre, c'est Autrui」。

これこそが、レヴィナスの哲学が現象学さえ超えた、「他者」へ超越することを促す「形而上学的渇望 désir métaphysique」であり、したがって「第一哲学としての倫理学」と称されるゆえんであろう。

フッサール現象学との対決

さて、そうであるがゆえにこそ、レヴィナスにおける他者の観念は、フッサールの超越論的現象学そのものを批判するという意図を強烈に保持することにもなる。

先にみたように、フッサールは、現象学的還元をあらゆる意識対象に適用できる普遍的な方法論であるとみなした。しかしレヴィナスによれば、「他者」は、外部から訪れ自己が受容できない観念であるがゆえに、現象学的還元によっても自己の意識の素材のなかに取り込めず、その外部にとどまっている。レヴィナスは、「他者」は現象学的な還元が不可能だというのである。

すなわちフッサールの現象学においては、意識とはつねに何ものかについての意識であるという「志向性」を有していた。それゆえ意識に現れるすべての事象は自己意識の相関者であり、意識対象の意味作用は主観の意味付与によって成立するものとされた。そこにはつねに、純粋意識の超越論的主観性によって対象を構成する自我の「能動性」が存在していたのである。

もちろんレヴィナスにおいても、自己は世界に養われ世界を享受する主体である。人間は諸事物を享受の対象として認識し所有し味わい吸収することで、なにものかへの欲求besoinを充足する。けれども、「他者」は欲求の対象ではなく、充足が不能な「欲望desire」の向かう先である。他者はどこまでも「他者」であり、「他なる事物」のように把持し所有や享受の対象として「欲求」することができない。それゆえレヴィナスにおける「他者」の顕現は、フッサールのいう志向性に対してベクトルがまったく逆方向に向かっていく過程であることになる。彼は、フッサールの意味付与と作用との関係をも逆転し、「他者の意味作用は意味付与という私のイニシアティヴに先行する」という。

こうしてレヴィナスは、他者に対する自我の能動性を全面的に否定して、徹底してその「受動性」

を強調することになる。

つまり「他者」は、自己が超越論的に構成し意味付与する「他我 alter ego」ではありえない。現象学的に構成された「他我」は、自己の主観に還元されその「内性 intériorité」になってしまっており、もはや他者ではありえない。それは自己に吸収され包摂され「同」に還元された自我の一部分でしかない。これに対してレヴィナスにとっての「他者」は、主観的構成に先立つ現実を開示しようという試みであり、それゆえ自己にとっては絶対的な認識不可能性としてある。このためレヴィナスの思想は、現象学の臨界点を極めた哲学であり、すなわちそれは、「反現象学としての倫理学」とさえいいうる地平を指すことにさえなるのである。レヴィナスはこの点を、端的につぎのように述べる。


「『他者』の未知性とは、他者を私の思考、私の所有物すなわち『自我』に還元することの不可能性であり、それゆえ『他者』の未知性は、ほかでもない私の自発性に対する審問として、すなわち倫理としてのみ成就される。」（全体性と無限 四七頁）

同様の批判は、ハイデガーの存在論としての他者論に対しても向けられる。

ハイデガーは、存在者を認識するためには存在者の存在を理解していなければならず、それゆえ「存在者の存在を問う存在論」こそが、あらゆる学問の基礎としての特権性をもつという。しかしレヴィナスによれば、こうした主張は、存在者に対する「存在」の優越を認めることであり、すでに自我が存在者としての他者を掌握し支配すること、すなわち他者を自己へと還元するのを容認すること

になるというのである。レヴィナスはいう、

「存在者に対する存在の優越を肯定することは、それだけですでに哲学の本質について一つの学説を述べることに等しい。つまりそれは、一個の存在者である誰かとの関係（倫理的関係）を存在者の存在との関係（知の関係）に従属させることであり、存在者のこの存在が、非人称的存在としての存在者の掌握、支配を許すのである。それはまた正義を自由に従属させることでもある。もし『他』の只中にあって『同』でありつづける仕方が自由の特質であるとすれば、知が自由の究極的意味を内包していることになる。その場合、自由は正義と対立することになろう。……存在者とのいかなる関係をも存在との関係に従属させるハイデガーの存在論は、倫理に対する自由の優越を肯定することになる。」（同 六七頁）

ここでレヴィナスは、「存在者の存在との関係」を「知の関係」に等置している。「知の関係」とは、自己が存在者（他者）の存在を現象学的に認識し理解することを意味し、そこに、他者の非人称化を通して自我への解消を見て取ることになる。それゆえ、他者に抗して自我の自立性ないし全体性を確保する「自由」は、絶対的なる他者との倫理的関係としての「正義」を放棄することにもなるのである。したがってレヴィナスは、フッサールの超越論的現象学と同様に、ハイデガーの存在論もまた、「他者」との具体的な関係を「存在一般」に解消する、倫理なき「権力の哲学」であり、「『同』を審問することのない不正の哲学」であると断言して激しく告発することになる。

こうしてレヴィナスは、「他者」を、自己の「知」によって理解しがたいもの、自己の「知」の範囲を超えた「絶対的他者」として捉える。すなわち「他者」は、自己の意識作用とは関係のないところから、「自己」に向かって到来する。私（自己）にできることは、そうした「他者」を、自己の認識とは無関係に、ただひたすら受動的に受け入れることだけであり、私はいやおうなく他者を受容せざるをえないのである。

4 「顔」としての他者

では他者は、どのようにして自我に現前するのか。レヴィナスは、「他者」が、自我の「全体性 totalité」の外部に「無限 infini」としてあらわれる、そのあらわれ方そのものを「顔 visage」というタームで表現することになる。

「私の内にある『他』の観念をはみ出しつつ『他者』が現前する仕方、この仕方のことをわれわれは顔と呼ぶ。」（全体性と無限 六〇頁）

「顔」はもちろん、自己の主観の側から超越論的に構成される「他我 alter ego」ではありえない。もし「顔」が構成された他我であれば、それはフッサールのいうように自己によって理解され、自己の観念のなかに包含されてしまうのであり、自己の外部とはとうてい言えないことになろう。自己の主観による構成以前に、他者の現前する仕方を積極的に開示しようという意図が、レヴィナスの「顔」という表現には込められているのである。

レヴィナスは、他者が私へとかかわるさいの、その独特の「仕方 la manière」そのものを「顔」と呼ぶことで、「顔」が私の認識（フッサール）や知覚（メルロ゠ポンティ）の対象ではないことを強調する。仮にレヴィナスのいう「顔」が、頭や眼、鼻、耳などによって構成される物理的な顔であったとしたら、たしかに「顔」は、頭脳による認識あるいは視覚、臭覚、聴覚といった感覚器官の集合になってしまい、けっきょくは対象を構成するひとつの全体性でしかなくなってしまうであろう。それゆえレヴィナスのいう「顔」は、目にみえる表情でさえあってはならないのである。

むしろそれは、向こう側から、私の意思に反して「私に呼びかける」あるいは「私を歓待する」という特有の存在の仕方であり、顔の顕現をつうじて初めて存在しうる者が「他者」である。それゆえ「顔」は私の自己意識以前に私を触発する。私が顔をどれほど嫌ってそれから逃れようとしても、顔としての他者は私という自己にどこまでも執拗に取り憑いてくる。レヴィナスの説く「顔」とは、こうした他者による自己への憑依 obsession そのものを意味しているといえよう。

したがって「顔」は自／他のあいだの関係にさえ先立つ。顔が現れることによって、しかるのちに、私という項や自己と他者の二項関係がようやく成立するのである。それゆえ顔は、知覚される受動性ではなく、自ら私に訴えかけ、語りかける能動的存在である。顔の表情は、私の受けとる意味付与を超えた意味作用をもって、したがって意識の「志向性」とは逆方向のベクトルによって、私に向かって表現し迫ってくる。

「顔は活き活きとした現前である。表現の生命は形を壊すことにある。形において存在者は、主題として身を晒すことで自らを隠してしまうのである。顔は語る。顔の顕現はすでにしてそれ自体が言説である。」（全体性と無限 六〇頁）

「他者の『顔』は、その顔が私に残す形状的なイメージを絶えず破壊し、そこからはみ出す。すなわち私の尺度に合った観念、観念されたものの尺度に合った観念を絶えず破壊して、この十全たる観念からはみ出すのである。」（同）

それゆえ私に「顔」を感じさせるものは、私の状況や利益、その他いかなる主観的ないし客観的な条件とも一切かかわりない。顔はそれ自体で存在するのであり、けっして体系に依存することによって存在するのではない。顔を基礎づける何らかの根拠があるわけではなく、顔はいかなる現象学的な還元も受けつけない。顔は他のなにものにも基礎をもたない倫理の基底的な源泉であり、それ自体が一つの意味である。

他者が「絶対的に他なるもの」といえるのは、顔のこうした「裸出性 nudité」に支えられているといえよう。すなわち顔の裸出性とは、「顔が私の方を振り向いた」という事象そのものを指している。したがってレヴィナスの「顔」という概念は、私に倫理的な対応を求めるものとしての他者の、「対面 le face-à-face」の場における現出であるということができるであろう。

もちろんここでレヴィナスは、この「対面」について、マルティン・ブーバーが説く「我と汝 Ich und Du」のような対等な関係を設定しようとしているのでない。周知のようにブーバーは、「我―汝」を、「我―それ」との違いにおいて示した。すなわち、汝から離れたデカルト的自我は存在せず、「我―汝」とは、「我―それ」のような決して相手を一方的に断片化して利用しようとする態度ではないという。したがってブーバーは、「我―汝」は、「我―それ」のように対象に対する支配ではなく、人間存在すなわち自／他の根源的な「間主観的」関係性を指し示す対等なものであることを強調したのである。

レヴィナスはブーバーのこのような言説を批判して、外部から自己を見ることの根源的な不可能性を語り、それゆえ、他者について語るのと同様の方法で自己について語ることは不可能であると指摘する。すなわち、私と顔、自己と他者は対等ではなく、もともと存在位相が異なっており非対称的 asymétrique なかたちでしか関わりえないというのである。他者はつねに自己よりもはるかに高い位置にいる。レヴィナスの挙げる例にしたがえば、顔は裸の貧者として私に懇願する。また、顔は高みから教師として私に教える。つまり、顔と私という存在者との関係は、上方から呼びかけるという直行的な下降的性格において表現される。すなわち顔は私より倫理的に尊い。したがって私は顔に何も要求できないが、道徳的な責任だけは負うという一方的な従属的関係にあることになる。

もちろん、このときでも、自我の全体性という暴力は容赦なく他者を襲い、自己の認識に他者を服従させようとするかもしれない。そのさい「顔」は無防備であり、自我の全体性に対して無力である。私が他者を他者として理解するとき、そこには必ず「他者」に対する私（自己）の支配つまり暴力が存在する。私の「他者」に対する支配を止めるためには、唯一、他者が存在者であることをやめること、すなわち「他者」の死によってしかありえない。それゆえレヴィナスは、この自我の全体性すなわちエゴイズムという極限的暴力を「殺害」という比喩で表現し、「他者は、私が殺したいと意欲しうる唯一の存在者なのである」と述べる。それゆえ顔として顕現する他者は、つねに、自己によって殺害される恐怖に脅え続けている。そして実際に私は「他者」を殺し得るのである。

けれども、この殺害が可能なのは、私が他者の「顔」と対面しないばあいに限られる。なぜなら「顔」は、自己が他者としての顔について持つ観念をつねに超越しているからである。私は存在の外側において出会う「顔」を殺すことはできない。こうした「顔」のもつ認識を超える異他性こそが「無限」であり、ここにいっさいの倫理が根源的に集約されているからである。「全体性」の認識すなわち暴力に対して他者の分断を可能にするものは、ゆいいつ「無限」の存在である。レヴィナスは、この「無限」の「倫理的抵抗」が、「顔」として現前する他者の裸出性そのものに示されているという。

「他者は、抵抗力によってではなく、その反応の予見不可能性そのものによって、自分を傷つける力に対抗することができるのである。……殺人よりも強いこの無限は、その顔においてすでに私たちに抵抗しており、その顔そのものであり、根源的な表現であり、『汝、殺すなかれ Tu ne commettras pas de meutre』という最初の言葉でもある。」（全体性と無限 三〇一頁）

「無限は殺人に対する無限の抵抗によってその機能を麻痺させる。この抵抗は、圧殺しえないしぶとい抵抗として、他者の顔のうちで、他者の眼における無防備で全面的な裸出性のうちで輝

く。」（同）

このようにしてレヴィナスは、私と顔、それゆえ自己と他者を、鋭角的な非対称性によって切断する。そして自己を超える他者の崇高さ、尊厳さ、無限性を強調する。彼は、フッサールの純粋意識による他者の「構成」、メルロ＝ポンティによる自他の可逆性すなわち相互反転性による世界への「共属」、あるいはハイデガーによる共通の基底としての「存在」を認めず、無限に超越していく者としての他者の「顔」を渇望した。むろん、こうした絶対的他者の肯定は、哲学ではなく宗教学としての「神学」にすぎないのではないかという疑問もありえよう。しかし、レヴィナスにとって、神は現前することのない「絶対的不在者」であり、彼の追求したものは、どこまでも自己に対する他者の倫理的関係であった。

ここに現象学を出自とするレヴィナスの思想が、はじめて、他者を主体とする「第一哲学としての倫理的形而上学」として結実したといえるであろう。

5　「存在の彼方」における他者

デリダからの批判とそれへの応答

しかしながら、こうしたレヴィナスによる他者の哲学は、多くの論者からさまざまな批判を浴びることになる。そのもっとも代表的なものが、一九六四年に書かれたジャック・デリダの論文「暴力と形而上学」であろう。『エクリチュールと差異』に収録されたこの論文において、デリダは、主としてフッサールとハイデガーを擁護する立場から、レヴィナスの『全体性と無限』を批判している。

第一の論点は、「他者」を現象学的還元にかけることは不可能かという問題である。デリダによれば、フッサールが世界を意識作用（ノエシス）とその相関者としての意識対象（ノエマ）に還元することは、現象学の普遍的な分析方法にもとづくものである。現象学の枠組みにおいて、あらゆる事象は志向性に従ってノエマに還元されるのであり、そこに例外などありえない。しかるにレヴィナスは、何であれ現象学的還元に組み入れることを「同への還元」と呼んで批判し、「他者」を、還元不可能で「同」への統合を拒否する倫理的存在として位置づけている。それゆえデリダは、レヴィナスが現象学的方法論と倫理学的判断との階層（レヴェル）の混同を犯していると批判する。

第二の論点は、存在論としての哲学の意味にかかわる問題である。

先にみたようにレヴィナスは、ハイデガーが存在者にたいする存在の優先性を主張していると批判した。デリダはレヴィナスのこの主張を取り上げて、優先性の秩序は同じ階層に属する存在者の間においてのみ可能であるという。それゆえレヴィナスが存在と存在者を比較することは階層侵犯であると述べて、レヴィナスへの反批判を行なう。すなわちデリダによれば、ハイデガーは、存在が存在者に対して優先すると説いたのではなく、存在にかんする思考すなわち存在論 ontologie が倫理学 éthique その他の思考に対して前提となる優先性をもつと主張しているだけである。それゆえ、レヴィナスのハイデガーに対する批判は誤解にもとづくものであると主張する。

さらにこれらに加えて第三の論点は、他者の「存在」そのものにかかわる問題である。デリダは、仮にレヴィナスのいうように「他者」が意識における対象として構成できないのなら、それは有限な言語で表現できるはずのない観念であり、それゆえその一切の言語化は断念されなければならないという。すなわちレヴィナスの説く「他者」や「無限」は、人間には思考できないもの、「存在」不可能なものであり、こうしたものによって他者と自己を絶対的に分断することは、哲学のもつ体系志向そのものまで破壊することにつながるという、根源的な批判を投げかけることになる。

こうした批判に応えるという意味もあって、レヴィナスは一九七四年に第二の主著である『存在の彼方へ』を公刊するのである。

この著書においてレヴィナスは、先の『全体性と無限』において、自我の自同性ないし全体性をあらわす概念として用いた「同」を「存在 l'être」に置き換え、これに対して、逆に、無限をあらわす「他」を、「存在とは別の仕方 autrement qu'être」あるいは「存在することの彼方 au-delà de l'essence」といった奇妙な用語で表現することになる。

　これはたんなるターミノロジーの変更ではない。そこには、明示的ではないにせよ、デリダらの第一の批判に対する応答が隠されている。すなわちレヴィナスは、「他」を「存在とは別の仕方で」「存在の彼方」にあるものと表現することで、それと、「同」という「存在」との階層の違いを強調しているとみることができる。それゆえ、あらゆる「存在」する事象は現象学的還元の対象となりうるが、「存在」に含まれない「他」である「他者」はこうした還元の対象とはならない、というのが、デリダの第一の批判に対するレヴィナスの解答であったということになろう。

　第二に、「他」と分離して、「同」を「存在」そのものとして提示することによって、存在のもつ不気味さ、異様さ、無慈悲さ、残酷さを誇張し、ハイデガーのいう存在論がけっしてあらゆる哲学の基底ではないことを強調しているとみることができよう。レヴィナスにとって存在論とは、忘却も安眠も不可能な、死さえも許さない「存在の苦 mal de l'être」を表現するものでしかない。彼は、存在からの逃走を実詞転換 hypostase として果たそうとした。すなわち「私」という単語は、「在る Il y a」という存在を示す述語に対して決して主語になりえないというのである。けれどもこうした逃走は、しょせん言語ゲームのなかでしか成立しえない。レヴィナスによる「存在」からの逃走は、他者すなわち「存在者」の絶対的な優先性の発見すなわち倫理学として果たされるしかない。

　それゆえレヴィナスは、「存在」の思考（存在論）はけっして第一哲学ではなく、むしろ存在に包摂し同化されない「他」に関する学としての倫理学こそが「第一哲学 philosophie premiére」であると強く主張することになったのである。

したがってまた、第三に、レヴィナスはデリダに応えて、「存在」と異質なものとして別の仕方において在る「絶対的に他なるもの」を言語によって表現しなければならなくなる。それが、この書物のタイトルにあらわされている。一般に『存在の彼方へ』と略称で呼ばれるこの著作の正確な原題は、文字どおり『存在とは別の仕方で、あるいは存在することの彼方へ』という奇妙なものである。この原題はまさに、言語化しえない「他」に、あえて言語的表現を与えることの困難さを率直に告白しているとみることができるであろう。

語ることの受動性

レヴィナスにとって、「存在」とは存在すること、すなわち内存在への不屈の固執であり、存在することは、他なるものを出口のない宿命（内存在）のうちに幽閉してしまうことであった。「存在」は、その否定や無化、非存在といった存在からのあらゆる逸脱さえも、存在のなかに包含し回収してしまう。それゆえ『存在の彼方へ』は、存在からの剥離が、「存在しないこと」さえも超えて、どのようにして可能なのかを示さなければならない。

それはまず、他者としての「顔」に対して「語ること」という発話的表現の開示を探ることから始まる。一般に、自己が語るという行為は、そこに語りかけるべき他者がおり、その他者に対して「語られる」言語的な意味内容を呈示するものとして行なわれる。したがって「語ること dire」は、「語られたこと dit」を他者に対して投げかけることであり、レヴィナスはこれを「語られたことの相関者である語ること Dire corrélatif du Dit」と表現する。いいかえれば「語ること」とは、他者の能動性に対して絶対的な応答の責任をもつことを意味するといってもよいだろう。
これをふまえてレヴィナスは、さらに、「語ることの彼方」すなわち「語られたことなき語ること」について説くことになる。

「ここで『語ること』の意味作用は『語られたこと』の彼方へと赴く。発話する主体を促すのは存在ではない。逆に、『語ること』の意味は、『語られたこと』のなかに取り集められた存在することの彼方へと赴くのであり、それゆえ『語ること』の意味することの方が逆に、存在への暴露あるいは存在論に正当な根拠を与えることになってしまうのである。」（存在の彼方へ 一〇〇頁）

レヴィナスは、「語られたことなき語ること」を、言語的ないし身体的なコミュニケーションという存在の領域に先立つものとみなして、「存在への暴露」すなわち自己が他者に対して自らを曝け出すことであるという。すなわちそれこそが、他者を「存在」に還元せずに他者にかかわる唯一の仕方でありうるのではないか。顔の無言の要求に応えて、私は他者の顔に向けて語りかける。レヴィナスによれば、このかぎりで、「語ること、それはもっとも受動的な受動性」であり、そこに他者に対する無限の責任があらわれることになる。

「語ることにおいてゆるぎない仕方で成就する他者との関係は、その他者への責任であり、語ることは他者に応えることである。このように主張することは、その責任に対して、もはや限度も尺度も認めないということである。」（存在の彼方へ 一二三頁）

しかしながら「絶対的に他なるもの」を、「存在論」の語彙を借りずに自己の外部にあるものとして、どのように語りうるのであろうか。たしかに『存在の彼方で』においてレヴィナスは、自己の受動性を一方的に強調するという方法によって、この限界を乗り越え、他者の「他性」を間接的に浮き彫りにするというかたちを採っている。「存在」あるいは「同」への還元に陥らないかかわり方を自己の受動性によって特徴づけ、能動的関与としての「存在」「同」と対比させるというのがその方法である。「存在」に還元されない関わり方、すなわち存在の彼方へ向かって語ることを「語られたことなき語ること」として提示することは、このかぎりにおいては有効であるかもしれない。

しかし、他者に触発されて応答してしまう過程において、他者について積極的に語ることは、「存在の言語」の誘惑によって必然的に裏切られるしかない。自己が語ることの受動性において在る「他者」は、主題化され語られたことのうちに把握されると、必ず自己がそれに能動的にかかわることになってしまうのである。それゆえ、「存在とは別の仕方」である「他なるもの」は、つねに「存在」に転落する可能性を秘めている。レヴィナスは、これを打ち消すために、たえず「前言撤回」を繰り返さざるをえない。

「還元 réduction とは語られたことの絶えざる前言撤回 dédire であり、語られたことによってつね

に裏切られる語ることへと還帰することである。」（存在の彼方へ　四〇四頁）

こうして「絶対的に他なるもの」の追求は、つねに否定形を積み重ねるかたちで対象を絞りこんでいくしかないことになる。そしてそれは、いまだ『全体と無限』においてはわずかに残されていたポジティヴな論理構築への企てを、いまや完全に放棄することを意味するであろう。それゆえレヴィナスは『存在の彼方へ』においては、自己が他者にかかわりうることの論証そのものを放棄し、同時に、哲学としての体系性志向をも捨て去らざるをえないことにもなるのである。

6　隔時性あるいは痕跡としての他者

『存在の彼方へ』においては、こうした存在に回収されることのない「他者」のあり方を、時間の側面から絞りこんでいくものとして「隔時性」という概念を提示し、そうした方法の不可能性をあえて言語化する表現を、「痕跡」というタームによってあらわそうとしている。

過去は自己の後ろへ流れ去った他者であり、未来はいまだ自己の前にない他者である。それらは時間を隔てられた自己の支配の及ばない領域として、私には「他なるもの」としてある。レヴィナスは、このように時間性によって隔絶された他者のあり方を「隔時性 diachronie」と名づける。しかしフッサールの超越論的還元の方法によれば、存在者はこの時間の隔たりをも、意図的想起によらない「過去把持」あるいは意識的予期によらない「未来予持」という方法によって、ひとつながりの対象の同一性として、現在の自己による認識の支配下に取り戻すことができるはずであった。こうしてフッサールにおいて「隔時性」は、現在の自己の「存在」のなかにつまり「同」に還元されてしまうことになる。

「語られたものにおいて現出する時間の時間化は、たしかに能動的な自我によって回収される。能動的自我は、過ぎ去った過去を記憶によって想いおこし、それを歴史書に編纂することで再構成する。あるいはまた想像や予期によって未来を予想し、さらには他者に対する責任の時間までをも現在に集約する。」（存在の彼方へ　一三二頁）

レヴィナスは、こうした能動的な自我すなわち存在に回収された過去あるいは未来を「共時化synchronisation」と呼ぶ。

けれどもレヴィナスによれば、こうした現在に還元された過去ないし未来の「隔時性」とは異なって、あらゆる共時化を拒否する隔時性がありうるという。それこそが現在における他者の「顔」という顕現の仕方である。先にみたように「顔の裸出性」は、原的に表象されている他者そのものではなく、過去や未来という時間軸を超えて「存在の彼方」から私に向かって顔への責任を迫ってくる。レヴィナスは、この共時化を拒む顔の隔時性を、「顔は表象から逃れる」あるいは「顔は現象性の欠如である」と表現している。すなわち他者に対する自己の責任は、いっさいの時間を超越した無限のものである。レヴィナスが「顔の隔時性」という観念を使って説こうとしたものは、じつは、この無制限なる責任のありようのことだったのではなかったか。

「他者への責任はあらゆる現実的な現在を、そしてまた現前化されたいっさいの現在を超過する。したがって他者への責任は、そのようにして始まりなき時間に属するのである。」（存在の彼方へ一三三頁）

そしてまた、このような他者の「顔」に対する無限の責任は、時間を超越するだけではなく、空間的な場所をも超越している。レヴィナスは、自己に無制限の責任を迫る他者の要求に応答する義務を「感受性 sensibilité」という用語であらわしている。それゆえこの感受性は、徹頭徹尾、受動的な、まったく能動的選択の余地がない能力であるといえるだろう。レヴィナスの表現を使えば、それは、「顔（他者）の選択」によるものであり、「選ばれた者（自己）が任意に引き受けるかどうか決められるものではない」のである。

もちろんこうした責任の感受性は、肉体的外傷や精神的迫害といった他者の苦痛と相関的であり、それゆえそれが、メルロ＝ポンティのいう自己の知覚による能動的な対象構成の一種ではないかという批判が可能なのかもしれない。しかしながら仮に、それが他者の知覚を契機として起きるにしても、責任の感受性は、現実の他者の苦境との間にいかなる因果性をも欠いており、眼前に存在する他者に向かって生じるものではない。それは「顔」が選んだ者に対する根拠のない一方的な命令なのである。それゆえレヴィナスは、「顔」を、存在者としての他者を表象する現象性ではなく、その欠如態として、あくまでも他者の残した「痕跡 trace」としてのみ捉えることになる。
　自己に現前する他者は、もはやそこには不在の痕跡でしかなく、他者は「彼」として無限の彼方へ超越してしまっている。他者は、いわば不可侵の無限性を有する無限者である。それゆえレヴィナスにおいては、常識的に他者の「存在」と自己の「感受性」との間に示される因果的な連関は、もともと論証不能のものとして完全に排除されている。「絶対的に他なるもの」は存在ではなく、現象性の欠損した表象に組み込めない「痕跡」としての「顔」でしかない。こうした「顔」の現前することのない「無限性」いいかえれば自／他を越えた「彼性 illéité」を、たとえば「神 Dieu」と呼んでもよいかもしれない。しかしレヴィナスはあくまでも、これをも神学的説明ではなく、倫理学的「謎」のうちにとどめることを選ぶのである。

「顔は彼性の痕跡である。彼性は、存在の他者性の起源であり、対象性の即時性は彼性を裏切りつつそれと融即する。……神の似姿であることとは、神のイコンであることを意味するのではない。そうではなく神の痕跡のなかに自らを見いだすということである。……痕跡の輝きは謎を秘め曖昧である。このことが痕跡の輝きを現象のあらわれから区別しているのである。痕跡の輝きは論証の出発点として役に立たないであろう。論証は痕跡を容赦なく内在と存在のうちに引き込んでしまうことになるからである。」（存在の彼方へ　四四頁）

こうしてレヴィナスの「第一哲学としての倫理学」は、自己の受動性の強調から始まり、その倫理的要請にもとづいて他者の「存在」をもはるかに越えて、時空を離れた「他者の彼方へ」と限りなく超越していく。こうした徹底的に他者を主体とする倫理学は、最終的に、自己の選択可能性をも全面的に否定する他者による「強迫」という観念にまで突き進まざるをえないことになる。

7 他者の「身代わり」としての自己

レヴィナスにとって、自己が他者の顔に対してかかわる方法は「責任 responsabilité」としてのみありえた。他者にかかわることそれ自体が責任であり、それゆえ自己は「主体 sujet」ではありえず、他者への「従属者 sujet」以外のなにものでもない。

他者への責任は、私の自由な選択によるものではない。いっさいの責任は「顔」の選択に由来するものであり、選ばれた者が引き受けたり拒んだりできる類のものではない。私は起源も理由も分からないままに、責任のなかに投げ入れられているのである。この他者に対する無限なる責任を、レヴィナスは、顔による「強迫 obsession」といういささか誇張した用語を使って表現することになる。

「他人への暴露とは内存在性の我執からの超脱であり、近さであり、隣人による強迫である。すなわち自己に反した強迫であり、つまりは苦痛である。」（存在の彼方へ 一四一頁）

「強迫において、差異は無関心であることへの不可能性として鳴り響く。だが強迫は、『存在』の知解可能性の体系を形成する可逆的な諸関係のひとつとして姿を現すのみならず、『自我』の唯一性さえも、それぞれかけがえのない諸自我の多様性を包摂する一個の普遍性に解消してしまう。」（同二〇一頁）

こうして、いっさいの能動性を否定された徹底的な受動性こそが私の「主体性」である。それゆえ自己の主体性、それは「可傷性であり、触発にさらされることであり、感受性であり、いかなる受動性よりも受動的な受動性」であることになる。

「可傷性 vulnérabilité」とは、ほんらいの意味では他者からの暴力により傷つくことであろう。だが、レヴィナスはそれにとどまらず、他者が傷を負うことによる苦痛の可能性を自己が感受することや、それゆえ無条件に、他者の苦しみへの責任を呼び覚まされる自己の感応性をも、この言葉の意味に含めて使用している。たとえば彼はこれを、「覆いを剥がれて露出し、自己を供与し、みずからの皮膚のうちで苦しむ自己、みずからの皮膚さえ自己のものとして所有することなく、みずからの皮膚のうちに痛みを抱えること」という独特の自虐的なレトリックで表現している。

それゆえ顔の「強迫」は、私に選択の余地をいっさい与えず、有無をいわせず私を圧倒し、私は、可傷性という苦痛のなかに自らの身を投じるしかないことになる。可傷性は「留保なき犠牲」であり「無制限の犠牲」である。けれども、もしも、顔の強迫ではなく、わずかでも私に選択の余地が残されているとしたら、どうなるであろうか。そのばあい、当然にも自己の意思が他者を構成し包摂し支配し、それゆえ顔は「存在」としての「同」に還元されてしまうことになるであろう。

けれどもレヴィナスは、自己の人格としての主体性は、顔として顕現する他者すなわち「絶対的に他なるもの」との関係によってのみ、あくまでも事後的に生成するという。それゆえ、私の行為の意味は顔をもつ他者の指図に全面的に依存する以外に見いだしえない。私はつねに顔に「強迫obsession」され、それゆえ「迫害persécution」され続けているのである。

この「顔」の強迫を受ける私の責任ないし主体性の意味するものは、さらに「身代わりsubstitution」あるいは「人質otage」という表現にまで先鋭化される。

「他者に対する責任は『主体』に生じる偶発事ではなく、『主体』における『存在すること』に先立っており、それが他者への関与を生じせしめる自由の到来を待望することはない。私は何もしなかった。だが私は、つねに審問され迫害されつづけてきた。自同性に付きもののアルケーなき受動性としての自己、それは人質ないし捕囚である。」（存在の彼方へ二六五頁）

「われわれの意図は、『自我』という存在者の存在を、身代わりになるという能動に還元することではない。身代わりは能動ではない。それは能動にけっして転換できない受動性であり、能動―受動の二者択一の手前であり、『名詞』『動詞』といった文法的範疇に従うことなき例外である。」（同二七一頁）

ここにおいて、けっして、私に「身代わり」や「人質」になることを要求する強迫にいったいいいかなる正当性があるのか、と問うてはならない。

なぜなら私は、私に命令する権威を、表象や概念によって内面化するのではなく、あくまでも「外」から「外傷的に命じられている」のである。身代わりは、自由な意思が引き受ける行為ではなく、自己はその意思と無関係にすでに「身代わり」に供されている。他者が犯した罪を赦し、他者の代わりに罪を償うために「人質」になることを求められている。私は、他者の悲惨によって、同情ではなく触発され、他者の悲惨を苦しみ、害を受け、かつそれに耐えている自己を発見する。なぜなら私は、他者のために、他者の代わりにあらかじめ存在する「一者 l'un-pour-l'autre」にすぎないからである。自己が他者の「身代わり」や「人質」になるべきことに、何らかの客観的根拠があるからではなく、それはむしろ、根拠の欠如によってこそ義務づけられている。このように倫理はつねに無根拠であり無起源であり、逆にいえば、そうした定言命法に無条件に従うことこそが倫理なのである。

それゆえ私は他者から大きな責任を負わされる。けれども、もしそれが法的な責任ないし義務であるならば、私は他の人々以上の責任を課せられることはないだろう。なぜなら法は、あらゆる人に共通の普遍的な要求しか課すことはありえないからである。しかし「顔」は、「私」にのみ法以上の絶対的で過剰な責任を負わせる。ここで問題になるのは、顔の対象となるのが、なぜ、ほかの誰でもなくこの「私」なのか、という疑問である。レヴィナスはこの問いに、私だけが法を超える倫理的責任（善）の主体として、顔によって「選ばれた者」であるとしか答えない。「顔」が他の何かによって説明できないものである以上、その「選択」もまた何によっても根拠づけることはできない。「私とは一つの特権、ないしは一つの（顔による）選び élection なのである」というしかない。

したがってレヴィナスの倫理は、対象の選択と同様に、その内容も善／悪という通常の判断基準をも超越していなければならない。そうであるならば、善であるから従うのではなく、選択の余地なく絶対的な受動性において従うことの「善」性（正当性）とは、いったい何に由来するのか。この問いにレヴィナスはつぎのように答える。

「善は私の自由に対して差し出されたものではない。私が善を選ぶ以前に善が私を選んだのである。自分の意志によって善良であるようなひとは誰もいない。」（存在の彼方へ 四一頁）

あらゆる倫理（善）は、「絶対的に他なるもの」によってその位置を決定される。「他者」は倫理そのものであり、自己の認識や感覚や思考や理解や欲望、その他すべての自己の意思作用に対して先行している。すなわち他者は、自己の存在に対してあらかじめ前提としてあり、「存在するとは別の仕方で」現前している。こうした自己と他者のかかわり、すなわち他者との「けっして十分に近くはない」近さにおいてのみ、自己の苛烈な唯一性もまた顕現する。

こうしてレヴィナスは、「存在の彼方に」、自己に還元することの不可能な絶対的「他者」をようやく発見することができたといえるだろう。

第三章　レヴィナスの正義論という可能性と不可能性

1　「第三者」としての他者

これまでレヴィナスは、『全体性と無限』においても『存在の彼方へ』においても、つねに、「自己」がただ一人の現前する「他者」に直面した場面のみを想定して考察を進めてきた。けれども『存在の彼方へ』の最終部に近い第五章の後半になると、突然に、これまでの「他者」とは異なる「第三者 le tiers」と呼ばれるもう一人の他者が登場してくる。ここにおいて、これまでかろうじて一貫性を保っていたレヴィナスの論理は一挙に混乱してしまうことになる。

留意すべきは、この「第三者」は、けっして我 moi と汝 toi に対する彼 lui、つまり一人称、二人称に対する三人称という関係ではないという点である。これら三者は、自己に対する二人または多数の他者という関係性において配置されている。ここに新たに、厄介な問題が浮上してくる。すなわち、このトライアングルはそれが登場するやいなや、ただちにひとつのトリレンマと化してしまうのである。レヴィナスはいう。

「もし私にただ一人の他者のみに従うよう命ずるのであれば、いかなる意味でも問題なるものは存在しなかったであろう。その場合、問いが生まれることはないだろう。……ところが第三者が介入するやいなや、両者の近さはかき乱され、問題と化すのだ。第三者は隣人とは他なるものである。だが、第三者はいま一人の隣人、『他者』の隣人でもあって、『他者』と類似したたんなる同類ではない。では、他者と第三者は互いにいかなるものであるのか。他者と第三者は互いに何をなすのか。他者と第三者のいずれが先行しているのか。……同時的に存在する他者と第三者はともに私の隣人であるが、他者と第三者は自分たちから私を遠ざける。」(存在の彼方へ 三五七頁)

こうしてレヴィナスは、自己と他者、自己と第三者の関係とともに、もう一つ、他者と第三者という関係をも考察しなければならなくなる。

まず、自己と他者の関係は、すでに詳しく検討したことから明らかであろう。「他者」とは、私(自己)がけっして認識したり理解したりできない、それゆえ自己の「同」に還元できない「絶対的に他なるもの」であった。それは「顔」として私に無制限の責任を迫る能動的主体であり、これに対して私は、選択の余地なく、顔の要求に無条件で受動的に応じるしかない従属者である。すなわち他者は「顔」をつうじて、自/他という関係の前提として、「存在するとは別の仕方で」あらかじめ私（自己）に現前したのである。このことは詳しく繰り返すまでもないであろう。これに対してレヴィナスは、つぎに自己と第三者の関係を考察する。

この関係も、それ自体として独立して捉えれば何の問題もない。たんに先の他者が第三者に代わっただけである。けれども、この場面では、先の他者と第三者がともに私（自己）の眼前に現れているのである。他者と第三者の両者が、私に要求を突きつけ、無条件でそれに対する無限なる応答の責任を迫ってくるのである。

ここに初めて、同時的にあらわれる他者と第三者の関係が問われることになる。

他者と第三者はともに私の隣人ではあるが、私はこの両者に、同一かつ全面的に責任を負うことはできない。他者と第三者は、いかなる者か、何を要求しているのか、いずれが先行しているのか。ひとり私のみがあらゆる責任を負わなければならないにしても、こうした他者が複数化した事態は、それ自体で私の負いうる応答責任の限界を超えている。それゆえ「正義をもって私は何をしなければならないのか」という良心の問いなるものが発せられることになる。ここにおいてレヴィナスは、二者間の「倫理」が、初めて多数者間の「正義」に転化するというのである。

レヴィナスは、「必要とされているのは正義 la justice である」と述べる。いいかえれば、「複数の顔の比較、共存、同時代性、集合、秩序、主題化、可視性が、ひいては志向性と知解作用が必要なのだ」ということになる。すなわち私は、他者と第三者を比較衡量して優先順位をつけるか、または両者に対する責任の配分割合を決めなければならない。これを決定するためには、認識し理解できないはずの「絶対的に他なるもの」を、自己の意識のなかに還元しなければならないことになる。もちろん認識することによる還元それ自体が、いっさいの「他なるもの」を自己へ回収し対象化し構成し「同」に服属させることは明らかである。すなわち第三者の登場が、自／他の非対称的な関係を決定的に匡正してしまう。レヴィナスは、この匡正によって、顔は顔であることをやめ、自己と他者の非対称性は「対称的」な関係へと転じることになるというのである。

「比較不能なものの比較をつうじて、表象、ロゴス、意識、意識、労働が、ひいては存在という中性的概念が萌芽する。すべては共にあり、一方から他方へ、他方から一方へと赴き、二つの項を関係づけ、判断をくだし、知り、～はどのようなものかと問い、質料を変容することが可能となる。」（存在の彼方へ 三六〇頁）

「こうして生起した正義の秩序は、私が他人の身代わりになることを緩和するとともに、この身代わりに尺度をあてがい、自己を計量に送り出す。……正義は表象の同時間性を要請する。こうして隣人は可視的なものと化し顔たることをやめて現前する。このとき、私のための正義もまた存在することになる。『語ること』はこのとき『語られたこと』として固定され、まさに書き留められて、書物、法律、学問と化す。」（同）

すなわちレヴィナスによれば、第三者の登場によって、他者に一方的で片務的に貢献するはずの自己の「倫理」は、自己と他者の対称性 symétrie すなわち平等な「正義」の秩序へと変換されてしまうのである。自己と複数の他者たちは共通の位相に置かれ、私もまた他者たちと共存在する間主観的な

「社会」の一員であるとみなされることになる。ここでは、他者と第三者の両者とも、自己にとってまったく同じ「他者」であり、それゆえ両者はともに相手に「顔」を感じさせ、互いに相手に従属することにおいて相互に対称的で平等な関係である。ひとまずは、そのように言えるかもしれない。少なくとも形式論理的に議論を詰めていけば、このような結論に達する以外にないのかもしれない。

レヴィナスは、第三者の登場に「正義 la justice」の誕生をみる。他者と第三者の間に対称性が成立するとともに、自己と他者のあいだの非対称的な倫理もまた消滅し、かわって社会全体に共通の平等な「正義」が現れる。そこでは、あらゆる「主体」は、測定ないし計量することが可能で、かつ測定し計量された諸々の権利と義務の一切をそなえ、義務者同士の競合と諸権利者間の競争によって、すべての者が均衡性を付与された「市民」として相互に認知され、また認知し合うことになるということになろう。

ここにレヴィナスの現象学は、結果的に、自由で平等な個人の、ある種の社会契約的な「市民社会論」に帰着することになってしまったといえよう。

2　正義論というディレンマ

けれども、ここでやはり根本的な疑問が浮かんでくる。

レヴィナスがフッサールの超越論的主観性論やハイデガーの存在論をあれほど執拗に批判しつづけ

たのは、いったい何のためだったのか。それは本当に、最終的に、このような凡庸な「正義」論あるいは平板な「市民社会」論を基礎づけるためだけだったのであろうか。他者の「顔」という超越性をめぐるその粘着質的な議論は、たんに「第三者」が登場するだけで、簡単に否定され、対称的で対等の平等性に反転してしまうほど脆弱な思想に過ぎなかったのであろうか。

たしかに、他者と第三者の共通性ないし対称性については、少なくとも「自己」の視点から見るかぎりにおいては承認せざるをえないだろう。おそらくここに「顔」としての同等性が生じるといえるかもしれない。けれども、顔を持たない私（自己）が他者の「顔」を認識し、それを自己の「同」すなわち主観性に還元させることが、どのようにして可能なのであろうか。しかもこの他者の「顔」が、第三者の登場によって、なぜ、いともあっさりと消えてなくなってしまうのであろうか。

なるほど私は、他者と第三者というそれぞれの「顔」に直面せざるをえないのは事実であろう。しかしながら、自己が二つの「顔」に対応するという事態は、そのまま、二人の他者を「存在」そのものとして認識し比較することを意味するのであろうか。たとえ「顔」が複数あるいは無数に現前したとしても、一切の「顔」は表象を逃れ現象性を欠損していたのではなかったか。そのうえ、その背後にいるはずの「他者」は、レヴィナスにとっては「存在するとは別の仕方」の「存在とは他なるもの」であり、もっと正確にいえば「存在の痕跡」でしかなかったはずである。「絶対的に他なるもの」は、仮にそれがどれだけ複数化しようとも、けっして私という自己によって理解できる「存在」になるわけではない。むしろそれはすでに、「存在の彼方」へと遠く退いていってしまっているのではなかったのか。

現象学は、どこまでも「自己」たる私の超越論的主観性を審問する学問であり、安易に自己から「他者」や「第三者」を類推することは厳しく否定されなければならない。

そもそもレヴィナスの出発点は、フッサールが「他者」を自己の主観からの類比的統覚によって構成できるとした、現象学的還元に対する根本的批判をモチーフとしていたはずである。それはさらに、ハイデガーによる自己と他者を共存在とみなす「存在」そのものに対する恐怖にまでおよんだはずである。すなわちレヴィナスにとって、自己が他者を認識することは不可能であるというプロブレマティクは、その倫理学の絶対的に譲れない立脚点だったはずである。したがって、この場面における「第三者」についても、他者としての認識不能性は全面的に貫かれなければならないであろう。ここにおいて「私」が「第三者」と「他者」に「自己投入」してその意識を類推し比較することは、レヴィナスの論理的で倫理的な前提そのものが完全に崩壊することを意味するのではなかろうか。

ここではただ、私（自己）が、「他者」と「第三者」という理解できないもの、比較不能な複数のものに直面しているという「矛盾」が設定されている。そうした「矛盾」そのものが大きなテーマとして新たに浮上してきたと言えるだけである。

私は、自己の責任の履行のために、それらを比較し計量し認識するというこの「矛盾 contradiction」に応答しなければならない。けれども私は、複数の「顔」による二者択一の要求に、公正に対応することはできない。しかし他者と第三者の「顔」の対称性は、どこまでも私に無制限の責任を迫る要求として、そのかぎりでの「平等性」を要求してくる。繰り返すが、レヴィナスの正義はそもそも「矛盾」を抱えている。すなわち、市民の平等という能動的「正義」は、私の根源的な受動性すなわち可傷性に支えられてしか可能とならない。したがってここで明らかになったことは、この絶対的な「矛盾」は、どのようにロジックを展開しても解消できないということである。

それゆえレヴィナスが出発点において説いた、自己と他者の非対称性にもとづく他者中心の倫理は、たとえ第三者が登場しても容易に崩壊するものではない。それが、万人が平等な「市民」の「社会」という凡庸な「正義」に解消されるものでないことは明白である。

この点についてレヴィナスには、つぎのような注目すべき言説もみられる。

「正義が正義であるのは近き者と遠き者との間に区別がないような社会においてのみである。しかしその社会においても、もっとも近き者の傍らを通り過ぎることは不可能であり続ける。すなわちそこでの万人の平等は、私の非平等性によって担われているのである。」（存在の彼方へ 三六二頁）
「人間が自己を成就するような、平等でかつ義ある国は、……万人に対する一者の還元不能な責任から生まれる……。」（同）
「意識は第三者の現前として生起する。第三者の現前から発する限りで、意識は内存在性の我執からの超脱でありうる。意識とは二者間の対面の親密さに対する第三者の介入である。正義への気遣い、それが社会における精神である。」（同 三六三頁）

ここにおいてレヴィナスは、社会正義は、つねに「一者 l'un-pour-les autres」すなわち「第三者」の介入によって実現されるという鋭い洞察を自らに突きつけている。そこには、『全体性と無限』いらいの自／他の非対称性という倫理を貫きつつ、同時に複数の他者（市民）からなる社会における正義のありようをなんとか表現しようという企てがある。すなわち、「市民社会」における「正義」は、それを神と呼ぼうと国家と呼ぼうと、あるいは貨幣、王、法などと呼ぼうと、それが何であれ絶対的に還元不能で非平等な「一者」を前提とし、かつ、この一者の犠牲に支えられた他者相互の平等としてしかありえないのである。

じっさいレヴィナスは、「社会性と貨幣」という風変わりな論稿（『貨幣の哲学』所収）において、二者間の「倫理」が必ずや不正と暴力をともなった閉じた社会にいたるのに対して、第三項の登場がはじめて「正義」を実現することを強調する。経済のより高度な形態においては、貨幣を第三の範疇とすることによって、商品相互に共通する尺度があらわれるというのである。もちろんそれは、マルクス的な意味での貨幣の物神性批判ではなく、反対に、貨幣のコミュニケーション的正当性を主張する文脈ではある。だが少なくとも、第三者を前提とすることによってのみ、複数の商品間に平等な尺度としての正義が実現される点を明らかにしたのは、アリストテレスからマルクスにいたる貨幣をめぐる論争に一つの回答を提示するものであり、正当に評価されるべきではなかろうか。

やや先回りして言えば、そこにはおそらく、宇野弘蔵がその価値形態論において到達したのと同じく、商品としての自己の価値は、貨幣という他者（一般的等価形態）によって購買されることでしか実現されないという、商品世界における自己の徹底的な受動性を説くロジックがあるように思われる。それはまた、法然から親鸞にいたる鎌倉仏教が、自力の行を否定し、最終的には仏という他者の絶対他力に一切の救済をゆだねるという、凡夫衆生の信心における徹底的な受動性と同一の論理構造なのかもしれない。

これらの思想には、「自己」という存在者の意味は、他者を主体とする能動性によってしか明証されないという人間の根源的な「受苦性」が刻印されている。私（自己）という一者 l'un pour-l'autre に憑依する逃れようのない受苦性、この無条件の肯定こそが市民社会という正義の裏に潜んだ超越論的な救いへの希求だったのではなかろうか。

こうして、レヴィナスが最終的にめざしたものは、自／他の非対称性を倫理の根底に据えつつ、そこから、平等な市民の秩序を正義論として導き出すことであった。それが倫理学をユダヤ的な慈愛からギリシャ的なポリスの正義へと転換することであったとすれば、その正義論には、最後まで「絶対的に他なるもの」による「救い」というキーワードが貫かれていたと考えても、あながちレヴィナスの意図から大きく外れていないであろう。

こうしてレヴィナスの他者論という倫理思想は、学問の狭い領域区分をはるかに超えて無限に越境し超越し拡大し膨張し、どこまでも飛翔していかざるをえない。すなわちそれは、宗教学あるいは社会科学における根源的な人間（自己）の救済論ないし解放論というプロブレマティクと深く通底し共振することになるのである。

まとめ——現象学の臨界点

第I部においては、まず、デカルトやカントに代表される存在と意識、主観と客観、人間と自然などとともに、「自己」と「他者」を、二元論ないし二項対立として捉える西洋近代哲学の構図を検討し、これを超克するものとして、フッサールに始まる超越論的主観性の哲学すなわち「現象学」を俎上にのぼした。

すでに詳しく述べたように、フッサールは、外的世界の実在性をいったん判断停止して、これを純粋な自己意識の表層にあらわれる現象（事象）に還元して構成することを主張した。だがこの超越論的主観性への還元によっては、どのようにしても「他者」の存在を明証することはできなかった。彼は、「他者」を自己の類似者として自己の意識のうちに構成する類推的統覚以上のものを何も提示できなかったのである。この点は、他者の同型的構成性を自己の身体的な「知覚」において捉え直したメルロ＝ポンティ、あるいは、個々の存在者を「存在」そのものの自同性に解消して理解しようとするハイデガーにも、ほぼ同様に当てはまるものであった。

これらに対する根源的批判として、第I部では、主にレヴィナスの「他者論」に的を絞って検討をすすめてきた。レヴィナスは繰り返し、「他者」を自我という「全体性」に還元しようとする「現象学」

に根本的批判を投げかけた。すなわち彼は、「自己」の意識によって理解も認識も構成もできず「同」への還元も不可能な「他」と、どのようにしたら出会えるのかという難問に果敢に立ち向かう。その結果レヴィナスは、自己の全体性の前に「無限」として現れる他者を、「顔」という絶対的な象徴性によって表現しようとした。さらに後期においては、他者を「存在」としてではなく、「存在の彼方」、「存在とは別の仕方」において在るものとして規定しなおした。

このようにレヴィナスは、自己の理解を超越し、けっして自己の意識によって構成できず、つねに自己の認識をはみだし、それゆえあらゆる現象学的還元をも拒否する「絶対的に他なるもの」としての「他者」を、可能なかぎり、ありとあらゆるレトリックを駆使して肯定しようとしたのである。

それは最終的には、「自己」を、他者としての「顔」の選択に無条件に依存する「いかなる受動性よりも受動的な従属者」として規定するしかないことになる。こうした自己の受動性の対極において、初めて「他者」は、積極的で能動的な超越者として現出することが可能となったのである。フッサールの超越論的主観性あるいはハイデガーの存在論のロジックに収まらない、「絶対的に他なるもの」の他性をどこまでも擁護しようというレヴィナスの思索は、どうやら途方もない遠いところへ向かってしまったようである。自我ないし存在への固執から責任へ向かっての脱出は、自己が他者に奉仕すべく選ばれているという無限の責任論から、さらには、自己が他者の「身代わり」ないし「人質」になるといった、逃れられない「可傷性」の倫理まで突き進んでいかざるをえない。自己の自虐的な否定は、ついに、無限なる絶対的他者の肯定によってのみ可能となったのである。

けれどもレヴィナスは、最後に、「第三者」の登場によって、これまでのロジックを一挙に反転させることになる。それはたしかに論理的矛盾であるが、それ以上にむしろ、おそらくはレヴィナス自身の政治的願望を率直にあらわすものだったのかもしれない。最終的にそこには、自己の根源的受動性に支えられた平等な市民の社会ないしは国家というユダヤ的「正義」、すなわちおそらくはイスラエル国家への憧憬が述べられているのであろう。

それゆえ、他者の「顔」という顕現の仕方に、あるいはその謎を秘めた痕跡に、ユダヤ＝キリスト教の「神」を見いだすという解釈も、当然にもレヴィナスのひとつの有力な理解としてありえよう。じっさいレヴィナスの他者論を、ユダヤ教の聖典であるタルムード講話の読解の成果として検討する理解が、多くの研究者のあいだで見られるようである。こうした理解の正当性については、ユダヤ神学にまったく素養のない著者としては、とりあえず判断を保留しておくしかない。

けれども、自我の存在そのものを他者への暴力や殺害とまで言い放ち、自己による他者の理解すなわち「他」の「同」への還元を徹底的に拒否し続けたレヴィナスの思想は、なによりも、自／他の非対称的な関係性論として検討されるべきものではなかろうか。それは、現象学の存在論に根源的な見直しを迫るものであり、レヴィナス自身が自負するように、「第一哲学としての倫理学」としてこそ評価されるべきものであろう。

たしかに二〇世紀末いらいの思想世界では、マルクス主義や構造主義以降のポスト・モダン思想が一定のブームとなり、一時期、徹底的に人間の脱「主体」化を標榜することがトレンドとなったときがあった。そうした状況のなかにあってレヴィナスは、ひとまず古典的な「主体」の哲学を極限にまで推し進めた現象学の系譜に棹差しつつ、しかし、その持つ独我論的性格を逆手にとってこれを徹底的に転倒せしめ、「主体」としての自己を超越する「他者」中心の倫理学を開拓していったのである。その独創的で画期的な意義は、どれほど強調しても強調し過ぎることはないであろう。

第II部

仏教における他者

第Ⅱ部では、日本の鎌倉期の親鸞における「他力の宗教学」について考察する。それは、それ以前の「自己の自力による悟り」を追求する聖道門仏教を否定して、「他者（仏）の他力による救い」を求めた浄土門仏教である。親鸞は、奈良の南都六宗から平安の天台・真言にいたる自力修行を全面的に否定し、さらには法然による専修念仏の行をも超えて、いわゆる「絶対他力」の信心を確立した。「他者（仏）」による能動的所業を鮮明にすることで「自己」の徹底的な受動化と相対化を図る親鸞の思想こそは、既存の大乗仏教の常識を覆し、「他者」への絶対的な帰依によって「自我」の滅度をはたす、画時代的な試みであったといえよう。

自己の実存への根源的懐疑から始まり、やがて「絶対他者（他力）」にすべてをゆだねるまでにいたるその信心には、おそらくは、現象学において「自己」意識への還元を拒否し「絶対他者」を主体とする倫理学を構築したレヴィナスとも、大きな共通性が見いだしうるのではなかろうか。

ここでは、仏教史の整理をつうじて、親鸞における他力思想の確立過程とその意味するものを説き明かすことにしたい。

第一章　自己の悟りとしての仏教

1　仏教の開祖とその発展

仏教は、紀元前五世紀ころ、インド北部のガンジス川中流域においてシャーキャ族のゴータマ・シッダルタ（釈迦）が開いたと伝えられる哲学思想である。それはキリスト教やイスラム教など他の宗教とは異なり、信仰の対象として唯一神を前提とするものではないため、宗教というよりも人間解放の可能性を追求するひとつの思想体系として始まったとみるのが適当であろう。とはいえ仏教は、その生誕の地であるネパールの土俗的世界観であるカースト制度や輪廻転生の思考から大きな影響を受けており、むしろそうした現世における苦しみからの解脱を根本的なモチーフとして形成された哲学であるともいえる。

仏教において人間は、「天上界・人間界・修羅界・畜生界・餓鬼界・地獄界」という六道を転生先として、絶えず生まれ変わりを繰り返すものとされる。すなわち前世で善行や功徳を積めば次は良遇に恵まれ、悪行を積めば苦遇に落ちるのである。この六道内における死滅と再生の繰り返しがいわゆる「輪廻」であり、あらゆる生命体は、因果応報によってこの苦悩の反復から永久に逃れることはできないことになる。

しかも輪廻の転生先のなかに「天上界（神）」が含まれていることから分かるように、仏教においては神もまた生命の一形態にすぎず、けっして究極的な人間の解放を意味するものではない。また、輪廻の円環に中軸となる実体（主体）なるものは存在しない。それゆえ本来の仏教においては、信仰や服従の対象となる実体としての「絶対神」の存在は認められず、ただただ、あらゆる存在の無常と実体のない自我、煩悩の苦業という「空」だけを、娑婆（現世）のすがたとして説くことになる。これが「諸行無常、諸法無我、一切行苦」の三法印といわれる仏教の根本思想である。仏教が宗教ではなく、ひとつの哲学思想であるといわれるゆえんでもあろう。

さて、釈迦は、インド北部のカピラヴァットゥ城に王子として生まれ、二九歳まで王宮で豪奢な生活をおくっていたといわれる。けれども生命がつづくかぎり果てることのない生・老・病・死の煩悩に苦しみ、それから抜け出るべく、あえて王宮での生活を捨てて出家を敢行する。そしてガヤー州にあるリランジ河のほとりで、一人で節食から断食へとすすみ、呼吸を抑制し肉体を苦しめることで精神の自由なる境地に達しようとして、六年間にわたり死に直面する苦行に励んだ。だが、それによってても人生の苦悩の根本的な解決にはいたらなかった。そののち村娘から乳粥の布施を受け、あらためて河で沐浴し、菩提樹の下で座禅を組んで瞑想修行をすることで悟りを開いたといわれている。

このようにして釈迦は三五歳にして「仏陀 Buddha（悟った人）」になったとされ、その教説は「仏教 Buddhismus」と呼ばれるようになったのである。

それゆえ仏教は、釈迦の体験をもとに、苦悩からの解脱を、超越的な絶対神による救いに求めるのではなく、あくまでも自己の自力修行の実践による「悟り（涅槃の証）」に求める思想であるということができよう。すなわち、一切の苦しみは自我への妄執と渇愛から生じるという因果（縁起）を説き、人間の苦悩、苦悩の起原、苦悩の超克、苦悩の超克にいたる道を「四聖諦」として明らかにする。そしてこうした苦悩からの解脱は、正見・正思惟・正語・正業・正命・正精進・正念・正定という「八正道」の実践によって達成されるとするものである。すなわち輪廻や生老病死の因果を見きわめ、その無明を消して涅槃の境地にいたることが、仏教の究極的な目標とされるのであった。

しかしながら、やがて釈迦の没後一〇〇年をへて、三蔵の結集と呼ばれる修行者たち（サンガ）によって仏教聖典の編纂がすすめられるなかで、教義の解釈をめぐって激しい対立が起きることになる。これによって仏教は、上座部と大衆部と呼ばれる二派に根本分裂し、さらに釈迦の教えを整理してまとめる過程で、約二〇の部派へと枝末分裂していった。これらは総称して「部派仏教（アビダルマ仏教）」と呼ばれるが、そのほとんどはしだいに衰退し消滅していくことになった。

そのなかで、上座部仏教の分別説部（説一切有部）だけが、スリランカやタイなどへと伝わり「南伝仏教」として現在まで存続している。これらの仏教は、あくまでも釈迦の教えを忠実に信奉し、個々人が修行によって悟りを開き、アートマンと呼ばれる自我への執着を捨てることで煩悩からの解脱を追求する。上座部は、釈迦のみを「仏陀」と呼び、彼にならって止観瞑想の修行によってひたすら煩悩を取り除き、涅槃の境地に達することだけを目標とする。そしてこれを達成した者を「阿羅漢」と称する。このように上座部仏教は、もっぱら自力による自己救済（自利）のみを涅槃にいたる道とすることから、小さな乗り物を意味する「小乗仏教」とも呼称されることになる。

これに対して、紀元前後にインド北部からアフガニスタンや中央アジアをへて中国・朝鮮・日本へと伝播される北伝仏教の流れがある。これが「大乗仏教」といわれる。

大乗仏教は、上座部仏教のような自己救済だけではなく、むしろ自ら功徳を積んで一切衆生（一般民衆）の救済、さらには苦悩の中にあるすべての生命の救済を誓願する思想であるとされる。現実の釈迦ではなく前世の釈迦が、あらゆる生きとし生けるものを救うために菩薩行を続けたという伝説にもとづいて、その菩提心にならってもっぱら善根を積むことに努めれば、やがて遠い未来に自らも仏陀となる三劫成仏のときが訪れると説く。

したがって、大乗仏教において「仏陀」とは、けっして釈迦個人を指すものではなく、過去にも未来にも無数の菩薩が成道を果たして「仏陀（仏）」となったのであり、六道輪廻と時空間を異にするそれぞれの仏国土（世界）には、それぞれの仏が存在していると考えられている。西方極楽浄土の阿弥陀如来（阿弥陀仏）はいうまでもないが、ほかに蓮華蔵世界の毘盧舎那如来、東方浄瑠璃世界の薬師如来、東方如喜世界の阿閦如来、密厳国土の大日如来などが一般によく知られている仏であろう。

それゆえ大乗の修行者は、出家せずに俗界の凡夫である「菩薩摩訶薩」を名乗って、他者の救済を優先する「利他行」をおこなった。彼らは小乗の阿羅漢とは異なり、自らが悟りによって涅槃にいたるまえに、むしろ菩薩として現世にとどまり済度をおこなう道を選ぶのである。こうした「大乗仏教」

とは、すべての生命の苦悩を救う大きな乗り物という含意であり、釈迦入滅の約七〇〇年後にインドの龍樹によって体系化されたといわれる。それは紀元前一世紀ごろ、後漢の霊帝によって中国に伝来し、やがて魏晋から南北朝期には儒教や道教に取って代わって東アジア大陸全域に広まっていった。大乗仏教は、『般若経』に始まり、おもに『法華経』や『涅槃経』を仏典とするとされる。

このように、釈迦から小乗にいたる仏教の流れは、自我の苦悩から真なる「自己」を「自力」で救う、いいかえれば自我の内部において自己を解き放つ哲学思想であり、そこにはいかなる意味においても自己の外部に「他者」の存立する場所はなかった。これに対して大乗仏教は、いちおう「他者」の救済を眼中に入れてはいる。だが、それもやはり、「自己」が菩薩となることによって他者（衆生）を救い、それをつうじてのみ自己が往生し仏に成るという、あくまでも「自己」の能動性を起点としたベクトルをもつ思想であった。そこではやはり、「他者」はどこまでも受動的な救済の対象にとどまり、その積極的意義の定立はできなかったと言わねばならない。

こうした仏教における他者の不在がもっとも先鋭的なかたちであらわれるのが、つぎに見る仏教伝来期における日本型の大乗仏教であろう。

2　南都六宗の仏教

仏教の日本への伝来は、一説では、『元興寺伽藍縁起』にもとづいて百済の聖明王から日本へ経典や仏像が送られた西暦五三八年とされ、別の説では、同じ史実が『日本書紀』にもとづいて五五二年とされている。どちらの説が正しいかは歴史家の検証に委ねるとしても、これを契機に、崇仏派の蘇我氏と排仏派の物部氏とのあいだで激しい権力闘争が生じることになった。この闘争はほぼ崇仏派の勝利に終わり、日本における仏教の普及が始まる。そして、やがて推古天皇の即位とともに、その摂政である聖徳太子が執筆したとされる『三経義疏』をテキストにして、仏教にもとづく文明国家の建設が始まるのである。

こうした国家による仏教に対する手厚い庇護は、大化の改新をへて、七四一年（天平一三年）に聖武天皇が東大寺を中心とする国分寺制度を定めることで、より顕著な趨勢となっていった。

こうして奈良時代には、南都六宗と呼ばれる六つの「宗派」が形成されることになる。三論宗、成実宗、法相宗、倶舎宗、華厳宗、律宗である。けれどもこの六宗は、信仰の違いによって分立する宗派 Sekte ではなく、学僧の研究対象の違いにもとづくいわゆる学派 Schule というべき集団であったようである。当時の仏教は、こんにちの欧米からの輸入科学と同様に、最新かつ最先端の思想体系であり、それを身につけた僧侶は、貴族や支配階級のために鎮護国家と加持祈祷の祭祀を司る高級官僚というべきエリートであった。それゆえ大乗仏教といえども、一切衆生の救済とはほど遠い、どこまでも国家権力に庇護された輸入学問である大陸哲学思想の研究として始まったといわねばならない。

六宗のなかでもとりわけ注目すべきは、三論宗における中観思想、および法相宗による唯識思想の研究であろう。

中観派の思想

三論宗は、二〜三世紀前半にインドで中観派を創始した龍樹の『中論』『十二門論』、およびその弟子である提婆の『百論』の三論を学ぶ学派であり、中国においてこれを体系化したとされる嘉祥大師吉蔵の著作を研究する僧侶集団である。日本へは六二五年（推古三三年）に高句麗から慧灌によって伝えられ、智蔵および道慈らによって広められたといわれている。

中観派の教義は、一般に「破邪顕正・八不中道・真俗二諦」という言説にまとめられる。

それは、あらゆる「実体」と目される存在や観念を否定するところから開始される。まず、常住不変の主体とされる自我を否定し、次に、その客体とされる物や心を否定する。そして色・受・想・行・識というういっさいの物や心にあらわれる現象世界を、常住の実体をもたない「無自性」として次々に否定していくことになる。とはいえ、それはけっして、あらゆるものを否定するニヒリズムではない点に留意しなければならない。あらゆる「実体」の対象的把握を否定し、戯論が滅し言語も思慮も絶えた「破邪」からこそ真の「顕正」は始まると説かれる。すなわち、あらゆる「実体」という錯認は、それらの間（中観）にある関係主義的な「縁起」によって支えられているというのである。

この世界の一切の事象は、「主体と客体」「自己と他者」をはじめ「有と無」「本質と機能」「身と心」「因と果」「陰と陽」「主と従」「動と静」「長と短」「速と遅」「温と冷」「重と軽」といった、互いに対となる反対概念に依存してのみ成り立っており、どちらか一方が欠けると他方も成り立たなくなる。「中観」とは、こうしたあらゆる事象や観念はそれ自体として自存的に在るのではないという、相互依存的で相互限定的すなわち相対的なあり方を指している。それゆえ、存在や観念が自立的、実体的に固定して存在しているという幻想を「仮説」ないし「仮名」と呼び、その否定を「無自性」、「無我」あるいは「空」というのである。このように、二項対立として現象するすべての存在や観念は、相補的に依拠し限定し合って相対的に成立する幻影に過ぎないと説き、むしろそれらが相互に関係しあう縁起の視点に立って、「物」と「物」の間にある関係的世界を見ることこそが「中観」の思想であるといえよう。

それゆえ、「不生不滅」「不常不断」「不一不異」「不来不去」のような両極に偏った見解に対しても、不完全で概念的、論理的、分析的な認識を捨てて、二見に対する中、二見が滅尽したところに現れる中、二見が消滅すれば無くなる中、仮の有無を成立させる中という「四中」による見方が提示される。これが「八不中道」の思想である。さらに、世俗的な「実体」概念をどこまでも否定し続けていく方法が、「世俗諦」に対する「勝義諦」としての「真俗二諦論」と呼ばれる。こうして中観派による空の思想は、無限に否定を反復することによって「中庸」「中道」という観念にたどりつくことになる。

この結果、三論宗における二項対立の否定は、最終的に「迷い」と「悟り」の分別さえも否定する修道論にいたらざるをえない。人間は迷いから悟りにいたるのではなく、もともと迷/悟の対立そのものが無の言語的表現にすぎず、迷いもなく悟りもない寂滅の無得正観こそが究極なる仏の世界だというのである。それゆえ涅槃に達する道は、一念（瞬時）の成仏もあれば、三祇（永劫）の修行もありうる。中観の思想からみれば、「一念」と「三祇」との分別も否定され、そこに「一切空」の境地が現れる。これこそが、人間はほんらい仏性をもっているという、のちの天台本覚思想につながる道であることになる。

なお、南都六宗の一つである成実宗も、三論宗に付随して中観思想を学ぶ学派である。

また、華厳宗は、中国（唐）の智厳や法蔵が体系化した華厳教学を研究する学派であるが、その中心的教義は「六相円融義」および「四法界」として表現される。

すなわち、あらゆる全体は諸々の構成要素に還元できるものではなく、全体としての「総相」と要素としての「別相」とは相互に対立し区別されるとともに、総即別といわれる相互補完的関係にあると説かれる。また、個々の構成要素は、全体と区別される「異相」でありながら、同時に、相互に背反することなく全体を構成する「同相」でもある。こうして諸要素は、相互関係で結ばれる「成相」でありつつ、関係のなかでそれぞれの個性を保つ「壊相」でもありうる。こうしていっさいのものは、総相・別相・同相・異相・成相・壊相という六相をもつ。この六相による全体と要素の対立および補完の関係そのものが、重々無尽なる縁起世界と名づけられるのである。

また、これまでの仏教世界においては、衆生の視点である「事法界」、仏の視点である「理法界」に対して両者を統一した「理事無礙法界」なるものが称揚されてきた。しかしながら華厳宗においては、中観派などの説く「無自性」や「空」という観念さえも「理」を概念化するものであるかぎりで否定される。こうして最終的には、ただ「事」だけが相即相入かつ融通無碍に関係しあう「事々無礙法界」を真実一如の世界として理解することになる。

このように全体の実体化（ホーリズム）と要素の実体化（アトミズム）を両面批判し、「実体」に代えて要素間における縁起すなわち「事」の相関世界を重視するという意味において、華厳宗は、三論宗をさらに徹底した関係主義に立脚する仏教学派であったとみることができよう。なお、近代日本を代表する西田哲学における「絶対矛盾的自己同一」の理論もまた、こうした華厳の仏教的認識論を背景にもっていると思われる。

唯識派の思想

さて、これに対して法相宗は、四、五世紀頃にインド瑜伽行派の始祖とされる弥勒によって始められ、無著の『摂大乗論』をへて世親の『唯識三十頌』にいたる唯識思想を研究する学派であり、中国においてこれを体系化した玄奘三蔵の『成唯識論』を根本聖典とする学閥集団であるといわれる。日本へは六五三年（白雉四年）に道昭がこれを伝え、行基や護命らの布教によって普及していったとされている。

唯識思想によれば、これまであらゆる人間の認識は、自己の外部に物的世界が存在し、これを心が写し取ることによって成り立つと考えられてきた。しかしこの思想においては、こうした素朴実在論ないし主客二元論は根底的に否定される。自我や物体といったいっさいの存在は、自己の意識のなかに表し出された幻映にすぎない。人間はけっして外界の実在を見ているのではなく、自己の心のなかに映像を浮かべてそれを見ているにすぎないのだというのである。それゆえ唯識思想における「識」とは、けっして存在に対する意識を意味するのではなく、自己の内に像を映じてそれを見る意識を指す。世界には自己の「識」（心王）のみが存在するというのが唯識論の教説であることになろう。

さて、唯識論においては、「識」には八種類の区別がある。まず、「眼識」「耳識」「鼻識」「舌識」「身識」という五種の感覚的認識であり、第六が、知覚や知性という判断・推理・追想などにかかわる自覚的な「意識」そのものである。この下に第七の「末那識」と呼ばれる我痴・我見・我慢・我愛すなわち自己執着の識があり、これがつねに第六の「意識」に影響を与え続けているといわれる。さらにその下に、第八の「阿頼耶識」なるものがある。ここに、人間が過去・未来に輪廻転生している間のいっさいの経験や観念が転写（薫習）され貯蔵されているとされるのである。

この思想によれば、人間は、心によって外部の存在を認識するのではなく、「識」（心王）それ自体の内部に認識のしくみを備えていなければならないことになる。こうした見られる側と見る側、ないしは知られる側と知る側との関連が、「相分」と「見分」と呼ばれる「識」内部の相関関係である。それゆえ識は、実在としての「物」を認識するのではなく、相分／見分という関係としての「事」を認識していると理解されることにもなる。

とはいえ人間の世界には、現世だけではなく過去世や未来世もあるし、さらに抽象的で観念的な事象も存在する。「識」に現し出された映像の基礎には、けっして唯識に収まりきらない世界もやはり存在するのではないかという疑問が生じてくる。こうした疑問に対して唯識思想は、五感と意識および末那識は、生じては滅し、滅しては生じつつ継承されていくが、それらを支える阿頼耶識だけは、一時も滅することなく無始の過去から無終の未来までつねに流れ続けると説いている。それゆえ阿羅耶識にあらわれる世界は、人間の五感や意識では捉えられないあらゆる不可知の抽象的で観念的な識をも含むことになる。

もちろんこうした阿頼耶識も、識であるかぎりは「相分」と「見分」という相補関係が成り立つであろう。唯識論においては、阿頼耶識の相分は、「有根身（五感からなる身体）」、「器世間（物質的環境世界）」および「種子（感覚や認識の因）」の三種から成り立っているとされる。これらの相分を知ることによって阿頼耶識は、感覚や認識をも超えてそれらを支えている不可知の世界にまで到達することができることになる。眼識が色の相分を映現し、耳識が音の相分を聞き分け、身識が接触の相分を感じるのは、最終的に阿頼耶識の相分である器世間のせいであり、さらに、有根身の感覚やさらに認識のもととなるべき知見を支えているのが、種子という相分であるといってよいだろう。この阿頼耶識の深層意識である「種子」が発芽し人間の意識現象にあらわれ出ることが「現行」であり、そしてまた、この現行はふたたび種子に転写され保存される。唯識哲学においては、こうした阿頼耶識の循環を、「現行は種子を薫じ、種子は現行を生ず」と説くのである。

このように個々人は、それぞれ八識から成り立ち、しかもその最深層には阿頼耶識という器世間（環境世界）の種子（因）を共有している相分が存在する。これによって、個々人はそれぞれ異なる人々唯識でありながら、いわば共同主観性といってもよい「他者」と共通の環境世界（器世間）に共属する意識あるいは無意識をもって、現行しうる根拠（因）が明らかにされることになる。もっともこうした共属世界なるものも、刹那滅の「識」のうちにおいて映現する世界でしかなく、実体なるものはどこにも存在しない「一切空」でしかないことは言うまでもない。

それにもかかわらず人間には、識の流れにすぎない自我（主体）や対象世界（客体）を実体的に錯認し、それらに執着する、いわば物象化的な倒錯が生じているというのである。これは何故であろうか。

唯識論においては、自我と対象世界という識に映ずる「事」の物象化的倒錯の根拠を、「言語」という特殊な共同主観性に求めることになる。言語は、眼識・耳識・鼻識・舌識・身識としてそれぞれ異なった五感（有根身）を束ねて共通感覚に固定する。しかも、それらが属する自我やその執着すなわち末那識を、「私」という人称代名詞によって自己と他者が共有する意識であるかのように錯認させてしまう。こうして人間は、主体と客体の両者に実在的に固執し、煩悩のなかでつねに迷いながら生きていることになる。

さて、こうした煩悩による迷いから解脱する方法が、呼吸・座・瞑想の訓練による修行すなわち瑜伽行（ヨーガ）であることはいうまでもない。唯識思想においては、一般に「五位の修行」という修道論が知られている。ここで説かれる五位とは、資糧位、加行位、通達位、修習位、究境位のことを指す。資糧位とは、その後の長い修行を支えるための六波羅密、三十七菩提分法、四摂事、四無量心の行を指し、加行位とは、その修行ののちに悟りを開くために集中的な唯識観を身につける段階である。通達位は、真如法性なるものを体得し初めて無分別智という悟りの智慧が実現する段階であり、最後に修習位によって、阿頼耶識に貯えられている煩悩の種子を断つための修行が行われる。これにより人は、菩薩道から究境位にまで到達することができる。すなわち最終的に、人は仏と成ることができるというのである。

唯識論において、仏とは、八識のうち、眼識・耳識・鼻識・舌識・身識の五識が成所鏡智となり、意識が妙観察智に、末那識が平等性智になり、阿頼耶識が大円鏡智となった存在を指す。それゆえいっさいの識が、「四智円妙」と呼ばれる存在になった者のことをいう。仏はまた、三身（法身・報身・化身）をもつともいわれる。法身とは、真如・法性を体現していることであり、報身とは、修行の成果として四智そのものを実現しその功徳を自利と利他に受用していることである。そして化身とは、仏が凡夫衆生の救済のために娑婆（現世）に姿や形を現すことを意味している。

こうして法相宗の唯識論においても、自己は自力の修行によって最終的に仏と成り、自己を解放し他者を救済する自利・利他円満の活動を追求していくことになるのである。

しかしながら留意すべきは、法相宗において、仏は、菩薩としての修行によってのみいたりうる到達点であり、凡夫衆生からの往生はありえないと説かれている点であろう。すなわちこの学派は、誰もが修行によって悟りを開いて仏になれるという悉有仏性説を批判し、衆生における「五姓各別」という資質の差を強調する。現世の衆生には、先天的能力の違いによって、釈迦から直接の教えを受け悟った「声聞乗」、釈迦の縁によって独力で悟りを開いた「縁覚乗」、大乗思想によって自利利他の悟りに達した「菩薩乗」、さらに、いずれにもなれない「無種」、いずれとも定まっていない「不定」という五種類の人間が存在する。このうち、声聞と縁覚は小乗の修行者にすぎないために仏にはなれず、大乗の修行を実践した菩薩だけが仏道に到りうるというのである。

なお、南都六宗のうち倶舎宗は、この法相宗に付随して、ほぼ同様の唯識論および五姓各別思想を信奉していたといわれている。

しかも興味深いことには、これら五宗のすべてが、戒律（修行者が守るべき規範・行事と罰則）にかんしては独自の体系をもたず、いまだ小乗仏教に依存している点であろう。この修行における戒律を研究するのが、律宗と呼ばれる学派であった。すなわち南都の学僧は、たとえ大乗仏教の修行者であっても僧となって出家するためには、釈迦が弟子のために制定した小乗による軌範の集成である「具足戒」を受けて、これに従うことが義務づけられていた。律宗においてこうした戒律は、比丘（男僧）では二百五十戒、比丘尼（尼僧）では三百四十八戒におよぶ非常に厖大で厳格な規範体系であったようである。

こうして奈良仏教は、中観および唯識というインド＝中国の哲学思想の研究にかんしては非常に高度な水準に達したものの、その実践的修行についてはほとんど見るべき成果もなく、しだいに衰退していくことになったのである。

古典仏教と現代思想

以上のような南都六宗の仏教思想について、まず特筆すべきは、それらが西欧の現代思想にも比すべき高度な内容を保持していたことであろう。

周知のように西洋哲学は、移り変わる多様なものの根底にある普遍的で自己同一的な「実体」なるものを、つねに前提としてきた。アリストテレスの古典においては具体的個物が、またデカルトではそれ自身で存在し他物を必要としないものが、「実体」とされてきた。そしてこれを起点に、「実体」に対する「形態」、「主体」に対する「客体」、「本質」に対する「現象」といった二元論的思考こそが、西洋哲学の主流として永らく君臨し続けてきたといってよい。けれども二〇世紀に入って、ようやく、こうした伝統的な実体主義および主客二元論の形而上学に対する反省と批判が起こってくる。それが、現象学さらには構造主義と呼ばれる一群の思想潮流であることは言を待たないだろう。

さて、南都六宗の仏教理論をひとつの哲学思想として一瞥したとき、三論宗に代表される中観思想が構造主義に似た知見を示しており、法相宗をはじめとする唯識思想が現象学に比されるべきものであることは容易に気づかれるところであろう。

三論宗の中観思想は、それまでの部派仏教における法（ダルマ）をはじめあらゆる実体と目されるものを「無自性」として否定し、それらの間にある相互依存的な関係性を「縁起」として取り出した。さらに華厳宗の四方界思想は、あらゆる事物を、個々の要素に還元できない相即相入の「事」的関係性として捉えるという縁起論をうち出した。ここには、いうまでもなく、ソシュールの言語理論にしたがって諸現象を記号の体系として捉え、個々の要素の変換にかかわらず存在する函数的関係の体系に普遍性を見いだした西洋の「構造主義」との類似性がみいだされるであろう。インドから中国をへて日本へと継承された紀元直後の東洋思想が、すでに西洋の実体主義を超克する高度な関係主義的認識論を獲得していたことは、瞠目すべきことである。

もちろん中観思想が、西洋出自である現代の構造主義と一定の違いがあることは当然のこととして留意しておかねばならない。

たとえば構造主義は、「実体」を排除したあとに非対称的で差異的な関係を発見する。ソシュール言語学の説くシニフィアン（能記）とシニフィエ（所記）という両項は、音韻と意味というべき恣意的で偶然的な関連性であり、そこに、中観派のような対称的な対概念を見いだすものではありえない。このことは、レヴィ＝ストロースの構造人類学における部族間の女性交換が、片務的贈与性の反復的な継続（交叉イトコ婚）として記述されていることや、日本の宇野経済学における商品の価値形態論が、相対的価値形態と等価形態という相互の置換が不可能な一方的価値表現として定礎されていること、あるいは廣松渉の哲学が実体に代わる関係の第一次性を提起するとき、認識主観の私と他者としての私、意識現象のレアールとイデアールという両項の二重性に即して、いわゆる四肢構造論による解明を提起していることなど、いくらでも豊富に例をあげることができよう。

構造主義が主体＝実体を否定したあとに見いだした関係性とは、両項の間のまさに非対称的で一方向的なベクトル（能動／受動）とでもいうべき差異の記号連関だったのである。

これに対して中観哲学は、両極に陰と陽、冷と温、短と長、軽と重といった正反対で対称的な対の概念を置き、その間に、無自的で無我の「空」という観念を読みとろうとする。しかしながらこの「空」は両極から対称的にある中観、すなわち「中間」であり、じっさい三論宗は、ここに「中道」ないし「中庸」といった穏当で凡庸な観念を見いだすことになるのである。したがって「空」とは、相互に可逆的で反転可能な両項をもった中心にすぎないものになってしまうのではないか。そこには、縁起（因果）として表現されるようなベクトル性（差異的関係性）は十分に認められないように思われる。すなわち、ある種の「空」の実体化というべき理解が見られ、それゆえこの学派は、最終的に「空（無）」という概念によって、人間の「本来的な仏性」性起説を説くことにもなるのである。

やや図式的に表現すれば、中観思想は、あらかじめ「本来的な仏性」なるものを前提とし、この否定である現世（娑婆）における疎外態として「実体」に我執する人間の煩悩を捉える。そして、ここから、本来の仏性を真に回復し実現する涅槃の境地として「空」を展望するものと捉えることができよう。それはいまだ「本来の仏性」という幻想に囚われた疎外論の尻尾を残す哲学ではなかったか。すなわち、主体としての「自己」が「自力」修行によって、自らの「自我（主体性）」を克服して仏となり、「自己」が自力で他者を救済する。いいかえれば、それがいかに「空」なるものを強調しても、究極的には、「他者」を肯定することのない人間の「自己」意識を中心とする独我的認識論の枠内にとどまっているともいえるのではなかろうか。

つぎに法相宗を中心とした唯識哲学を検討してみよう。

唯識派は、外界における世界の実在を否定し、これを心王（八識）に描き出された映像としてのみ理解している。すなわち、実在論的世界観および主客二元論を否定して、いっさいを主観的意識の層において理解する哲学方法論である。このような高度の哲学が、紀元直後のアジアにおいてすでに誕生しているのは、じつに驚くべきことである。

いうまでもなくこれは、フッサールを始祖とする西欧の現象学が、自然的世界の存在をいったんエポケーして、純粋意識の表層にあらわれる事象そのものへと超越論的に還元した手法ときわめて類似しているといえよう。しかも唯識派のいう心にあらわれる映像には、たんに事物の記憶や理解・判断の「意識」にとどまらず、眼識・耳識・鼻識・舌識や身識という「知覚直観」が含まれる。この点は、メルロ＝ポンティの「身体直観」を想起させるものである。さらに末那識やさらに阿頼耶識は、言語的に表現された自意識や概念的思考にかんする「本質直観」に相当すると見ても、あながち不当ではないだろう。そのうえいっそう興味深いことに、唯識派は、それぞれの「識」の内部に見分（見る側）と相分（見られる側）という関係性が存在すると説いている。これはほぼそのまま、現象学におけるノエシス（意識作用）とノエマ（意識対象）の相関性による「意識の志向性」に当たると考えてもよいだろう。

以上のことを了解したうえで、あえて唯識論に対する現象学をふまえた問題提起をするとすれば、それは、第I部で検討したデリダがフッサールを擁護する観点からレヴィナスに提起した疑問点に通じるものとならざるをえない。

すなわち現象学における他者という難問と同様に、唯識論において自己の内なる識なるものに「外部の他者」はどのように映現するのかという問題である。おそらくそれは、阿頼耶識の相分の作用によって、自己の無意識の層のなかに蓄積されると説かれるのかもしれない。すなわち自己の識のうちに、他者の阿頼耶識と共通する「種子」が存在することで、自己と他者のいわゆる共同主観的世界（器世間）が映現すると説かれることになるのであろう。いわば、現象学が自己と共通する他者の身体からの類推によって他者の意識を構成したのと同様に、唯識論は、現象学の身体を「種子」なるものに置き換えて、共通の器世間という映像を理解するのではなかろうか。

仮にそうであるならば、さらに重要な根本的問題が生じてくる。

最終的な悟りの意識である仏の世界（涅槃）は「識」に現れうるのであろうかという問題である。西欧の現象学においては、たとえば「神の存在」「霊魂の不滅」「人間の自由」といった抽象的観念も、客観的意味というドクサを捨てれば原的に意識に現出しているという事実そのものは不可疑的であるとされた。けれどもレヴィナスにおいて認識とは、「他」を「同」に還元し、「自己」が「他者」を支配することであり、このアナロジーでいえば、唯識論において識に仏が映現するとすれば、それは自己が解脱して仏になることではなく、逆に、現世の自己がみずからの意識内に仏を構成し支配することにならざるをえない。それゆえ、仏教の唯識哲学をレヴィナス流に解読したばあい、八識のどこにおいても仏が認識されることなどあってはならないことになるだろう。ここにフッサールの現象学と仏教の唯識論との根本的な違いが見いだされるのである。

なぜなら現象学は、あくまでも普遍的な「厳密な学としての哲学」をめざす方法論を自称するが、唯識論は、どこまでも我執と煩悩とに苦しんでいる凡夫の認識の在り様を示す以上のものではないからである。すなわち唯識論においては、自己が修行して仏の境地に達したとき、八識のすべてが智慧に変わる「転識得智」が生じるとされる。それゆえ仏が人の意識にあらわれたとき、知覚の五識は成所作智に、意識は妙観察智に、末那識は平等性智に、阿頼耶識は大円鏡智に変わり、すべての「識」が消滅して四智円明に転成すると説くのである。いいかえれば、唯識論における「識」とは、人間の普遍的な認識の学ではなく、あくまでも自己の煩悩の表現にとどまるのであり、それゆえ識の滅却によって仏智にいたる道こそが、大乗仏教による修行の過程とされることになろう。

ところが、ここにおいて法相宗に代表される唯識論のもうひとつの問題が生じる。

凡夫には仏国土への往生が認められず、それゆえ仏になれないという問題である。すなわち、小乗の修行者である声聞や縁覚は仏になれず、大乗の菩薩乗を積んだ者だけが仏になれるという「三乗真実」の思想である。これは、唯識論の宗教的教義というよりも、むしろ当時の奈良仏教が、どこまでも国家権力に庇護された学僧というエリートの宗教にとどまったことに起因するものではなかろうか。すなわち、高級官僚としての仏僧の特権意識と、凡夫衆生（大衆）に対する差別意識とにもとづくものであり、大乗修行者の選民思想が、仏教そのものをして貴族と僧の独占物と化せしめた結果であるといえるだろう。

奈良仏教が、その中観や唯識という思想によって我執からの離脱を追求する高邁な「無自（空）」の境地を追求したことは大いに評価できる。だがその思想の高度性とは裏腹に、いな、むしろそれゆえにこそ、奈良仏教は、一部のエリート僧が「自己」の意識世界の内部で「自力」の修行によって「自我」からの観念的解放を求める。そして高位にある「自己」が愚かで下等で無知な「他者」（衆生）を救済してやるという、「自我による自我の滅却」を追求する途方もないディレンマに堕ちこんでいくことになったのである。

だが、この矛盾の解決は、つぎの時代の平安仏教にまで持ち越されることとなる。

3　平安仏教としての天台・真言宗

こうした南都六宗の仏教諸派は、たんに宗教哲学上のエリート主義にとどまらず、やがて朝廷の政治機構にまで介入し、国家権力との癒着から果ては政治そのものを支配する最大の権力集団へと変貌し堕落していくことになった。とりわけ、このことは、女帝との密通によって権力の頂点にまで上り詰めた玄昉や道鏡といった政治的「高僧」なるものまで出現する事態に如実にあらわれているであろう。

このような仏教による政治の汚染と腐敗を嘆いて、桓武天皇は、七八四年（延暦三年）に南都である奈良を捨てて長岡京へと遷都し、さらに十年後の七九四年（延暦一三年）には、京都平安京へ都を遷すことになる。それはまさに、南都六宗の権力に抗し、宗教から独立した政治の回復をめざすものであった。そしてその目的を達成するためには、同時に、南都六宗に対抗しうる平安京固有の新興仏教勢力を育成することが喫緊の課題となったのである。

この結果、平安期においては、桓武天皇によって最澄の天台宗が、嵯峨天皇によって空海の真言宗がそれぞれ重用され敬愛されることになった。

最澄における仏教の土着化

まず、最澄の天台宗をみておこう。

天台宗は、インドにおける釈迦の最後の直説と伝えられる『法華経』を根本経典として、紀元後六世紀ころ中国（隋）の天台大師智顗によって体系化された宗派であるといわれる。それは、これまで小乗（声聞・縁覚）と大乗（菩薩）に分裂し対立してきた仏教を統一する「法華一乗」を中心思想とする哲学をもつ。智顗は、天台山という峰に籠って『法華玄義』、『法華文句』、『摩訶止観』という三部作を著し、法華の教義を五時八教および一念三千という理論にまとめあげたといわれている。

「五時八教」とは、釈迦の一生を五つの時期（五時）に分けて、その直説にもとづくとされる華厳・阿含・方等・般若・法華などの経典をそれぞれの時期の教説に振り分けるものである。そして教相判釈という仏典成立史の観点にもとづく研究によって、最晩年（第五時期）に説かれた『法華経』だけが、釈迦の正説でありもっとも優れた経典であることを証明する理論であるとされる。

また「一念三千」とは、世界を、地獄・餓鬼・畜生・阿修羅・人間・天の六つの苦界と声聞・縁覚・菩薩・仏の四つの悟世界の計十界に分け、それぞれの世界のなかにまた十界があるという教説である。さらにそれらの界には、衆生・国土・五陰という三世間があり、それぞれに相・性・体・力・作・因・縁・果・報・本末究境という十の諸法実相があるとされる。それゆえ百界に三十の世間があることになり、両者を掛け合わせたものが「三千世界」といわれるものである。したがって、人間の一瞬の心（一念）のなかに三千という厖大な世界が含まれていることを説くことになる。その結果、人間の心の中にはつねに無限の仏が常住しているとされる。この『法華経』の教説が、現世のあらゆる事象を「諸法実相」として肯定し、それゆえ、人はあらかじめ仏性を持つという天台の悉有仏性説につながることにもなるのである。

これに対して、日本において最澄が開いた天台宗は、たんに隋の天台智顗の教義を継承するだけにとどまらず、一般に、円・戒・禅・密の四つを包括した宗派であるといわれる。「円」とは円満完全な教えとしての天台の教義を意味することは言うまでもないが、最澄はこれに、「戒」すなわち独自の大乗戒、「禅」すなわち禅宗の修行法、さらに「密」すなわち密教の教義をも融合しようとしたのである。それゆえ最澄は、インド・中国の天台と区別される日本固有の、円密一致にもとづく綜合仏教としての天台宗を開くことを企てたといえよう。

最澄は、七八五年（延暦四年）、十九歳にして東大寺において、僧になる公認の資格である具足戒を受けた。けれどもその直後に、奈良の都を離れて単独で比叡山に登り、ただちに山岳修行に入ったと伝えられる。このとき最澄は、みずからの思想を示す最初の文書である『願文』を残している。


「我れ未だ六根相似の位を得ざるよりこのかた、出仮せじ。

未だ理を照らす心を得ざるよりこのかた、才芸あらじ。

未だ浄戒を具足することを得ざるよりこのかた、檀主の法会に預らじ。

未だ般若の心を得ざるよりこのかた、世間人事の縁務に着せじ。相似の位を除く。

三際の中間にて所修の功徳、独り己が身に受けず、普く有識に回施して、悉く皆な無上菩提を得しめん。」（伝教大師全集 第五巻 四八〇頁）

ここですでに最澄は、自らが仏に近い位である菩薩の境地に達するまでは、世間に出て講義せず、いかなる供養も受けまいと誓っている。そしてもっとも重要な点は、過去・現在・未来の三世のいずれにあっても、修行は自己のためではなく、あくまでも他者のために行なうことを決して忘れまいという誓いを立てていることであろう。すなわち、自己の解脱が目標ではなく、すべての他者がともに悟って仏となることを根本の願いとする。たとえ自己の仏道修行が進んでも自らは決して仏にはならず、そのまま菩薩として六道輪廻の世界にとどまり、衆生の救済のために利他行につとめようというのである。

これまでの仏教では、小乗はいうまでもなく大乗においてさえも、その最終目的はあくまでも自己の解脱に置かれてきた。もちろん大乗仏教では、そのために一切衆生（他者）の救済に励むことが必要とされてはいるが、それはあくまでも自己が善行を積んで涅槃の仏に成るためのものであって、利他は、自利という目的を実現するための手段というべき位置に置かれていたといってよいだろう。これに対して、若き最澄はすでに、大乗仏教の目的と手段との転倒を果たしているのである。すなわち、利他行と自己の成仏にはなんの因果性もない。最澄の最終目標は、ただ一切衆生の済度のみにあり、自己の解脱はそれを実現するためのたんなる手段にすぎないということになる。

ここにはすでに、天台特有の「法華一乗」による万人救済思想の萌芽がみられるが、最澄は、十二年間にわたる比叡の山岳隠遁修行をへたのち、さらに天台仏教を極めるべく遣唐使（還学生）として一年間の入唐を志願する。この要請に応じて八〇五年（延暦二四年）、桓武天皇は、最澄を短期留学の還学僧として唐に派遣することになる。最澄は、唐では、天台山国清寺において中国天台七祖といわれる道邃および行満から教えを受けるとともに、順暁から密教をも学んで、翌八〇六年に帰国したのであった。

最澄は帰国後ただちに、桓武天皇に対して、従来の南都六宗に加えて天台宗を宗派として正式に公認することを要請する。当時は、朝廷から南都の各宗に対して毎年、一定の出家得度者を割り当てることが慣例となっていた。最澄は、この年分度者のなかに天台宗からも一定数の者を加えることを求めたのである。それは六宗の猛反発にあって頓挫するが、桓武天皇の没後ほどなくして朝廷がこれを受諾するにいたる。こうして年分度者のうち毎年二名が天台宗に割り当てられ、このうち一人は天台を、もう一人は密教を修めることが義務づけられることになったのである。ここに、円密一致にもとづく日本の天台宗がはじめて国家公認の宗派として確立されたといえよう。

もっとも、最澄は他の宗派の開祖とは異なり、その天台宗の根本聖典というべき著書をまったく残していない。けれども彼は晩年に巻き込まれた二つの大きな論争をつうじて、この宗派の教義体系というべきものを明確に書き著している。

三乗一乗権実諍論

一つ目は、南都六宗の一つである法相宗の会津徳一とのあいだで争われた「三乗一乗権実諍論」と呼ばれる論争である。

この論争は、八一二年（弘仁三年）から最澄の没する八二二年（弘仁一三年）までほぼ十年にわたって続けられた当時の大論争であったが、残念ながら、対決相手である徳一の経歴が不明であり、またその論争の諸著作が今日現存しないため、正確な議論は分からない。けれども最澄の残した『守護国界章』や『法華秀句』などを通して、近年この論争の復元が進められており、おおまかな論争の過程を知ることができるようになってきた。この論争は、法相宗の徳一が、最澄の天台宗およびその依拠する『法華経』の理解について疑問を発したことに始まるといわれる。

先にみたように『法華経』は、大乗の修行を行なう菩薩だけでなく、小乗の声聞や縁覚もひとしく一切衆生が仏性をもち、ことごとく成仏できるとする一乗説にたつ。大乗仏教が小乗を排除するかぎりは真なる大乗とはいえないという立場から、両者の統合を説くのがまさに一乗説である。それゆえ天台宗においては、それ以前の経典にみられる声聞乗・縁覚乗・菩薩乗という三乗の区別は、釈迦が衆生の知識に合わせて仮に説いた方便であると解釈され、法華経によって、これまで別々に説かれた三乗が唯一の真理である一乗へと最終的に収斂していったと主張されるのである。この立場から最澄は、三乗方便・一乗真実といういわゆる「三権一実論」を唱えたのである。

しかしながら、中国の隋において隆盛をきわめた天台宗は、すでに唐の時代には衰退の道をたどっており、代わって、インドの唯識哲学にもとづく法相宗が栄えていた。唐の法相宗は、天台宗の悉有仏性説を時代遅れのものと批判して、衆生の先天的素質にもとづく修行能力の差異を明確に説いていたのである。

これを受けて南都六宗の中心をなした日本の法相宗もまた、「五姓各別論」を主張することになる。この思想を南都の僧に代わって正面から論じ、最澄を全面的に批判したのが会津の慧日寺の僧といわれる徳一であった。徳一の学説は、教判論における天台智顗の著した『摩訶止観』の正統性、さらには『法華経』が釈迦の最終経典かという根本的疑問にまでおよぶ高邁な論理であったと伝えられるが、論争の最大の論点は法華一乗説の可否に関する疑問であろう。徳一によれば、衆生は先天的につぎの五種に定められているとされる。

声聞定性　（あらかじめ声聞になると定まっている者）

縁覚定性　（あらかじめ縁覚になると定まっている者）
菩薩定性　（あらかじめ菩薩になると定まっている者）
不定性　（いずれになるとも定まっていない者）
無種性　（いずれにもなれないと定まっている者）

ここから徳一は、法華経が一乗説を説くのは、成仏の可能性に「不定性」を導入するための方便であり、声聞乗・縁覚乗・菩薩乗はそれぞれ悟りの境地が異なっていると強調する。それゆえ、声聞・縁覚の定性二乗と仏性のない無種の衆生は、絶対に仏果を得ることはできないと主張することにもなる。すなわち徳一は、いわゆる法華一乗説を方便とみなし「三乗真実」論を詳細に展開することになったのである。

この論争は終結を見ないまま、最澄の死去を介して弟子たちに引き継がれ、平安中期まで続いていくこととなった。それは教義論争であるとともに、南都六宗に対抗する平安仏教の興亡を賭した対立であったといえよう。このため両者とも寸分も譲らず、末期には人格的な罵倒と中傷の応酬と化していったようである。しかしながら、やがて時代の流れとともに一乗主義が主潮流となり、のちの日本仏教とりわけ鎌倉仏教の勃興に大きな役割を果たしたことは否定できないであろう。

なぜなら最澄の主張は、たんなる三乗か一乗かの論争にとどまらず、その一乗主義の背景に、あらゆる衆生は無差別平等に悟りの智慧を有しており、誰もがことごとく仏になれる仏性を備えているとする、いわゆる「天台本覚思想」が胚胎していたからである。それは、人間は誰でも修行を積めば、この世で仏になれなくても、輪廻転生を繰り返したのち遠い将来にいつかは必ず仏になれるという思想であった。最澄と徳一の「三乗一乗権実争論」が、別名「仏性争論」とも呼ばれるゆえんである。

ここにおいて日本の大乗仏教はひとつの頂点を極めたというべきであろう。すなわち、自己の煩悩からの救済（自利）に始まった釈迦から小乗にいたる仏教は、大乗の形成によって、自己の解脱とともに他者の救済（自利利他）をも追求する宗教へと変貌を遂げていった。そして最澄の天台宗において、それはさらに大きな転換を果たし、ついには自己／他者、善人／悪人という区別を超えた、一切衆生あらゆる人間の済度（成仏）を唱える、文字どおり己を忘れて他を利する「忘己利他」の教義として完成されていったと言いうるからである。

大乗戒律諍論

さて、もう一つの大きな論争は、戒律をめぐる論争である。

釈迦いらい仏教では戒律が非常に重視されてきた。なぜなら仏教においては、自我への執着から解脱し滅度にいたる方法として、「定・慧・戒」、すなわち瞑想（定）や智慧（慧）とともに、あるいはそれ以上に、戒律（戒）が尊重されてきたからである。

奈良時代いらいの戒律制度は、七五四年（天平勝宝六年）に唐の鑑真が渡来して日本に伝えたものであり、出家して僧になるためには、東大寺の戒壇院またはその管轄下にある筑紫の観世音寺ないし下野の薬師寺において戒を受けなければならないと定められていた。そしてこのいわゆる天下三戒壇においては、「四分律」と呼ばれる釈迦いらいの部派仏教（小乗仏教）の戒律（具足戒）を授けることが慣例となっていた。最澄の天台宗は、すでに八〇六年（延暦二五年）に南都六宗とともに朝廷から年分度が認められ、正式の官許の宗派として承認されてはいたが、それでも僧の資格を取得するためにはいまだ天下三戒壇のいずれかにおいて受戒することが必要とされたのである。

最澄は、この形骸化した制度に異議を唱えて、小乗の戒律（具足戒）とは異なる大乗仏教独自の「梵網経」にもとづく戒律（梵網戒）の存在を主張した。そして八一八年（弘仁九年）には、この戒律にもとづく新しい戒壇を比叡山に設置することを嵯峨天皇に願い出ることになる。これが弘仁の「学生式」と呼ばれるものである。

しかしながら当然にも、この提案は旧来の戒律に固執する南都六宗の僧たちの猛反発を浴びたことは言うまでもない。そのため最澄は、かつて自らが僧になったときに東大寺で受けた「具足戒」を毅然として破棄してしまう。そして八一八年（弘仁九年）から八一九年（同一〇年）にかけて三度にわたり、戒壇にかんする法の改正を要求する文書を朝廷に提出する。これが『山家学生式』（天台法華宗年分学生式）といわれるものであり、六条式、八条式、四条式の三通から成り立っている。この文書において、最澄は、比叡山における僧教育の理念と規則を詳細に説明し、それを実行するために、新しい大乗戒壇の設立を公認するように国家法の改正を申請したのである。

嵯峨天皇はこれを見て考えあぐね、法相宗を中心とする南都の僧に意見を求めることになる。だがその結果は言うまでもなく猛烈な反対論が返ってくるだけであった。そこで八二〇年（弘仁一一年）に、最澄は、その代表作といわれる『顕戒論』を発表して、南都六宗に対して真正面から戒律論争を挑むことになる。

すなわち、既存の小乗戒（具足戒）は、三人の戒師と七人の証師から学生が戒を授かる形式的な儀式にすぎない。これに対して大乗戒（梵網戒）は、人ではなく仏に誓う戒である。釈迦如来と文殊菩薩、弥勒菩薩を証人として、十方四方の仏に誠心誠意の懺悔をして戒を誓う儀式である。受戒において人間の戒師は必要なく、むしろ僧にならんとする者が自ら菩薩戒を内面化することに意義がある、というのである。また従来の戒律が二百五十戒といわれる非常に厳しい多くの規定を置いていたのに対して、大乗戒は、十重四十八軽というわずかな戒だけであり、おもに在家信者を対象にしてつくられている。十重戒の内容は、人を殺さない、人の物を盗まない、姦淫をしない、妄を言わない、酒を売らない、信者の罪過を言わない、自分を誉め他人を謗らない、物惜しみをしない、怒らない、仏法僧を謗らない、といった比較的易しい戒律であった。そしてこれを、在家信者とまったく同様に出家者にも適用する、いわゆる真俗一貫の立場がつらぬかれていたのである。

こうした最澄の主張は、護命・長慧・施平・豊安・修円・泰演といった当時の南都各宗の重鎮から口を極めて罵倒され、最澄は『内証仏法血脈譜』を書いて最後の反論を試みる。だが最澄は、願いがかなわないまま、八二二年（弘仁一三年）に、比叡山の中道院にて没することになる。けれども没後七日目、弟子の光定や藤原冬嗣の尽力と斡旋によって、最澄の思いが朝廷に受け入れられ、比叡山に大乗戒壇院の設立が勅許される。そして翌八二三年、この戒壇は朝廷から正式に延暦寺の寺号を受けることになったのである。

このような大乗の戒律による戒壇設立は、最澄の完全な独創によるものであり、インドにも中国にもそうしたものはまったく前例が存在しない。むしろ仏教の伝統では、釈迦による原始仏教いらいの部派仏教（小乗仏教）の戒律が忠実に守られてきたことはいうまでもない。そのためこの論争においては、一見すると「三乗一乗諍論」とは逆に、最澄の方が小乗戒（声聞戒・縁覚戒）を否定して大乗戒（菩薩戒）とのあいだに差別を設け、大乗の徒を囲い込むことを意図しているようにみえるかもしれない。

なるほど最澄には、旧来の具足戒では、天台の宗徒が戒を得たのち東大寺をはじめとする南都の仏教にとどまり、天台宗へ戻らなくなるのではないかという現実的な危惧があったのも事実であろう。しかし、より根本的な思想的課題は、旧来の厳格な戒律が、あらゆる人間に仏性を見いだし救済する天台思想からほど遠いものであることを憂うる点にあったことは言を待たない。大乗戒（梵網戒）の設置は、小乗の徒を排除するのではなく、むしろ逆に、戒の易化と簡素化によって声聞や縁覚さらには不定や無種の者をも等しく救わんとする一乗主義にもとづく要請であったというべきである。じっさい最澄は「奴婢已上よく戒を受く」と述べて、大乗戒があらゆる庶民に授けられることを表明している。

ここにおいて、三権一実の法華一乗にもとづく一切衆生の無差別・平等の成仏思想が、日本固有の大乗仏教をして、世界にも類例をみない新しい地平に押し上げたとみることができるであろう。

天台宗の自力苦行・難行

もっとも、戒律の簡素化は、たしかに沙彌と呼ばれる大衆が僧になる道を易化したが、それは決してすべての僧が容易に忘己利他の慈悲心を会得できることを意味するわけではない。最澄は、天台の僧が菩薩としての慈悲をすべての他者に向けられるようになるために、「大乗戒」を受けたのち十二年間にわたって、食料も衣類も乏しい寒冷地の比叡山に籠って辛く厳しい修行と学問を行なうことを命じることになる。

十二年間の籠山行の資格を得るためには、一日に三千仏を五体投地して礼拝し、その行を毎日欠かさず繰り返し、奇瑞好相を感見するまでの境地に達していなければならない。しかも最澄の「学生式（六条式）」によれば、いったん籠山行に入った者は、その瞬間から世俗と断絶することになり、下山することはいっさい許されない。入山から最初の六年間は、学問を学び聞く「聞慧」を主に、自分の頭で思惟し修行する「思修」を副とする。一日の三分の二を仏教の学習に、三分の一をその他の学習にあてる。つぎの六年間は、自分で思惟し修行する思修を主とし、学び聞く聞慧を副とする。同時に、早朝の勤行、祖師への献膳、日中の勤行、献膳、夕方の勤め行など、長時間経典を購読する修行と法を施す業を欠かさず行なわなければならない。

そのさい最澄は、智顗の著した『摩訶止観』にもとづく修行部門を「止観行」と名づけ、密教の修行である「遮那行」と並べて、天台の僧をこの両部門に分属させた。

顕教に属する僧は、止観行として四種三昧の行すなわち常坐・常行・半行半坐・非行非坐を行なわなければならない。「坐」とは座禅、「行」とは歩行を意味する。すなわち「常坐三昧」とは、九十日間を一期として一日も休息することなく坐禅して座り続ける修行である。歩行が許されるのは、眠気を醒ます経行のときと、食事・排便に束の間の息をつぐときだけである。「常行三昧」とは、同じく九十日間、口に常に阿弥陀の仏名を唱え、心には絶えず阿弥陀仏を念じ、本尊阿弥陀仏の周りをめぐりながら歩き続ける修行である。また、「半行半坐」とは、坐と行を交互に修する行であり、「非行非坐」とは、坐や行に限定することなく、あらゆる起居動作が仏道につながることを目指す修行であるとされる。

これに対して密教に属する僧は、遮那行として仏部・蓮華部・金剛部の三部経典を唱え念じる修行を行なうものとする。けれども、この密教（台密）の教学は最澄一代では十分に完成させることができずに、弟子の円仁や円珍さらには相応らの世代によって「回峰行」というかたちへと発展していくことになる。

回峰行には三種の流派があるといわれるが、玉泉坊流によれば、無動寺谷を深夜に出発し、毎日、約三十キロの山道を素足に草鞋履きで、読経し真言を唱えながら歩き続ける。こうした三塔と礼拝所三百ヶ所をめぐり明王動に帰る約六時間の行を千日間つづける。風雨や病気になっても一日も休むことはできず、もし挫折した場合は、持参した短刀で自害するのが掟とされる。回峰行の五年目には、無動寺明王堂に入籠して八日間の断食・断水・不眠・不臥の行を行なう。堂内には逆さ屏風を立てて、行者は白装束で陰に端座し、八日間に毎日三坐の修法と十万遍の経を唱えるものとされている。

こうした過酷な荒行中の荒行をとおして、天台法華宗は、大乗に則った利他の慈悲心をもつ「国宝」と呼ばれる菩薩僧の育成をめざしたのである。

けれども最澄の天台宗には、僧侶の厳しい苦行とは裏腹に、どこまでも一切衆生すべての救済をめざす「仏性」論と「戒律」論がその背後に存在することを忘れてはならないであろう。それゆえこの宗派は、万人を仏とする天台本覚思想から、さらには自然の万物を仏とみなす「山川草木悉皆成仏」論へと発展していくことにもなったのである。そこにはもちろん、『法華経』の「諸法実相」にもとづく徹底した現実肯定の思想があり、さらにまた、比叡山を根城とする山岳仏教が取り入れた密教の自然崇拝思想や、それとあいまった日本の神道に伝統的な「八百万（やおよろず）の神」信仰との融合という側面もあろう。しかしながら、より根本的には、平安仏教においてようやく仏教が、一部の特権階級の思想から一切衆生の救済へと大きく拡大したことが重要な契機であったことは強調しておいてよいだろう。

こうして仏僧による他者（衆生）の済度と、一切衆生の悉皆成仏という思想は、最澄の天台宗によって統一され、ようやく一つの体系的哲学となることができたのである。

空海による密教の移入

さて、平安時代における仏教の大衆化を考えるにあたって、もうひとりの当代の大思想家である空海の真言宗について見ておかなければならない。

真言宗は、日本で最初の密教にもとづく宗派である。最澄の天台宗も部分的に密教の教義を取り入れたため「台密」とも呼ばれたが、体系的・総合的な密教の教義は空海によって初めて導入されたといえよう。いわゆる純密としての「東密（東寺密教）」である。

原始仏教は、いうまでもなく釈迦による自我の解脱（自利）のための悟りに始まるが、紀元二世紀ごろ龍樹がこれを他者救済（利他）のための大乗仏教へと変貌させた。こうした大乗仏教が、インドに土着のヒンドゥー教によって侵食を受け、究極的にヒンドゥー教と融合した仏教の最終形態が「密教」であると定義できよう。

それゆえ密教においては、現実に釈迦という人間が説いたといわれる教えは「応化身の仏教」と呼ばれて否定され、これに対して、永遠なる真実の仏としての釈迦の教義なるものが「法身の仏教」として評価される。釈迦は七度生まれ変わったのち現世に現れた人であるとされ、前世の釈迦は「毘盧遮那」という大宇宙の根底にいる仏であったと解釈される。こうして密教は、原始仏教による人間救済の教えからヒンドゥー教による自然崇拝の宗教へと換骨奪胎され、太陽神としての摩訶毘盧遮那すなわち「大日如来」の教えを信仰する独自の宗教として確立していくのである。それゆえ密教は、小乗と大乗という区別ではなく、みずからを小乗・大乗の双方を超越した新たな乗と位置づけて、「金剛乗」を名のることにもなる。

さて、空海の『付法伝』によれば、密教は、大日如来（摩訶毘盧遮那）に始まり八代の祖によって伝承され体系的に完成されたとされている。第二祖は、大日如来の教えを人間界に伝える役目を負った金剛薩埵であるが、これらは宗教上の架空の存在であるといってよいだろう。これに対して第三祖には、三論宗を創設した「中空」の理論家である実在の龍樹が挙げられる。もっとも密教においては、龍樹は「龍猛」と名を変えられ密教の経典化を果たした人物であるとされている。第四祖は、龍猛の弟子であり、その経典を後世に伝える役割を担った龍智である。そして八世紀前半に、密教を中国に伝えて『金剛頂経』という聖典に体系化したのが、第五祖の金剛智と第六祖の不空という師弟である。なお、これとほぼ同時期に、中国では善無畏と一行という師弟が『大日経』の経典化を実現しているため、この二人を八祖に加える説もある。そして、この『金剛頂経』と『大日経』という両系統の密教を統合して単一の体系化を実現したのが、空海の師といわれる第七祖の恵果であった。しかしながら恵果以降、中国の密教は衰退してしまい、むしろそれは日本へ伝えられて広まることになる。このため空海の『付法伝』では、密教の第八祖は空海自身であると自ら記している。

空海は、奈良時代の末、七七四年（宝亀五年）に生まれ、当時の官吏養成所である大学で儒教を学んでいる。しかし間もなく大学を辞して、『三教指帰』という儒教・道教・仏教を比較する処女作を執筆する。この書物によって三教のうち仏教の優越を確認して、彼は山岳で仏教修行の道に身を投じることになる。このとき阿波大滝や土佐室戸崎の修行において大自然そのもののなかに仏力の存在を確信し、『大毘盧遮那経（大日経）』の偉大さに魅せられ密教の信仰に入っていくことになったと伝えられている。

とはいえ、空海はいまだ戒さえ受けておらず、山岳を放浪するひとりの私度僧すなわち乞食僧にすぎなかった。そこで一念発起して八〇四年（延暦二三年）、遣唐使の一員として中国に渡り密教を本格的に学ぶことを朝廷に願い出るのである。これが時の桓武天皇によって認められ、空海は二〇年間唐に留まり仏教を学ぶことを許された留学生となった。ちなみに同時に唐に渡った最澄は一年間だけの還学生であった。

当時の唐は密教の全盛時代であり、空海は、青龍寺東塔院に密教の第七祖といわれる恵果を訪ねて直々にその教えを乞うことになる。こうして翌年に、空海は、恵果から大日如来の戒を受け、さらに胎蔵界と金剛界という密教僧の資格である受明灌頂をも授けられている。しかしこの年、師の恵果が亡くなってしまい、空海は留学を中止して帰国を余儀なくされる。このとき、『金剛頂経』などの密教経典や『梵字真言讃』などのサンスクリット経典、また金剛界・胎蔵界の両部曼荼羅といった密教の宝物を持ち帰り、嵯峨天皇に献上したと伝えられる。

空海は、これらの「請来目録」の持参によって留学の中途放棄を赦免され、むしろその後は嵯峨天皇の護持僧として、密教による護国鎮護の加持祈祷をおこなって朝廷から寵愛されることになったのである。

空海の真言密教思想

八一五年（弘仁六年）、空海は『弁顕密二教論』という仏教宗派の正統性を争う教相判釈の書物を著している。

それによると、仏身には、絶対的な仏としての法身、修行の果報である智慧としての報身、それに現世に姿形をしめす化身という三種がある。また報身は自受容身と他受容身に分かれ、他受容身は応身とも呼ばれる。このうち、応身と化身の説法が「顕教」である。それは、意味が分かりやすいように相手の能力に応じて調整された方便の説法にすぎない。すなわち、これまで現世に現れた釈迦が説いたとされる経典は、小乗であれ大乗であれ、すべて顕教による方便としての仏の教えであることになる。

これに対して空海は、法身仏の説法こそが「密教」であるという。密教は、法身仏が相手に配慮することなく真理そのものを説いた教えである。それゆえ密教は、言語や分別を離れた不可説の世界を語るものであり、摩訶毘盧遮那すなわち「大日如来」自身が自らのためにだけ楽しんで説いた自受容身の教説であるといわれる。報身仏の説法は言語による教えにすぎず、応身・化身仏の説法は修行による教えにとどまり、それゆえこれら顕教の智慧は、すべて空や無という否定のかたちに終わってしまっている。けれども、法身仏の教えである密教は、これらと異なる大宇宙のもっとも深い智慧であり、その教えは顕教の終わる秘密の門からようやく始まる。それはすなわち、仏が自らの心のうちに密かに証する「自内証」の世界であるとされるのである。

それゆえ空海によれば、仏法には二種類の秘密があることになる。一つは「衆生秘密」であり、衆生はみずからの無明・煩悩のせいで、ほんらい自己に存在している仏の曼荼羅世界を知りえないでいることである。もう一つは「如来秘密」であり、仏は相手に応じて方便の教説を伝え、あえて自己の内証智を秘して説かないでいることである。したがって秘密の教えである密教は、如来（仏）の内証の世界の中だけにとどまる。このように空海は顕教と密教の相異を明確にしめした。これが、空海の顕密による「横《オウ》の教相判釈」といわれるものである。

さらに空海は、八三〇年（天長七年）に「竪《ジュ》の教相判釈」と呼ばれるものを残している。これが『秘密曼荼羅十住心論』および『秘密宝鑰』という書物である。

空海はこの著書において、人間の心が、浅薄な水準からしだいに深まり究極の智慧に達するまでを十段階に分けて示し、それに対応する宗教学派の思想を、凡夫から密教にいたる立場に体系的に分類する野心的な企てを試みている。概略だけを示せば、つぎのように展開されることになる。

第一　異生羝羊心　凡夫の心が羊のように愚かで、六道に輪廻する迷いの状態。（外道）
第二　愚童持斎心　愚かな子供が斎戒をもった、世俗的倫理や道徳の状態。（儒教）
第三　嬰童無畏心　子供が悪道へ堕ちず、善行による生天を信じる状態。（バラモン教）
第四　唯蘊無我心　色受想行識の五蘊があり、自我は実在しないと信じる段階。（声聞）
第五　抜業因種心　因縁を観じて、業の苦しみや無明の種子を抜き去る段階。（縁覚）
第六　他縁大乗心　他の衆生のことを心に懸ける、大乗の最初の段階。（法相宗）
第七　覚心不生心　一切の存在は不生不滅であると悟る段階。（三論宗）
第八　一道無為心　唯一絶対の立場にたち、因縁造作の有為を超えた段階。（天台宗）
第九　極無自性心　顕教の究極である一切存在の無自性を悟る段階。（華厳宗）
第十　秘密荘厳心　密教の段階。（真言宗）

先の『弁顕密二教論』による横の教相判釈によれば、前の九段階が顕教であり最後の十段階だけが密教ということになり、その立場からすれば、この十住心も「九顕一密」の区別を示すものと理解される。けれども空海にとっては、これらの十住心すべてが、密教の修行者の心のなかに順次に現れてくる諸相を示すものであり、迷いによる煩悩も悪行も、ひとしく法身仏である大日如来の教えに到達するための必然的な過程にほかならない。

すなわち、前の段階を次々と否定することによって、人間の心はより高次な段階へと内的に進展していくというのである。いわば西洋においてヘーゲルが展開した意識の弁証法を想起させる概念の自己発展の哲学を、すでに古代のアジアで示してみせた、当時としては画期的で強靭な思想体系であったということができよう。こうして密教は、外道や世俗の道徳から儒教やバラモン教など他の宗派の教説までをもその教義体系の一部にとりこみ組み込んでしまう、奥行きの深さをもつことになる。これが竪の教相判釈（深秘釈）といわれる思想であった。

さて、これらをふまえ、空海の密教哲学がもっとも端的に述べられている書物が八一六年（弘仁六年）に執筆されたとされる『即身成仏義』であろう。

顕教においては、人間は三劫という無限の時間に輪廻転生をくりかえし、そののち遠い未来においてのみ仏となると言い伝えられてきた。これに対して空海はこの書物において、将来の生まれ変わった後ではなく、いま誰もが受けているこの身そのままでただちに仏になれるという「即身成仏」の思想を展開するのである。この書物で空海は、偈（頌）と呼ばれる詩句によって、つぎのような「六大・四曼・三密」の原理を説いている。


「一　六大は無碍にして、常に瑜伽なり（体）
二　四種の曼荼は、おのおの離れず（相）
三　三密を加持せば、速疾に顕はる（用）

四　重重帝網なるを即身と名づく（無碍）」（弘法大師全集 第一輯 五〇七頁）

ここにいう「六大」とは、世界の構成要素である「地・水・火・風・空」の五つの物的元素に「識」という心的要素を加えたものである。空海にとって世界とは、三論宗の説くような認識の表象あるいは法相宗のいう空・無のことではなく、物質と精神からなる具体的で現実的な事実そのものであり、それはとりもなおさず大日如来の身体（法身）それ自体にほかならないとされる。それゆえ、この世界（器世間）から、人間（自我）はおろかさまざまの如来（仏）さえもが出現するのであり、仏身と世界と人間はもともと一体で相互に通じ合っているとさえ言いうることになる。

そして、この六大世界を具体的に表現したものが「四曼」すなわち四種の曼荼羅にほかならない。周知のように曼荼羅とは、一つの図画に、大日如来を中心に諸仏と菩薩、明王、さらにインドの神々を描いたものであるが、それは、世界すなわち如来の身体そのものをしめす字（語）・印（意）・形象（身）そのものであるとされる。それゆえ四曼とは、字を現わす法曼荼羅、印を現わす三昧耶曼荼羅、形象を現わす大曼荼羅に、仏の働きと行為（カルマ）を現わす羯磨曼荼羅を加えたものにほかならない。空海にとって曼荼羅とは、けっして遠い仏の世界の絵図ではなく、なにより具体的な現象世界そのものが離れず一つに融合していることを意味し、絵図としての曼荼羅に表現されたものは、仏身（曼荼羅身）へ到達するための道案内であったといわれる。

それゆえこの四曼は、世界あるいは大日如来の身・語・意のいっさいの活動、つまり身密・語密・意密という「三密」を表現していることになる。こうした仏の三密に応じて、衆生が、体（身）に印契を結び、口（語）に真言を唱え、心（意）が三昧に住まうならば、速やかに衆生の自我は大日如来と合一するとされるのである。加持の「加」とは、仏の慈悲が衆生にとどくことであり、「持」とは、衆生がその働きを受けとめることを意味する。それゆえ一切衆生の誰でも三密加持の修行をおこなうと、仏の慈悲によって、その身に有していた仏の三身（法身・報身・化身）がたちどころに具現し、人は即身のまま成仏して、仏としての能力を発揮することができるようになる。この密教の修行には、月輪観、阿字観、三密行、五相成身観といった厳しい行があるとされているが、道場で師から口伝で学ぶ以外には知らせない秘密の実践とされている。密教の密教たるゆえんであろう。

ところで、ここに特徴的に見られるのは、空海の密教（真言宗）における現世の「自我」に対する徹底的な肯定のスタンスであろう。

これまでの仏教（顕教）は、小乗にせよ大乗にせよ、現世の自我に執着することを否定して、空ないし無我の境地をめざすことを目標とし、そのための自力修行によって自我から解脱して涅槃に成仏することをめざしてきた。これに対して空界の密教においては、物質および精神の具体的世界（大宇宙）がそのまま大日如来の法身として肯定される。人間の自我もまた、そのまま大宇宙の、したがって法身の一部であり、人はもともと仏と一体である。それゆえ人間（衆生）が修行によって仏になるのではなく、修行とは自己が仏であることを自覚する過程にほかならない。密教修行においては、自我は初めから宇宙の大日如来そのものと一体であり、自我の否定ではなく徹底したその肯定によって、自我の絶対性を獲得することを目指すことになるのである。

このような密教独自の自我に対する肯定的理解は、はたして空海の個性によるものであろうか。それとも、仏教に紛れ込んだヒンドゥー教の特徴にゆらいするものだったのであろうか。おそらくはこの両者があいまって、ここに、日本ではじめて、これまでの仏教（顕教）の総体を覆す「自我教」とでもいうべき空海の真言宗が誕生したのであろう。

平安仏教における「主体」の解体

以上のようにみてくると、平安仏教における最澄の天台宗と空海の真言宗とは、いっけんすると対極的な位置関係にあるようにみえる。

たしかに、最澄は、『法華経』にもとづいて、僧に対して自我への執着を徹底的に否定し解脱するための難行苦行を課し、そうした「利他」の善根の積み重ねのはてに、いつしか成仏の道が開けることを説いている。これに対して空海は、『大日経』にもとづいて、大日如来の身体としての人間の自我を全面的に肯定し、密教の秘儀としての行によって、人はその身そのままでただちに仏になること（即身成仏）を説いた。一説によると、両者が唐から帰国したのち、最澄は、空海から胎蔵灌頂を受けることで自らの密教の知識不足を自覚し、空海に『理趣釈経』という経典の借覧を申し出たようである。このとき空海は即座にこれを断り、「天台は利他の仏教であるが真言は自利の仏教である」と述べて、双方の違いを強調したと言われている。両者の相異をしめす典型的な逸話であろう。

けれども、こうしたそれぞれの教義上の外見的な差異にもかかわらず、両者はともに奈良以前の仏教と対比できる大きな共通点をもっているのではないだろうか。

すなわち、最澄は、法華一乗論と大乗戒壇の思想によって、あらゆる衆生に等しく成仏の可能性があることを指し示した。すべての人間は、迷いの状態である不覚からしだいに悟りの境地である始覚へといたる「仏性」を、生まれながらに有していると説いたのである。他方、空海は、六大・四曼・三密の思想によって、大宇宙は大日如来の身体そのものであるといい、太陽神の照らし出す自然こそが仏の世界であると讃えて、その一部分としての人間がその身そのままで仏となる「即身成仏」を肯定した。

ここにおいて、人間の自我の否定に仏を見るか、自我の肯定に仏を見るかという違いは、本質的な問題ではないだろう。そこにあるのは、最澄は、人間が自己から抜け出し仏の世界にいたるというのに対し、空海は、人間が自己のなかに仏を導き入れるという、いわば単なるレトリックの相異にすぎない。どちらも、すべての人間（衆生）の本質に仏性が具備するとみなす点においては同一であるといえよう。

こうして平安仏教は、一切衆生を信心に導くために受戒や灌頂の簡易化を実現した。それにもかかわらず、というより、それゆえにこそというべきか、最澄の天台宗も空海の真言宗も、ともに、人々がじっさいに成仏を果たすためには、非常に厳格な難行や秘儀の苦行を修める義務を課した。ここに、すべての「自己」が徹底した「自力」の修行を通じて自ら「悟り」をひらき（自利）、それによって他者を救済する（利他）という大乗仏教のオーソドクシーが、頂点を極めたというべきではなかろうか。平安仏教こそは、釈迦いらい仏教に宿命づけられた「自己」の「自力」修行による「自己」解放という自己中心の哲学の最終的到達点として位置づけることができるであろう。

けれども平安時代も末期の院政期に入ると、この二つの宗派は大きく変質を遂げていくことになる。すべての衆生に悟りの可能性を認める天台宗の「仏性思想」は、衆生のありのままの現実がすでに悟りの状態であるという、いわゆる「本覚思想」に純化していくのである。

凡夫は悟りを求めて修行をしなくても凡夫のままで「煩悩即菩薩」あるいは「生死即涅槃」であり、その日常がそのまま肯定される。むしろ逆に、修行によってのみ成仏できるというこれまでの天台宗は、「始覚門」と呼ばれて蔑まれることにさえなるのである。こうして天台本覚思想は、最終的には、「山川草木悉皆成仏」あるいは「草木国土悉皆成仏」という教句に象徴的に示されるように、凡夫衆生にとどまらず、山も川も草も木も、鳥や虫の声も、その他自然界の一切がみな仏であるという、きわめて日本的な土俗の自然崇拝に帰着していくことになる。さらに、天台宗の末裔である安然や良源、覚運らは、草木が芽生え、葉を茂らせ、花や実をつけ、やがて枯れるという、あるがままの自然の「生住異滅」をそのまま成仏の実相として描き出すことにもなるのである。

同様の変化は真言宗についても当てはまるであろう。

空海は、人々に大日如来の身体である大宇宙の一部としての覚醒を求め、この自覚にいたる方法として密教修行を課していた。けれども本覚思想の影響は真言宗にもおよび、真言につらなる覚鑁らは大日如来を阿弥陀如来と同一視して、これと凡夫を一体の存在として捉えるようになる。それゆえ、一切衆生から自然世界、果ては大宇宙にいたる全体がそのまま仏であるとみなし、現世の人間をまるごと仏の悟りの姿として理解することにもなるのである。すなわち、密教における即身成仏の思想から衆生と仏の距離が消えてなくなり、衆生は、いっさいの修行を必要とせずに、その住まう現世世界がそのまま無条件に仏国土として肯定されるまでにいたるのである。

　これまでの仏教に伝統的な教義は、おしなべて、肥大化した「自我」の内部においてひたすら「自己」の否定あるいは肯定に独我論的に執着し、「自力」修行によって自ら悟りを開くというものであった。しかしながら平安末期の仏教によって、こうした自己を中心とした自力の思想はしだいに崩壊していったとみてよいだろう。すなわち、これまでの「自己」を起点としたベクトルによって仏を志向し、「自己」が他者を救済することで仏に成るという、自己中心の古典的仏教を終焉に導いたのである。こうした「悟り」の主体としての人間を解体したものこそ、「本覚思想」であったといえるかもしれない。

　ときあたかも「末法の時代」と呼ばれる仏教思想における最大の転換期でもあった。

　こうして、自己の悟りをめざす旧来の自力仏教から、本覚思想による主体の消滅した現世肯定の自然実相主義を介して、つづいて新しい鎌倉仏教が登場してくることになる。それは当然にも、「自己」に代わって「他者（仏）」を主体とする「他力」による「救い」の仏教にほかならないのである。

第二章　「他者」による救いとしての仏教

1　平安末期における末法の到来

仏教においては、釈迦の入滅後の千年間を正法の時代といい、つぎの千年を像法の時代、さらにその後の一万年を末法の時代という。最澄の『末法灯明記』によれば、「正法の時代」は、釈迦の教え（教）が正確に伝わって、その教えにもとづいて修行（行）する者は確実に悟り（証）を得られる。いわゆる「教行証」が一致する時代であるとされる。けれども、「像法の時代」になると、仏の教えは残りそれに従って修行する者はいても、悟りに達することができなくなる。そして「末法の時代」には、教えだけが残ってはいるが、実際に修行する者はいなくなり悟りもまったく消滅してしまうといわれるのである。

こうした仏教における「正・像・末の三時説」と呼ばれる歴史観は、古代インドにおいては、修行者に対するたんなる訓戒として説かれたものに過ぎなかった。だが、中国の南北朝時代になるとさまざまな宗派で盛んに称揚されるようになり、やがて日本へも平安時代に伝播されることになる。日本においては、法琳の『破邪論』の記述を根拠にして、釈迦の入滅は紀元前九四三年とされ、そこから二千年後にあたる一〇五二年（永承七年）こそが末法の時代の始まりであると、まことしやかに噂されたのである。

そのため、当時の貴族から庶民にいたるまで多くの人々は、「末法の時代」の到来をこの世の終末として捉えて、日々の不安に怯え、恐れおののいて暮らすようになった。

じっさい平安末期の一一世紀半ば以降には、貴族による摂関政治が衰退して院政が始まり、これが台頭し始めた源氏や平家などの武士勢力を抱え込んで、社会には血なまぐさい動乱がつぎつぎと勃発した。一一五六年（保元元年）には保元の乱がおこり、崇徳上皇と後白河天皇、源為義と義朝、平忠正と清盛が、それぞれ近親同士の骨肉の戦乱を演じた。さらに一一五九年（平治元年）には、その勝者であった平清盛と源義朝が争い、平家の勝利によって日本史上で初の武士の時代が訪れることになった。けれどもそれからわずか二六年後には、壇ノ浦の合戦で平家は源頼朝によって滅亡させられてしまう。いわゆる勝者必滅の無常の時代が到来したのである。

平安末期は、こうしたうちつづく戦乱と動乱による厖大な流血や殺戮の応酬だけにとどまらず、自然界にもまた厳しい天変地異が頻発する時代であった。一一三四年（長承三年）の大台風の襲来にはじまり、一一五〇年（久安六年）からほぼ一年おきに久安・仁平・久寿の飢饉が起こり、とりわけ一一八一年（養和元年）には養和の大飢饉が勃発した。それは、稲田の全滅によって餓死と疫病を村々に溢れさせるものであった。鴨長明の『方丈記』によれば、京の街にまで物乞いや盗賊や人肉喰いが横行し、鴨川の河原には無数の死体が異様な腐臭を発して積み重なり、その光景はさながら地獄絵そのものであったと書き伝えられている。

こうした社会の腐敗と自然の荒廃は、世俗世界だけにとどまらない。戦乱の火の手は、他ならぬ天台宗をはじめとして仏教界にまで及んでいった。全国の諸寺はそれぞれの僧徒に武器を携えさせ、彼らを僧兵として他の寺院と互いに争わさせたのである。

一一四五年(久安元年)には、興福寺と東大寺の僧兵が衝突して金峯山や清水寺を襲い、翌四六年には、比叡山内でも延暦寺(山門)と園城寺(寺門)の僧兵同士が大乱闘を行なったと伝えられている。なかでも、延暦寺と興福寺は膨大な人数の僧兵を養成し蓄えており、延暦寺の僧兵は山法師、興福寺の僧兵は奈良法師と呼ばれ、人々から恐怖の的として忌み嫌われた。前者は日吉神社の神輿を、後者は春日大社の神木をかつぎ出して、京の町まで繰り出し狼藉と破壊のかぎりを尽くしたといわれる。けれども天皇や皇族ですら神仏の祟りをおそれて、これらの僧兵の暴動には見て見ぬふりをし、仏教寺院の退廃はもはや眼を蔽わんばかりであった。

このように、仏教における「末法」到来の予言は、政治・社会・自然ばかりか仏教界そのものの堕落とみごとに合致した。このため、民衆の現実社会に対する不安はいっそう増大し、人びとは「末法の時代」をより切実に実感することにならざるをえない。そしてそうした現世の不安から逃れるために、人々は厭世的な世界へとますます傾倒していくことになる。とりわけ仏教思想では、末法の時代には、現世において自力の修行によって悟りを開く可能性が否定されているため、現世を捨てて死後に極楽浄土での往生を説く浄土教に対する信仰が急速に広まっていくことになった。

がんらい「浄土」とは、初期インド仏教では、それぞれの仏が住まうすべての「仏国土」を意味する。たとえば釈迦如来の住む霊山浄土、薬師如来の浄瑠璃世界、阿閦仏の東方喜国、弥勒菩薩の兜率天内院、観音菩薩の補陀落浄土などが「身土不二」の浄土として知られているが、中国や日本においては、とりわけ阿弥陀如来が住む「西方極楽浄土」が有名であり、そのため一般に「浄土」といえば、この西方浄土を指すようになった。古代インドにおいては、龍樹や天親が浄土往生の思想を唱え、中国に伝わって曇鸞・道綽・善導らの伝道によって、これが「浄土教」と呼ばれるようになったのである。けれども、現世における自力修行による悟りを本道とする大乗仏教において、この思想が仏教の主流となることはなかったのである。

日本においては、八三八年（承和五年）に、天台宗の円仁が遣唐使の一員として中国に留学し、唐の五台山において、法照から念仏をメロディアスに唱える五会念仏（引声念仏）を学んで帰国し、これを比叡山の摩訶止観や常行三昧にとりいれて「観想念仏行」なるものが確立した。こののち、天台宗は「天台浄土教」とも呼称されるようになる。さらに一〇世紀以降、天台宗においては、源信の『往生要集』によって、阿弥陀如来を観想して極楽浄土へ往生する具体的な方法が一般民衆に教導され、あるいは良忍によって、一人の念仏が万人の念仏と融合するという「融通念仏」の教えが広められることにもなる。

また、貴族たちは、末法の到来とともに「極楽浄土」を現世において観想するために寺や塔の経塚造営をさかんに行なうようになる。たとえば藤原頼通は、宇治の平等院に浄土世界をそのまま再現する阿弥陀堂（鳳凰堂）を建立した。これは、浄土三部教に説かれた極楽浄土の庭園や蓮池を忠実に描写して造営したものであり、その建物は浄土の阿弥陀如来の宮殿を模したものとして、死後の極楽往生に憧れる貴族のみならず一般民衆にも礼拝の対象として崇められた。同様に、浄土を観想するための堂宇として、中尊寺の金色堂、法界寺の阿弥陀堂、白水阿弥陀堂などが、「末法」という逃げ場のない世相のなかで、しだいに民衆の心のよりどころとなっていった。

このような「末法の時代」といわれる平安末期のまっただなかにおいて、法然、親鸞、栄西、道元、日蓮といった次世代を担う人材がひとしく比叡山で修行に励み、幾多の苦難をへて、鎌倉期に入るといっせいに新仏教を開くことになるのである。

つぎに鎌倉仏教の端緒をなす法然の思想を検討してみたい。

2　法然による他力思想の形成

『四十八巻伝（勅伝）』によると、法然は、幼少時に父親が土地争いによって殺害され、これを契機に、一一四五年（天養二年）に比叡山延暦寺に登り修行を始めたとされる。しかし『法然上人伝記（醍醐寺本）』では、法然の比叡山修行は一一四七年（久安三年）に始まったとされ、その直後に父の殺害を知ったとされている。いずれが正しいかは不明であるが、ともかく父の死と相前後して法然は入山し、源光と皇円のもとで基礎的な天台の教義を学んだ。そして一一四七年（久安三年）に、延暦寺戒壇院において天台宗の戒を受けて僧となったのである。のちに法然が善人と悪人を問わず一切衆生の浄土往生を説いたのは、この父親の無残な死が少なからず影響を与えていたのではないかともいわれる。

その後法然は、比叡山の本院を離れ黒谷別所の叡空を師として、天台宗の伝統にしたがって十二年間の籠山による修行と学問に励むことになる。師の叡空は、『往生要集』を著した源信の法統を継いだ僧であり、融通念仏を始めた良忍の弟子でもあった。そのせいもあり、法然は黒谷において『往生要集』の勉学にうち込むことになったのである。

源信によれば、智慧が優れ修行に没入できる者ならば、天台の教義も理解できるであろうが、自分のような愚者は教義を理解し修行し仏になるのは困難である。すべての人間が仏性の根を持っているにもかかわらず成仏往生できないのは、濁世末代（末法）という「時」と難教苦行の困難という「機」に根拠があるのであり、「時機」に応じた、何人にも理解でき修することのできる教えを体系化しなければならない。それが浄土教であるという。法然はこの源信の著書を先達として、浄土教に入門することになったのである。

よく知られているように、源信の『往生要集』は、第一章の厭離穢土において、凄絶な地獄の描写から始まっている。そしてこれにつづいて餓鬼・畜生・阿修羅・人・天を加えたいわゆる六道から成る娑婆世界を描き、ここから逃れる方法を説く。つづく第二章の欣求浄土では、阿弥陀仏の住む極楽浄土の素晴らしさを説き、第三章の極楽証拠では、浄土世界と娑婆世界の比較を行なっている。

そして第四章の正修念仏においては、この書物の最大のテーマである浄土へ往生するための念仏の方法を記している。それによると念仏には、阿弥陀仏を礼拝する「礼拝門」、阿弥陀仏を讃歎する「讃歎門」、悟りを求め菩提心を起こす「作願門」、阿弥陀仏の姿を観想する「観察門」、善根を一切衆生と自己の悟りに向ける「廻向門」という五種類の方法がある。このうち源信によれば第四の「観察門」がもっとも優れた念仏であり、それは具体的には、阿弥陀仏の身体を四十二の部分に分けてそれぞれを観想する別相観、身体の全体を観想する総相観、眉間の白毫を観想する雑略観から成るとされる。さらに、第五章の助念方法では念仏を補助するさまざまの行、第六章の別時念仏では臨終のさいに特別に唱える念仏法、第七章ではそれによって得られる利益、第八章では経典における念仏の論拠、第九章では念仏以外の諸行、第十章では浄土念仏にかんするさまざまの問答をとりあげて、極楽浄土の百科全書といわれるこの書物を閉じている。

法然の師である叡空は、この『往生要集』の第四章に説かれた「観察門」およびその経典上の論拠である『観無量寿経』にもとづいて、端坐し想いを正し、阿弥陀仏を眼で見て心に思い浮かべて名号を唱える「観想念仏」こそ、浄土教の説く真の念仏であると主張した。さらに第五章の助念方法で説かれている「心念」を強調して、浄土往生のためには、まことの心（至誠心）、深く信じる心（深心）、浄土に往生を願う心（廻向発願心）という三心を備えることの必要性を強調した。

このように、比叡山の天台浄土教の「摩訶止観」や源信の『往生要集』で説かれる念仏は、あきらかに、称名よりも観仏を重視する「観勝称劣」の思想が基礎をなしていたことは確かであろう。

けれども法然には、こうした観想念仏が、浄土教の説く「濁世末代の目足」すなわち末法の時代に人々の目となり足となり、「頑魯の者」すなわち智慧の劣った人々に残された唯一の修行方法であるとは、とうてい思えなかった。たとえ念仏が百即百生の法であったとしても、観想念仏はあらゆる人が簡単に修することのできるものではない。本当に誰もが修しうる念仏法はないものか。法然はそれを強く求めて、師の叡空と激しく対立した。『四十八巻伝』によれば、観想念仏に異を唱えてこれを否定する法然に対して、叡空はついに怒りを抑えきれなくなり、木枕で殴りかかったという逸話まで残されている。

法然は比叡山に所蔵されている浄土教にかんするほとんどの経論に眼を通したが、すべての衆生を救いうる経文がどうしても見当たらなかった。そのとき南都には、天台浄土教の系譜とは異なる伝統をもつ浄土教を信奉する宗教者がいることを耳にし、これに一縷の望みを託して、南都に残されている浄土教の経論を調べるため、一一五六年（保元元年）、比叡山の叡空のもとを去って奈良へと向かうことになるのである。

南都には、かつて法相宗の善珠や昌海、三論宗の智光、華厳宗の審祥や智憬といった浄土教の高名な研究僧がおり、その系譜につらなるといわれるのが珍海および永観であった。

法然は、南都において、珍海の選述した『決定往生集』を読んで、そこで珍海が「称名」こそを「正仲の正因」と呼んでいるのを知る。そしてそこに、いかなる凡夫でも仏の名を念じれば、仏の願力によって臨終のさいには阿弥陀仏の来迎を受けて浄土に往生することができる、と書かれているのを見つけて、法然は我が意を得たりと歓喜することになる。けれども珍海の称名念仏は、あくまでも念仏者が堂に籠り、誰にも邪魔されることなく邪な思考をすることなく、心を一境にとどめて仏の御名を十声唱えるものだけを「正定業の念仏」とするという条件が付されている。すなわち珍海においては「定心の十念」のみを称名念仏とするものであり、法然にはそれが、凡夫には容易に実践できない難行に等しいものに思われた。これもまた法然の意図する念仏ではなかったのである。

さて、法然の南都遊学による最大の成果は、なによりも永観の選述した『往生拾因』に出会ったことであろう。この書物において永観は、もろもろの修行をせずとも、ただひとすじに阿弥陀仏を称念すれば、広大な善根のゆえに必ず往生できると説いている。しかも永観は、その根拠に、善導の『観経疏』「散善義」を引用して、阿弥陀仏の名号を専ら念じることが、そのまま阿弥陀仏が浄土への往生を約束した教えであり、すなわち弥陀の誓願にかなうものだというのである。いわく、

「『観経疏』散善義の行に二種あり。一つは一心に専ら弥陀の名号を念じ、行住坐臥に時節の久近を問わず念々に捨てざるもの、これを正定の業と名づく。彼の仏の願に順ずるが故に。もし礼誦等によれば、すなわち助業と名づく。この一行を除き、自余の諸業をことごとく雑行と名づく」

（浄土宗聖典 第六巻 五六頁）

たしかに永観は一心に念仏を称えることを称揚している。けれども彼は、珍海と同様に、「正定の業」を、心を散らさず一境にとどめてひたすら名号を念ずる「定心」とみなし、口称念仏は、こうした定心をおこすための一つの手段であると考えていたようである。念仏は衆生を救うための弥陀の誓願ではあるが、念仏は定心によるものに限られるため、末法の時代の凡夫に実践できるものではない。それゆえ永観は、心を統一して静かに集中する定心のできない散心の者にのみ、称名念仏を勧

めていると理解しうる。したがって法然にとっては、珍海と同様に永観の経論も、十分に納得のいくものではなかった。しかし、永観の『往生拾因』が、称名念仏の根拠に善導の『観経疏』を挙げていることを知り得たことは、南都遊学の非常に大きな収穫であったことは確かである。

それゆえ法然は、どうしても『観経疏』の原文を披見したいと思い方々を捜し求める。そして、藤原頼通が宇治川畔に建てた平等院山内の経蔵（宇治法蔵）において、ようやくこれに遭遇することになるのである。

善導の『観経疏』は、玄義分・序分義・定善義・散善義の四巻から構成されており、とりわけ「散善義」には、一心に専ら弥陀の名号を念じれば、阿弥陀仏の誓願（弥陀の本願）に順ずるがゆえに浄土に往生できる、という一文がある。法然はこれを自らの信心の根幹に据えることを固く決意する。

法然は、この『観経疏』「散善義」の一文を、ただ一心に阿弥陀仏の誓願に従って称名念仏すれば、阿弥陀仏はその慈悲によって来迎する。一切の凡夫衆生は、善人も悪人も、たとえ心が乱れていて煩悩があっても、称名念仏によって誰でも往生できる、と解釈したのである。もちろん善導の「散善義」を厳密に解読すれば、永観や珍海の理解の方が相対的に正確であったかもしれない。だが当時の仏教思想では、インドの経典を中国の高僧が論書しそれを日本で私釈する「経・論・釈」が伝統的な手続きであるとされており、この手順を踏まなければ正統性のある教説とみなされなかった。それゆえ法然は、この論が依拠する経（無量寿経）に従って、自らの解釈を形成しようとするのである。

法然は、長年捜し求めていた善導の論書を見つけその教えを知って、喜び勇んで比叡山に戻り、ひたすら念仏に帰するための思索を重ねた。そして一一七五年（承安五年）、これまでのいっさいの顕密の修行は雑行・難行であるとして退け、ただ阿弥陀仏を信じて名号を称える易行のみが正行であるとして、これにより極楽浄土に往生できるという確信を固めることになる。ここに宗派としての「浄土宗」の基礎がはじめて形成されたといえよう。こうして法然は、同年、比叡山を下りて東山吉水に住まいをつくり、この地を拠点に念仏を広める布教にすべてを捧げる決心をする。これが一般に「法然の回心」と呼ばれるできごとである。

ちょうどこの頃は、世俗世界では源平の戦乱が起こり、一〇年余のあいだ続く戦いによって、日本は平氏の時代から源氏の時代へと大きく移っていく過渡期であった。また、一一八一年（養和元年）には養和の大飢饉が襲い、京都をはじめ全国に盗賊や餓死があふれかえるという社会的にも大混乱の時代が続いた。こうした無常の時代にこそ、法然の教えはひときわ人々の信仰を集めた。浄土宗は、たんに京都の公家や武士階級だけではなく、むしろ無知で貪欲でけっして善人とはいえない庶民、さらにはこれまで穢れた存在とされた女人のあいだにも、広範に信心を拡大してその評判は知れわたっていった。

そうした名声を聴きつけ、一一八六年（文治二年）、比叡山の学僧であった顕真は、大原勝林院に天台宗の栄弁・智海・証真、三論宗の明遍、法相宗の貞慶といった当代の著名な高僧二十名と聴衆三百人ほどを集めて、法然と既成の宗派との間での大論争会を開催した。これが世に「大原問答」と呼ばれる集会である。

この場で法然は、各宗派の高僧の思想を明晰に分析してみせて、それぞれの教えには感服するが、自力の教えによって末法の時代の凡夫を救うことは困難であると主張した。そして自らを「乱想の凡夫」であると自認し、それゆえ仏を思い描く「観念」ではなく仏の名を称える「称念」、そしてまた、像や建物を見る「観仏」ではなく口唱の「念仏」に専修することこそが、一切衆生を救う道であることを堂々と主張したといわれる。

さらに一一九〇年（文治六年）に法然は、戦乱で焼け落ちた東大寺大仏殿の落慶供養のため、東大寺の重源の要請を受けて「浄土三部経」の講義を行なっている。

ここで法然は南都仏教の高僧たちの面前において、善導に始まる浄土宗においては、浄土三部経典および『観経疏』という注釈書はあっても、善導から直接学んだ僧はひとりもいない。それゆえ浄土宗は誰からどのように教えを受け継いだかという「相承血脈の法」もなければ、面授による口訣の証拠もないことを自ら公言する。すなわち浄土宗は、ただ経釈の指示と法然自らの体験のみにもとづいて一宗として確立されたものであると正直に告白したのである。のちにこの主張が、既成宗派からの反発と朝廷権力による大弾圧を招き、法然はじめ浄土宗の僧侶が流罪にされる原因にもなるが、ともかくも法然の、浄土教の信心にかんする自信と、その教義の正当性に対する強い自負を物語っているといえよう。

3　法然における「本願念仏行」の選択

一一九八年（建久九年）、法然は、時の関白であった九条兼実の要請をうけて、浄土宗の経論のなかから要文を選択し、これを体系的に論述して弟子の遵西・感西・證空に筆写させている。これが法然の代表作といわれる『選択本願念仏集』である。

ここで、この書物の内容をやや詳しく検討してみたい。

『選択本願念仏集』における三重の選択

この書物は、インドに八万四千あるといわれる仏教経典のなかから、阿弥陀仏が選択したとされる浄土三部経すなわち『無量寿経』、『観無量寿経』、『阿弥陀経』を取り出し、これに対する中国の高僧である曇鸞・道綽・善導らの論書を引用し、最後に法然自身の私釈を加えるという、仏教学に伝統的な「経」「論」「釈」の形式で構成されている。その意味でこの書物は、法然が浄土宗を、南都六宗および平安二宗に対抗しうる正統性と体系性をもった宗派であると宣言する意味をもつ、浄土宗の教義集そのものであった。この書物によって、法然の浄土宗は独立した一宗派として確立したともいえよう。

さて、『選択本願念仏集』は、道綽の『安楽集』からのつぎの引用で始まる。

「一切衆生はみな仏性あり。遠劫よりこのかた、まさに多仏に値たてまつるべし。何によってか、今に至るまでなお自ら生死に輪廻して、火宅を出でざるや。」（選択本願念仏集――法然の教え 一六〇頁）

ここには、人間は、自ら仏性をもって生死を繰り返すあいだに、多くの仏と出会ってきた。それにもかかわらず、いまだに六道輪廻の運命から逃れられず、苦しみに満ちた現世から解脱できないのはどうしてなのだろうか、という道綽の問いを受けて、これに共感する法然の問題意識が示されている。道綽によれば、すでに、紀元後の後期経典である『涅槃経』には、日本の天台本覚思想にも影響をあたえた「すべての衆生は仏となることが可能である」という思想が説かれ、また、仏は一切の衆生を救済せずにはおかないと説かれている。それにもかかわらず、多くの衆生が成仏することができず、現に苦悩を背負って生き続けているのはなぜか。じつに、この道綽の問いに対する答えを求めて、法然の『選択本願念仏集』は叙述されたといってよいだろう。

仏教の伝承によれば、現世において仏になった最後の人間が釈迦であり、その後、五十六億七千万年後の遠い未来に、兜率天に住む弥勒菩薩が仏となって現れると説かれている。その間は誰も仏になれない「無仏」と呼ばれる時代であり、それゆえ現世に生を受けた者は誰も往生成仏できないのだとされる。道綽は、自らが生きている時代が「末法」「無仏」の時代だという強烈な自覚をもっており、「当今は末法、現に五濁悪世なり」と述べている。五濁とは、人間の寿命が百歳を超えない「命濁」、戒律や因果応報を無視する「衆生濁」、争いや迷いに陥る「煩悩濁」、仏教と異なる信仰が蔓延する「見濁」、飢餓や疫病や戦争が続く「劫濁」という、末法の時代における五種の頽廃に対する憂いを指している。

これに対して道綽の師である曇鸞は、「末法」には、そうした歴史的状況（時）と人間の往生不可能（機）に応じた教え、すなわち「時機相応の法」が求められると述べる。この曇鸞に応えて道綽は、大乗仏教には、人間の煩悩を払い除ける二種類の教えがあるという。すなわち、現世で修行を積んで仏となる「悟り」の道（聖道門）と、阿弥陀仏の浄土に生まれることを願う「救い」の道（浄土門）である。ここにいう「聖道門」とは、釈迦の教えを忠実に実践することによって、現世において自力で悟りを開くことをめざす仏道である。これに対して、「浄土門」とは、現世において仏になることを断念し、阿弥陀如来の他力にすがって仏国土に生まれ成仏することを願う仏道である。

道綽によれば、自力の修行により悟りに達する「聖道門」は優れた方法ではあるが、現在それを実践して仏になることは不可能である。なぜなら、第一に、すでに釈迦が入滅してから膨大な年月が過ぎ去り、もはやその教えから直接的に影響を受けることはできない。第二に、釈迦の教えは深遠で当代の人間には理解が難しく、しかもその悟りを得るための修行は困難を極めるからである。

それゆえいま、「時機相応の法」として求められる仏教は「浄土門」を措いてありえない。法然はふたたび曇鸞の『往生論註』を引用して、聖道門は、険しい山道を歩いていくような難行道であり、これに対して浄土門は、海路を船に乗っていくような易行道であるという。足の不自由な人や目の見えない人すなわち「凡夫」には、難行道ではなく易行道によって、「弥陀の願船」に乗って向う岸（浄土）に渡ることを勧めている。こうして、法然は、我欲と煩悩に縛られたどんな凡夫でも、聖道門を捨てて浄土門に帰依すれば、誰でも間違いなく極楽往生を遂げることができると説くのである。

さて、法然は、道綽の『安楽集』からの引用を終えて、自らの「私釈」を述べる。

それはすなわち、曇鸞・道綽・善導という浄土教の系譜の正統性であり、自らが浄土教にとどまらず、これを「浄土宗」という独立した宗派として立ち上げたことの意義を説くものであった。いうまでもなく、これまでインドにも中国にも浄土宗という宗派は存在せず、日本において新しい宗派を設立するためには、朝廷（天皇）の公認が必要とされる。それゆえ「宗」を名乗れることができるのは、南都の六宗に平安の天台と真言を加えた八宗に限定されていたのである。法然は、こうした国家と宗教の体制秩序を無視し、それゆえその保護と特権をあえて打ち捨てて、独立したいわば反体制組織としての「浄土宗」を確立した。それは、旧来の戒律・修行・顕密の差異といった既成仏教のあり方すなわち「聖道門」のいっさいを全否定する、まさに日本の宗教革命であったといえよう。

それゆえ法然は、東大寺における浄土三部経の講義において、あれほど強く否定した「師資相承の血脈」の存在を、この『選択本願念仏集』においてはあえて肯定することになる。すなわち、菩提流支―曇鸞―道綽―懐感―少康という流れのなかに自らを位置づけて、新宗派の形成を正統化せざるをえなかったのである。

じっさい、それまでの私的な念仏布教とは異なって、「浄土宗」の聖典である『選択本願念仏集』の公表は、当時の既成仏教にとっては、自分たちへの挑戦そのものであり、それゆえ、比叡山天台宗の慈円や興福寺法相宗の貞慶といった当代の代表的高僧が、念仏の停止と厳しい弾圧を求めて朝廷に提訴する事態にもなった。さらにそうした浄土宗の排斥は、法然の没後も華厳宗の明恵らによって延々と続けられることになる。けれどもそれゆえにこそ、法然によるこうした正統血脈の強調は、浄土宗を独立した宗派として社会的に宣言するために、どうしても不可欠の所作であったということができよう。

こうして法然は、聖道門に対する浄土門の優位をさらに発展させ、数多の宗派に抗して、末法の時代における仏教のあり方として「浄土宗」の唯一性を打ち出した。

『選択本願念仏集』においては、「聖道門」と「浄土門」という第一の選択に続いて、つぎに、浄土宗の宗教的実践すなわち「行（修行）」の方法論が説かれることになる。

法然は、道綽の弟子である善導の『観経疏』を引用して、浄土へ向かうための行には、「正行」と「雑行」の二種があり、浄土門に入ろうと欲するのであれば、正雑二行のうち、もろもろの「雑行」を投げ棄てて、まさに「正行」だけを選択してこれを修せよ、という。これが第二の選択である。

正行とは、『無量寿経』『観無量寿経』『阿弥陀経』が説く修行のことであり、それは、これら浄土三部経を読む「読誦正行」、阿弥陀仏と浄土を心に思い浮かべる「観察正行」、阿弥陀仏に手を合わせ一心に拝む「礼拝正行」、阿弥陀仏の名を一心に唱える「称名正行」、阿弥陀仏をほめ称え供養する「讃歎供養正行」という五種正行から成るとされる。なお、讃歎と供養を二つに分けたばあいには六種正行とも呼ばれる。

これに対して、阿弥陀仏以外の仏または他の仏の住まう浄土を行の対象とする場合を、五種雑行ないし六種雑行と呼ぶ。さらにいっそうの問題は、三部経には、念仏以外にもさまざまの善行や戒律、修行が浄土往生のための方法として説かれている点であろう。たとえば、寺院を建立し仏塔を造営し仏像に燈明・献華し香を焚くなどの死者の供養、また読経や写経をして僧侶に布施や食事を供するといった善行、あるいは不殺生・不偸盗・不邪淫・不妄語といった戒律の遵守、さらには瞑想・座禅や不臥・断食・托鉢などの伝統的修行がこれにあたる。法然は、これらの行為を一括して「諸行」と呼んで、正行と区別された雑行のうちに含め、仏になるために相応しくない行として放棄することを求めた。

ここで法然は、正行と雑行の関係を、親行と疎行、近行と遠行、有間行と無間行、廻向行と不廻向行、純行と雑行という対比において私釈してみせる。

すなわち正行がどのように優れているか、雑行が凡夫にはいかに不可能な行であるかを示し、正行を採って雑行を捨てるために、法然の言葉を借りれば両者の「翻対」「廃立」を明らかにするために、『観無量寿経』などの経典には、あえて方便としての雑行（諸行）が挙げられていると説くのである。「経」の解釈としての妥当性はともかく、そこから善導の「論」を導き、さらに自ら新たに「浄土宗」を立ち上げるための「釈」としては、法然にとって一貫した論理の運びであったということができよう。

さらに、法然は善導にならい、この正行を「正定の業」と「助業」に分ける。これが第三の選択である。すなわち「正定の業」とは、阿弥陀仏の心にかなった行すなわち「称名正行」のことであり、それ以外の正行はすべて「助業」である。それゆえ念仏者はさまざまの行のうち、「正定の業」である「称名正行」だけを選べ、という。この根拠として法然は、善導の『観経疏』のなかからつぎの教説を引用する。

「一心に専ら弥陀の名号を念じて、行住坐臥に時節の久遠を問わず念々に捨てざるもの、これを正定の業と名づく。かの仏の願に順ずるがゆえに。」（選択本願念仏集――法然の教え 一六九頁）

すなわち「称名正行」は、動いているときも留まっているときも（行住）、座ったり横になったりしているときも（坐臥）、日常生活のなかで片時もやめてはならない行である。浄土門はこれだけを「正定の業」とする。なぜなら称名のみが、阿弥陀仏の誓願において選択された行だからだ、というのである。それゆえ、「称名正行」以外の正行、つまり「読誦」「観察」「礼拝」「讃歎供養」の四つの正行は「助業」ということになる。これらは、「正定の業」である「称名正行」を容易にし、称名に対する縁をつくり補助するかぎりでは行なってもよいが、あくまでも「正定業」に対する助業として位置づけられることになる。

こうして法然は、数ある仏教諸経典から「浄土門」、「正行」、「正定の業」という「三重の選択」をへて、唯一、専修念仏（称名念仏）の行にたどりついたのである。

弥陀の本願としての「第十八願」

それでは、なぜ称名正行すなわち念仏だけが、一切衆生が浄土に往生できる唯一の方法なのであろうか。

法然は、その答えを『無量寿経』四十八願のうち、とりわけその第十八願に求めている。『無量寿経』には、「弥陀の本願」と呼ばれる阿弥陀如来の四十八の誓願が説かれている。それは、阿弥陀如来がいまだ仏になる以前の法蔵菩薩という名の人間（比丘）であったときに、その実現を誓った願いであり、法然は、善導の教えに従ってとくにその第十八願を重視することになる。まずはこの第十八願を引用しておこう。

「たとい我れ仏を得たらんに、十方の衆生、心を至し信楽して、我が国に生ぜんと欲して、ないし十念せんに、もし生ぜずんば正覚を取らじ。」（選択本願念仏集――法然の教え 一七六頁）

ここには、法蔵菩薩は、たとえ自分が修行して悟りを開き仏となれたとしても、すべての人々が心から信心して浄土に往生したいと願って十念したのにもし往生できないようなことがあれば、私は悟りを返上して仏にはならない、と誓ったと記されている。従来から浄土教においては、この第十八願が、弥陀の本願の中心をなすもっとも重要なものという意味で、「王本願」と呼ばれてきた。ただし、この引用からも明らかなように、『無量寿経』では、浄土往生の方法が「ないし十念せんに」と書いてあるだけであり、その意味が不鮮明であった。そのために、「念仏（仏を念じる）」とはいかなる実践を意味するのかをめぐってさえ、「観想念仏」「礼拝念仏」「讃歎念仏」など多様な説が対立していたのであった。

この「ないし十念せんに」について一つの有力な解釈を示したのが、善導の著書『観念法門』であり、法然は、つぎにこれを引用して第十八願の意味を解き明かしている。

「たとい我れ成仏せんに、十方の衆生、我が国に生ぜんと願じて、我が名字を称すること下十声に至らんに、我が願力に乗じて、もし生ぜずば正覚を取らじ。」（同）

『観念法門』では、「ないし十念せんに」が「下十声に至らんに」と書き換えられ、しかもそれに「我が名字を称すること」という説明を付け加えている。ここにおいて「ないし」は「下限」を意味するものであり、「念」は「声に出して仏の名を称する」ことである。それゆえ「ないし十念せんに」の句は、「少なくとも十声ほど仏の名号を称えれば」という意味として理解されることになった。

さらに法然は、もう一度念を押すように、善導の『往生礼讃』からも同一の意味にあたる箇所を引用している。

「たとい我れ成仏せんに、十方の衆生、我が名号を称すること、下十声に至るまで、もし生ぜずば正覚を取らじ。かの仏、いま現に世に在して成仏したまえり。まさに知るべし。本誓の重願虚しからず、衆生念すれば必ず往生することを得。」（同）

この句の前半で『観念法門』の先の句を繰り返したのち、後半では、法蔵菩薩は現に阿弥陀如来として成仏しており、したがって菩薩の誓願はすでに成就していることが強調されている。それゆえ、仏の名号を称えれば誰でも必ず往生できることは、すでに法蔵が如来となったことによって確証されているというのである。このうえ人々がしなければならないことは、ただ第十八願を信じ、仏の名を称えることだけである。じっさい、法然によれば、『無量寿経』と『観無量寿経』、『阿弥陀経』では、浄土に往生するための正行にかんする記述に少なからず食い違いがあるのも事実であるが、これら三部経が共通に求めている実践がある。それが「一向に専ら無量寿仏（阿弥陀仏）を念じる」ということである。

こうして法然は、浄土三部経とりわけ『無量寿経』を根本経典として、さらに曇鸞・道綽とりわけ善導の論書に従って、「浄土宗」の専修念仏（称名念仏）の教義を確立した。それはまさに、阿弥陀如来こそが、善人と悪人、僧侶と凡夫、貴賤や男女、職業の分けへだてなく、一切の衆生に平等の慈悲をさずけてくれるという教えである。しかもそのための方法（行）は、「一向に専ら」弥陀の名号を称するという簡単なものだけである。すなわち法然は、これまで死者の鎮魂慰霊のための呪文として用いられてきた念仏を、末法の時代にあらゆる衆生が成仏することを可能にする唯一の方法へと転換することに成功したのである。

けれども『選択本願念仏集』には、もうひとつ重要な問題が残っている。念仏さえ称えれば、仏に対して信心を持たないいかなる凡夫でも往生できるのであろうか、という根本的な問いである。『観無量寿経』および善導によるその論書においては、阿弥陀仏の極楽浄土に往生するためには、「至誠心」「深心」「廻向発願心」という三心を込めた念仏を称えなければならないと記されている。そしてこのことは、源信の『往生要集』いらい、つねに念仏の方法として問題とされてきたテーマでもあった。善導は、『観経疏』の「散善義」において、三心とは何かを論じている。すなわち、「至誠心」とは真実の心であり、「深心」とは仏を深く信じる心、また「廻向発願心」とはあらゆる善行を振り向けて往生を願う心であるという。そして、念仏にはこの三心が必要なのであり、これらが欠けた念仏によっては浄土に往生することはできないと説いているのである。

しかしながら、この「三心」という念仏の心構えについて、法然の『選択本願念仏集』は、善導の理解に対してわずかではあるが疑問を提起している。

第一に、善導は、「至誠心」（真実の心）にもとづく念仏実践を重視して、いかに外面が「賢善精進」しているように見えても、内心に「虚仮」を懐いていてはならない、外と内が異なるような念仏は「至誠心」ではない、という。すなわち賢善精進による外面と内心の一致が求められることになる。

これに対して法然は、凡夫にそのような至誠心による実践がはたして可能だろうかと自問する。法然によれば、凡夫はいかに外面を智・賢・善にふるまおうとも、その内心は、しょせん愚・悪・懈怠に満ちており、その念仏は雑毒の善であり虚仮の行でしかない。それゆえ、仮に外面と内心の一致を「至誠心」というのであれば、その内なる愚・悪・懈怠という「虚仮」を、そのまま隠さずに外面に現せばよいのではないか。凡夫は、自己の実践が虚仮の行であることを自覚し、専ら一向に念仏すればよい。それもまた、至誠心による内外一致の念仏だ、というのである。こうして法然は、善導による「賢善の至誠心」に対して、「虚仮の至誠心」を主張した。

第二に、善導は、仏の慈悲にかなうものは「深心」（仏を深く信じる心）による念仏でなければならないと説く。

これについても法然は、善導の複雑な定義を簡略化して、「深心」とは、凡夫が自らの力では六道輪廻から解脱する能力がないことを深く自覚することであり、それゆえ、ただ阿弥陀如来の本願により、現世から脱け出し必ず往生できることを深く信じることだけでよいという。すなわち深心とは、なによりも罪悪生死の凡夫という自覚の深さ（機の深心）であり、それが決定すれば、阿弥陀仏による救済の慈悲もおのずと信心できるようになる（法の深心）というのである。この法然による「深心」

の解釈は、あくまでも善導の『観経疏』および『往生礼讃偈』に依拠している。けれども「至誠心」のばあいと同様に、法然は、凡夫が専ら一向に念仏すればおのずからそうした「深心」は生じるというのであり、ことさら特段の心構えの必要性を説かないところに、その専修念仏の特徴が現れているといえるであろう。

第三に、善導は、本願念仏においては、「廻向発願心」（一切の善行を往生に振り向ける心）が不可欠であると説いている。

けれども、善導自身が「二河白道」の喩えを使って説いているように、弥陀の本願を信じて念仏をする者は、阿弥陀仏の浄土に生まれたいという願いが自然に沸いてくるのであり、ひとたび信心が生じれば、貪欲と執着の氷河も怨念と憎悪の火河も超え、一筋に浄土へ向かう白道が約束されるという。それゆえ法然は、「廻向発願心」をもつためには、煩悩や邪心を捨てなければならないという俗説を否定し、煩悩にまみれたままで「廻向発願心」をもつことが可能であると強調する。すなわち、煩悩に縛られた凡夫をそのまま浄土へ向かわせる方法こそが、一向の専修念仏なのである。いいかえれば仏の名号を称えることは、それ自体が善行としての念仏を往生に振り向ける「廻向発願心」にもとづくものであり、それゆえ念仏正行の条件に、ことさらそうした心構えを付け加える必要はないということになる。

こうして法然によれば、いわゆる「三心」なるものはすべて、本願念仏という行の実践のうちにもともと含まれているものであると結論されるのである。

このようにして法然の浄土宗（選択本願念仏集）は、まず聖道門を捨て浄土門を選び、つぎに雑業をなげうって正行を選び、最後に助業を傍らにして正定業に励む、という「三重の選択」によって、専ら一向に本願念仏を称えることに帰着した。念仏こそは、自己が仏になる唯一の易行（往相廻行）であると同時に、一切衆生の成仏を可能にする行（還相廻行）でもある。いいかえればそれは、凡夫が凡夫のままで、大乗仏教の「自利利他」を実践する唯一の方法であるということになる。

4　他力のなかに残る自力

さて、以上のように法然の来歴および主著『選択本願念仏集』を検討したとき、彼の設立した宗派である「浄土宗」とその教義は、既成の南都六宗や平安二宗のそれらと比較して、どのように評価することができるであろうか。

先にみたように、釈迦仏教から小乗・大乗として発展する鎌倉以前の仏教は、おしなべて、自己が自力の修行によって「悟り」を開くことを目標とする「自己」中心の思想であった。法然は、これらを一括して「聖道門」として否定し、これに対して、「他者」としての仏を主体とし、自己をその「救い」の対象として位置づける、あくまでも「他者」中心の「浄土門」思想を形成したようにみえる。おそらくこれを、日本における宗教改革とみなす評価は、あながち間違いとはいえないだろう。

じっさい、法然を、西欧キリスト教の宗教改革に比して「日本のルター」とみなす見解も、一説には存在するようである。

周知のように、一六世紀の初頭にマルティン・ルターは、ヴィッテンベルク大学寮の塔内において、神の義にかんして悶々と苦悩しつづけた。それによって彼は、人はその善行によって神の救いが得られるというカトリック教会の「行為義認説」に疑問を感じるようになった。そしてある日、突如として、人は善行ではなく信仰によってのみ神に救われるという「信仰義認説」が閃くことになる。これが一般にルターの「塔の体験」と呼ばれるものである。その主張は、『パウロ書簡』や『奴隷意志論』にみられるように、人間の自由意志による善行を完全に否定して、神の能動的な義に対する人間の徹底的な受動性を強調する思想であった。旧来のカトリックに抗するプロテスタンティズムの思想的立脚点が、ここにその端緒を形成したといわれている。

先にみた一一七五年（承安五年）の「法然の回心」は、まさに、これに匹敵する仏教思想の大転換点であるといえよう。

たしかにこのとき法然は、人間の自力修行や善行功徳による成仏を断念し、ただただ称名念仏（専修念仏）によって阿弥陀仏の慈悲にすがるという、本願他力の浄土宗の基礎を固めた。ここでは、人間の能動的な意志による成仏修行（善行）の限界を見定め、逆に、仏の本願により一切の人間が救済されるという受動性の象徴として、念仏を位置づけているようにみえる。なるほど、法然における「修行により仏にいたる悟り」から「念仏により仏から賜る救い」への転回は、キリスト教における「行為義認」から「信仰義認」への転換に、みごとに符合しているようにも思える。

けれども、法然の浄土宗において、完全に、仏という「他者」を能動的な主体とし、凡夫としての「自己」を受動的な対象とする他力思想が確立したといえるのであろうか。法然における専修念仏の思想は、いまだ人間（自己）が称名正行という「行為」により成仏を目指すところに主眼があり、そこに真に、仏の慈悲のみに依拠した「信心」による成仏の思想が確立したというにはわずかに疑問が残るであろう。

ここで、いくつか問題点を指摘しておきたい。

第一は、『選択本願念仏集』における念仏の「選択」は、法然による選択ではなく、仏の選択であるとされている点である。たしかに浄土三部経のうち『無量寿経』には、念仏は、法蔵菩薩が選択本願し、釈迦が選択讃歎して選択留教した行であると説かれ、同様に『観無量寿経』には、念仏は、阿弥陀仏が選択摂取し選択化讃したうえで、それに釈迦が選択付属した行であると説かれている。そして『阿弥陀経』において念仏は、すべての仏が諸行のうちから選択証誠した行であるとされている。しかしこれをもって、『選択本願念仏集』の記述がすべて、仏を「主体」とする能動的選択の結果であるといえるであろうか。この書物にかぎらず、およそすべての仏教の教義書は、仏自身の経説を中国の高僧が論書したものであり、それに日本における宗派の開祖者が私釈を加えたものである。その意味では、南都六宗や天台、真言の根本聖典もみな、仏の選択した経という形式において構成されているといえよう。そもそも八万四千あるといわれる仏教経典のなかから、インドや中国ですでに衰退して久しい浄土教の三経典を選ぶこと自体が、法然の意志的な「選択」であり、まして曇鸞や道綽、善導らは、当時の中国においてはほとんど忘れられた思想家であった。彼らの論書を捜して取捨し、さらに法然自身が独自の私釈を加えてつくられた『念仏集』は、どうみても法然そのひとの能動的「選択」の所産以外の何ものでもないであろう。

第二に、浄土往生の方法として、なにゆえ、「称名念仏」だけが正定の業として選択されたのかという問題がある。法然によれば、その理由は、行としての「勝劣」「難易」にあるという。すなわち称名念仏は、他の修行（劣行）に比べてもっとも功徳が大きい「勝行」であり、しかも他の修行が難行・苦行であるのに対して、誰でも簡単に実践することのできる「易行」だからだというのである。

しかしながら、「念仏」すなわち仏を念じるという実践は、古代インドいらいあらゆる宗派で連綿と受け継がれてきた修行の一部であり、法然の称名念仏は、こうした自力修行をたんに簡易化しただけにとどまるのではなかろうか。たしかにそれによって、行を一切衆生に平等に開放し、仏教を大衆化した功績には非常に大きいものがある。しかしいかに簡易化されたとはいえ、念仏が意識的な正行（修行）であるかぎり、それが人の能動的実践により成仏を求める自力行為であることに変わりはないだろう。その意味で念仏修行といえども、いまだルターのいう「行為義認」の枠組みに収まるものなのではないか。

第三の問題は、法然の浄土宗においては、自己の念仏行と浄土往生とが一種の因果律によって結びつけられている点であろう。すなわち、一心に念仏を称えれば必ず浄土に成仏できると説くことは、たしかに阿弥陀仏への信仰であることは間違いないが、同時に、念仏そのものを、浄土往生という目的実現のための手段に貶める危険性を孕んでいる点に注意しなければならない。法然の念仏には、いまだ、自己の浄土往生という目的ないし結果と切り離せない功利主義ないし帰結主義が潜んでいたのではないだろうか。いいかえれば、そこには、いかなる成果も利益も期待しない信心の絶対性、すなわちルターの言葉を借りれば「信仰義認」が、なお十分に説き尽くされていないように思われるのである。

したがって第四に、衆生の極楽往生すなわち成仏が、阿弥陀如来による、完全に一方的な「他力」という願力の結果に必ずしも成り切っていないのではないか。そこにおいて極楽往生は、衆生の側の念仏に応えるための、あくまでも阿弥陀仏の受動的で応答的な行為であるともいいうるのではないか。たしかに浄土宗において、阿弥陀仏は、それまでの仏教がもつ多神教性を薄め、「選択」的ではあれ一神教的な超越性いわば「絶対神」に近い性格をもつものとなった。しかしながら、衆生の念仏によってのみ極楽往生を「必定」とすることによって、むしろ阿弥陀如来による「選択」の余地をなくし、如来による救いが人間の意志に従属するというべき、受動性を残してしまったことになるとはいえないだろうか。

最後に第五の問題として、同じことではあるが、法然においては、個々の人間すなわち「自己」が、「他者」としての阿弥陀仏につきしたがう受動的な従属者として、十分に位置づけられていないように思われる。すなわち、仏と衆生、「他者」と「自己」が、絶対的な能動と受動、主と従という非対称的な関係性において捉えられていない。そこには、念仏という「自力」の痕跡をのこす修行を通じて、わずかではあるが「自己」から「他者」へ向かうベクトルが確実に残存しているといわざるをえないであろう。

この「自己」から「他者」へ、それゆえ凡夫衆生から阿弥陀仏へ向かう自力のベクトルを完全に断ち切る方法はないのであろうか。いいかえれば、どうすれば「他者」（仏）の絶対的な優位性と超越性、すなわちその「絶対他力」のもとに、「自己」（衆生）の受動性と従属性という関係を正確に位置づけることが可能になるのであろうか。この問いが先にみたレヴィナスの苦闘と共振する問題意識であることは、もはや明らかであろう。

そしてこの難問に対して、仏教という枠組みにおける臨界地点から最終的に答えを出そうとしたのが、つぎに検討する親鸞の思想、すなわち、のちに浄土真宗と呼ばれることになる仏教哲学なのである。

第三章　「他者」による絶対他力の思想

1　親鸞における他力思想の確立

親鸞は、一一七三年（承安三年）に藤原氏一門の中流貴族である日野有範の子として生まれ、九歳にして、のちに天台座主を務める慈円のもとで出家得度したと伝えられる。諸々の伝記によると、その出家は、幼少期に両親を亡くしたためであるとか、あるいは父親が隠遁したためであるなど諸説があるが、詳細は定かではない。親鸞はその後ただちに延暦寺に入山し、籠山行や千日回峰行をおこなったのち、比叡山の常行三昧堂で不断念仏に奉仕する堂僧という役割を与えられたようである。

こうして親鸞は、十年余にわたり厳しい「自力」の修行と学問に打ち込んで「悟り」を得ようと努めた。だが延暦寺においては、これに何一つ答えを見つけることができなかった。そればかりか、比叡山延暦寺の惨澹たる実情をその目で見て、激しい失望感に打ちひしがれることになる。

僧侶たちは、うわべは、天台の大乗戒を守って難行苦行に励んでいるように装ってはいるが、裏では、学問を怠って夜な夜な山を抜け出しては淫行と肉食飲酒に明け暮れ、さらには、僧兵として殺戮や狼藉のかぎりを繰り返していた。しかも、寺院は世俗以上の身分社会であり、僧侶の地位は修行や勉学と無関係にすべて生得の家柄と血筋によって決まるのである。親鸞は、こうした不条理に打ち克つべく、いっそうの学問と修行に没入しようと試みるが、僧侶たちの偽善に対する憤慨と不満と嫉妬、さらには自らの愛欲にかんする煩悩は収まるどころか、ますます増大するばかりだったようである。

一二〇一年（健仁元年）、親鸞は京都の六角堂に百か日籠り、聖徳太子の化身であると伝えられる本尊の救世観音から「夢告」を受けたとされている。もちろん現代からみれば、それはフロイトのいうところの深層心理ないし無意識の発現にすぎず、自己の判断に過剰な意味付与をしているだけであるといえるかもしれない。けれども少なくとも親鸞は、それを自己の意志ではあるとは考えずに、あくまでも他者としての観音菩薩の願力（他力）そのものであると受けとった。

それゆえ親鸞はこの夢告に忠実に従って、京都東山吉水で念仏布教をする法然のもとを訪ねることになるのである。そこで親鸞は法然に対して、自分が煩悩具足の悪人であり、いかなる修行をしてもその煩悩を消し去れないと切々と訴えたといわれている。彼はそののち百日以上、一日も欠かすことなく法然のもとへ通い続けた。それはすなわち、煩悩に満ち溢れた悪人である親鸞が、なによりも煩悩をもつ身のままで仏になる道を尋ねるためだったのである。

彼はまた、そののち幾度も六角堂へ赴き、救世観音すなわち聖徳太子の夢告に従って、玉日という名の女性と最初の結婚をしたと伝えられる。多くの僧侶が隠れて淫行に耽るなかで、親鸞は形式的な戒律を守ることよりも、自らの愛欲女犯の煩悩を公然と認めて、小乗戒にも大乗戒にも反する破戒僧という道を歩んだといえよう。

こうして親鸞は法然の専修念仏の教えをうけて信心決定し、他力の念仏者として浄土宗に帰依することになった。このとき、現世において煩悩満身のまま、死後に必ず浄土の仏となることが決定した「正定聚」と呼ばれる位についたとされている。それはすなわち、生死両界を見渡し、浄土と現世とを架橋しうる地点に立ったことになる。

そしてその後五年間、彼は法然を「善知識」とする弟子のひとりとして、ひたすら念仏を広める活動に従事することになる。すなわち、すでに「正定聚」となったいま、親鸞にはもはや阿弥陀仏による救済は要らず、あとは、現世を去る浄土往生の日まで「仏恩報謝の念仏」をひたすら称え続けることがその使命となるはずであった。これこそが自利に代わる利他の称名念仏である。ここに、煩悩満身の凡夫すなわち悪人には自力での浄土往生が不可能であるとして、もっぱら、弥陀に帰依する本願他力思想の原型がつくられたといってよいだろう。とはいえ親鸞には、往生決定の喜び以上に、なにかしら後生暗心の陰影が深くまとわりついていたようである。

三大諍論

さて、『本願寺聖人親鸞伝絵』によれば、法然門下において親鸞は、他の法友たちと三度にわたる大論争を行なったと伝えられている。『伝絵』によると、これらは「三大諍論」と呼ばれ、「体失不体失往生の諍論」、「信心同異の諍論」、それに「信行両座の諍論」から成るとされている。

第一の「体失不体失往生の諍論」とは、浄土への往生は、「体失」すなわち肉体を失った死後に起きることなのか、それとも「不体失」すなわち肉体を失わない現世において生存中に可能なことなのか、を問う論争であった。

この論争においては、後に浄土宗西山派を開く證空ら高弟の多くが「体失」を唱え、これに対して親鸞ら少数の者が「不体失」を主張したといわれる。この論争は別の見方をすれば、法然の称名念仏の方法そのものにかかわる重大な議論でもあった。すなわち、「体失」とは、換言すれば臨終来迎、臨終業成のことであり、死に臨むまで怠りなく念仏を称え続けることで、まさに臨終のときに往生が決定するという思想である。それゆえ、人は生涯を通じて退転することなく無数回の念仏を称え続けなければならないという主張につながっていくことになる。他方、「不体失」は現生不退、平生業成ともいわれ、一声の念仏こそが往生の業因であり、現世の生身のままですでに浄土往生が決定していることを強調する思想である。それゆえ、前者は、数多くの念仏を継続することの意義を説く「多念義」派であり、後者は、一回でも念仏を称えれば阿弥陀仏の誓願により救われるという「一念義」派であるということにもなろう。

それゆえまた、「体失」「多念義」派は、個々の人間が阿弥陀仏の名号を称える行を重視する方向にむかい、これに対して、「不体失」「一念義」派は、人間ではなく弥陀の側から差し出される救いの願力を重視する方向にむかうともいわれる。一般に、のちの浄土真宗では、前者が「能行派」と呼ばれ、後者が「所行派」と呼ばれている。今日において、「能行派」は、主に高倉学派ともいわれる大谷派教団によって担われ、他方「所行派」は、空華学派といわれる本願寺教団を主要な担い手としていることが知られていよう。

親鸞自身は、あえて分類すれば、「不体失」「一念義」「所行」派に属するといえるかもしれない。けれども、より正確にいえば、親鸞の思想は、念仏信心によって衆生は不体失のまま、生と死の境界で成仏を約束された「正定聚」になると言うものであり、一念（一回の念仏）というよりも一信（一向の信心）によって往生できることを説いたというべきであろう。その意味において親鸞の他力念仏は、法然の専修念仏とも微妙な差異があり、親鸞は、仏の救いにすべてをゆだねる「所行」の徹底を説いたとみてもよいのではなかろうか。

そして、これが、第二の論争である「信心同異の諍論」をひきおこすことになる。

「信心同意の諍論」は、親鸞が多くの法然の高弟の前で、自分の信心は師である法然の信心と異ならないと言い切ったことに端を発するとされる。これを聞いた勢観房、聖信房、念仏房らが一斉に親鸞に反発し、偉大な師である法然と若輩の親鸞と信心が同じなどというのは師に対する冒瀆であるとして、両者の違いを強調したといわれる。これに対して親鸞は反論し、たしかに法然と自分では智慧学識に大きな差があり、その点で同じだとはけっしていえない。けれども同じ阿弥陀如来から賜る信心に人によって違いがあるはずはない、と主張した。この論争は決着がつかず、法然に預けられることになった。

この論争に対して法然は、自力の信心ならば、自己の知恵、才覚、経験によって当然にも一人ずつ異なるであろう。だが、他力の信心は、阿弥陀仏から直接さずかる信心であるかぎり、受け手によって異なるはずはないと答え、親鸞に同調したと伝えられる。はたして本当に法然がそのように答えたかどうかはともかく、親鸞はこの時点においてすでに、阿弥陀仏を能動的な主体とし、自己をそれに対する受動的な対象とみなす絶対他力の思想に向かっていたことを示す貴重な逸話であることは確かであろう。

第三の論争は「信行両座の諍論」と呼ばれるものである。

これは、法然の門弟たちのあいだで、極楽往生は何によって決まるかが問題となった論争である。このとき、三百八十人といわれる法然の直弟子は、称名念仏によって往生するといわれている「行不退派」と、信心によって往生するという「信不退派」とに分かれて、大論争を繰り広げたといわれている。そこで親鸞は座敷を二つに分けて、「行不退の座」と「信不退の座」を設け、すべての法友に、それぞれの思想に従っていずれかの座敷に移ってほしいと提案したのである。その結果、弟子たちのうち、「信不退」を選んだのは、親鸞のほかは信空、聖覚、蓮生の三人だけであり、ほかのすべては「行不退」に入ったといわれる。常識的には、専修念仏行を説く浄土宗の僧侶が信より行を選ぶのは当然のことと考えられよう。しかしながら、最後に立ち上がった師の法然自身は、大方の予想を裏切って「信不退の座」に入ったと伝えられている。

いうまでもなく、この論争は、第一の諍論から派生した「能行派」と「所行派」の論争に一脈通じるものであろう。この諍論において、専修念仏（称名念仏）の行を確立した本人である法然が、「信不退」を選んだという逸話はにわかに信じがたいものがある。だが、この逸話の眼目は、ひたすら念仏行を重視する浄土宗において、親鸞はその忠実な門弟でありながら、すでに微妙な齟齬をかかえていたことを示す点にあるのではないか。それはまさに、自己から仏へ向けた念仏に浄土往生の因を説く法然に帰依しながら、親鸞はこのとき、専修念仏行に残るわずかな「自力」の痕跡に戸惑いを感じ始めていたことを物語っているのではなかろうか。

それゆえ、これらの「三大諍論」を通じて、親鸞は、その独自の絶対他力の教義を確立するにいたるまで、もはや、ほんのあと一歩という地点にたどり着いていたことになる。

愚禿親鸞の誕生

ところが時代は親鸞自身のそうした思想的発展を許さなかった。

親鸞が妻帯を宣言した翌年の一二〇四年（元久元年）、比叡山延暦寺が、法然に対して、念仏布教をやめよという圧力をかけてきたのである。この奏状に対して法然は、七ヶ条の誓約書をつくり、親鸞ら門弟の署名とともに延暦寺に詫び状を提出している。けれども翌年にはまた、興福寺の貞慶を中心とする南都と平安の聖道門の仏教諸派が結託して、朝廷に直訴し、浄土宗の解散および法然とその弟子たちに対する厳罰を要求する「興福寺奏状」が発せられることになる。この奏状は、諸寺の執拗な催促にもかかわらず、なかなか朝廷の許可を得ることができなかった。

しかしながら、一二〇六年（建永元年）、予期しなかった事件が起こる。それは、法然の弟子である住蓮と安楽が説法の後、草庵に宮廷女房らを泊めて密通したと噂される前代未聞のできごとであった。一般にこれは「鹿ヶ谷事件」と呼ばれる。

この事件に激怒した後鳥羽上皇は、法然の弟子を逮捕・拷問し、翌一二〇七年には「興福寺訴状」を承認して、浄土宗教団を解散させ念仏布教を一切禁止する宣旨を発したのである。そして、住蓮と安楽をはじめとする四人が死罪に処せられ、法然と親鸞以下八人は流罪となった。法然は土佐に流され、親鸞は越後へ流刑となったのである。ときに法然七五歳、親鸞は三五歳であった。この五年後に法然は無念にも没したため、二人はこれを最後に二度と現世で再会することはなかった。

親鸞が京都を追われて越後の国府に流されたさい、朝廷はその僧籍を剥奪して還俗させ、彼に「藤井善信」という俗名を名乗ることを強制した。しかし親鸞はこの名を使わず、あくまでも「非僧非俗」の立場を貫いて、こののち自らを「愚禿親鸞」と称した。

親鸞が自己を「非僧」というのは、たんに朝廷に僧籍を奪われたことだけを意味するのではない。親鸞は、京都で妻の玉日と死別しており、越後において恵信という女性と再婚したと伝えられる。そうした伝統仏教の戒律を破って決然と妻帯し、自力の修行を投げ捨てた悪人としての信心決定のありさまを、「非僧」と表現し、かつまた、民衆のように生産的職業に就かず、人生のすべてを念仏布教に費やし布施を受けて暮らす乞食としての生きざまを、「非俗」と呼んだように思われる。さらに、朝廷から強いられた俗名を拒否し、自ら「愚禿（愚かしい剃髪の犯罪者）」と名乗ったのは、おそらくは、いささかの自嘲とともに朝廷権力への激しい抗議の意味が含まれていたのであろう。親鸞はこののちほぼ生涯にわたって「愚禿」という名を使いつづけることになる。とはいえ、自嘲や反権力という憎悪の思想はしだいに弱まり、かわって、虚仮不実の悪人としての自己に対する内省と悔恨を示す名称となっていくのではあるが。

さて、親鸞は、慣れない雪深い越後で、しかも朝廷と聖道門仏教勢力の厳しい監視下において、農民たちに法を説いてまわり、過酷な日々を過ごした。ようやく一二一一年（建暦元年）、流罪赦免の知らせが届いたが、京都には戻らず、さらに東へ向かった。そして一二一四年（建保二年）、親鸞は、常陸国の稲田に草庵をつくり、その後二〇年間、常陸から下総、下野など関東一帯の広範囲において一心に浄土宗の布教に勤しむことになる。

この関東の地において、その思想をまとめ上げる重要な著作が次々と執筆されている。親鸞には『浄土文類聚』、『愚禿鈔』、『浄土三経往生文類』などの著書や数々の和讃があるが、なんといっても特筆すべきは、この土地で、自己の思想を体系化した畢生の著作『顕浄土真実教行証文類』の執筆が始まったことであろう。この書物は、一般に『教行信証』の名で呼ばれ、親鸞の仏教思想の集大成であるとされている。

『教行信証』の正確な執筆時期は特定できないが、おそらく一二二四年（元仁元年）ごろ書き始められ、晩年にいたるまで何度も推敲を重ねて書き直されたのではないかと思われる。そのため、のちの浄土真宗では、一二二四年をもっていちおう、この宗派の立教開宗の年と定めているようである。もっとも、この時も、それ以降も、親鸞自身は自らを法然の弟子と堅く念じ、浄土宗に代わる新たな宗派を形成しようなどという意志はまったく持ち合わせていなかったことは言うまでもない。

つぎに、この書物におけるいわゆる「絶対他力」の思想を検討してみたい。

2　『教行信証』における絶対他力

『教行信証』は全六巻から成り立つ。すなわち、「教」「行」「信」「証」「真仏土」「化身土」の各巻である。文献学的考証によれば、このうち「信の巻」が先行して書かれ、それ以外の巻は、かなり後で執筆されたといわれている。ここでは、執筆時期を考慮しないで、完成された著書にしたがって、その思想体系をたどってみることにしたい。

教の思想

まず「教の巻」は、つぎのように始まる。

「謹んで浄土真宗を按ずるに、二種の廻向あり。一つには往相、二つには還相なり。往相の廻向について真実の教行信証あり。それ真実の教を顕さば、即ち大無量寿教これなり。この教の大意は、弥陀誓を超発して、広く法蔵を開いて、凡小を哀れみて選びて功徳の宝を施すことを致す。釈迦世に出興して、道教を光闡して、群萌を拯ひ恵むに真実の利を以ってせむと欲すなり。ここをもて如来の本願を説くを経の宗致とす。即ち仏の名号をもて経の体なり。」（教行信証 二九頁）

すなわち親鸞は、浄土の真実の教えには往相と還相という二種類の廻向があるが、ここではまず、往相廻向について真実の教を述べるという。そしてまた、この「教」は『無量寿経』に典拠があるという。往相廻向とは、現世の衆生が自己の善行を仏に振り向けて、浄土往生を願う念仏のはたらきを意味しており、法然が依拠した善導の師である曇鸞の『往生論註』、およびその原典である世親の『往生論』に「論」がある。つまり親鸞は、浄土宗の教えを、法然から善導、さらに曇鸞、世親にまで遡って基礎づけようとするわけである。ちなみに、親鸞という法名は、自らが師と仰ぐ世親と曇鸞から一字ずつを取って名乗ったものといわれている。

ただし親鸞は、世親・曇鸞の往相廻向の論書をそのまま受け入れているわけではない。「往相廻向」の意味をやや変更して、衆生による仏への誓願ではなく、仏が衆生を呼び寄せる誓願というように、あくまでも仏を主語とする他力へと文脈を読み替えて「釈」（私釈）していると思われる。このようないわゆる「読み替え」は、『教行信証』の全体を貫く親鸞のもっとも特徴的な方法論であろう。

さらに親鸞は、こうした論と釈の根拠となる経典として『無量寿経』を選択することを宣言している。師の法然は、『選択本願念仏集』において、無量寿経を含む浄土三部経を根本経典として「選択」したが、はたして親鸞は、法然と同様の意味においてこの経典を「選択」したのであろうか。ここで重要なことは、悪人親鸞には、すでに自力による救いの道を断たれており、阿弥陀仏の他力による救済以外にまったく選択の余地がなかったことであろう。阿弥陀如来が一切の衆生を救うことを確約した経典は、『無量寿経』四十八願とりわけその第十八願以外にありえない。それゆえ親鸞にとって、浄土三部経のなかでも『無量寿経』のほかに選択すべき経は存在しえなかったのである。

いいかえれば、親鸞における経の「選択」は、これまでの高僧による選択とは根本的に意味が異なっていた。すなわち親鸞は『無量寿経』を主体的に選んだのではなく、その選択を、いわば弥陀から強いられたのである。別の言い方をすれば、親鸞が無量寿経を選択したのではなく、無量寿仏（阿弥陀仏）が親鸞を「選択」したと表現することもできよう。先のレヴィナスにならっていえば、それは「他者」の選びであり、自己だけが他者によって選ばれたのである。少なくとも親鸞にとって「教」としての『無量寿経』のもつ意味は、そのように非常に切実な、切羽つまった受動的関係にあったということができる。

行の思想

つづく「行の巻」では、阿弥陀仏の名を称える称名念仏こそが往相廻向における真実の行であるとして、親鸞はこの「行」の意義を『無量寿経』に求めることになる。いわく、

「謹んで往相の廻向を案ずるに、大行あり、大信あり。大行といふは即ち無碍光如来の名を称するなり。この行は即ちこれ諸々の善法を摂し、諸々の徳本を具せり。極速円満す、真如一実の功徳宝海なり。ゆえに大行と名づく。しかるにこの行は大悲の願より出でたり。即ちこれ諸仏称揚の願と名づく、また諸仏称名の願と名づく、また諸仏咨嗟の願と名づく、また往相廻向の願と名づくべし。また選択称名の願と名づくべきなり。」（同 三七頁）

ここでは、往相廻向における真実の行（大行）は「大悲の願」から出るという。「大悲の願」というのは、一般に『無量寿経』の第十八願ではなく、第十七願を指すとされている。第十七願とは、「たとい我れ仏を得たらんに、十方世界の無量の諸仏、ことごとく咨嗟して、わが名を称せずば、正覚を取らじ」という一文であり、ここにいう「咨嗟」とは、法然が『念仏集』において否定したはずの雑行である「讃歎念仏」を意味するものと解される。それにもかかわらず、なぜ親鸞は、第十七願の咨嗟行を「大行（真実の行）」とみなしたのであろうか。

注意すべきは、親鸞においては「行」の主体が、衆生ではなく、あくまでも「十方世界の無量の諸仏」であると読み替えられている点であろう。つまり、阿弥陀仏の名を称え讃歎するのは衆生の行ではなく、諸仏による行すなわち「大行」とされているのである。第十七願にいう「我」とは阿弥陀仏になる以前の法蔵菩薩であり、諸仏が讃歎咨嗟しなければ、法蔵は仏にはなるまいと誓っているのである。それゆえ親鸞にとって「行」とは、凡夫衆生が往生するための修行ではなく、諸仏がなした大行の功徳を現世の一切衆生に「廻向」するものであると解される。したがって『教行信証』においては、衆生が浄土往生のために念仏を称えるという「行」は存在しないといってよいだろう。もっとも、親鸞には、諸仏の称名を衆生の称名に「聞」をつうじて転換（廻向）しようという意図があったようである。すなわち諸仏が称名する声を衆生が聞くとき、それにより衆生に往生の願が自然と沸き起こること、これこそが親鸞の説く往相廻向の真意であったと考えられるのである。

それでは親鸞にとって、法蔵菩薩が阿弥陀仏となったのち、称えられる「南無阿弥陀仏」の念仏とはいったい何であり、それにいかなる意味があるのであろうか。同じく「行の巻」には、つぎの経文が登場する。

「南無の言は帰命なり。……ここをもて、帰命は本願招喚の勅命なり。発願廻向と言ふは、如来すでに発願して衆生の行を回施したまふの心なり。即是其行と言ふは、即ち選択本願これなり。必得往生と言ふは、不退の位に至ることを獲ることを彰す。経には即得と言へり、釈には必定と言へり、即の言は願力を聞くに由りて、報土の真因決定する時剋の極速を光闡せるなり、必の言は、審なり、然なり、分極なり、金剛心成就の皃なり。」（同 七四頁）

すなわち親鸞は、「南無」を、俗にいわれるような衆生が仏に向かって信仰を表明する言葉としてけっして理解してはいない。逆に「南無」とは「帰命」と同義であり、それは、すでに阿弥陀仏となった法蔵が、衆生に対して浄土に来いと招いている本願招喚の命令（勅命）である、というのである。いいかえれば、法蔵菩薩の誓願が成就し、如来となってその約束を衆生に廻らし差し向けるすがたが、念仏という廻向そのものであるといえよう。

ここにおいて念仏とは、仏から発せられた絶対の命令であり、仏によって願われた随順の心であることになる。それゆえその「行」とは、衆生の行ではなく、阿弥陀仏自身の大行であり、すなわち選択本願という行であることになろう。

これにより親鸞は、称名念仏の行を、衆生の側からする能動的な行（能行）としてではなく、どこまでも諸仏の、さらには阿弥陀仏の側からの大行としてのみ読み替えて捉えることになった。衆生にとって念仏行は、どこまでも仏から聞かされ与えられる受動的な「所行」であり、これこそが、厳密な意味での「他力の行」であるといってよいだろう。

このように親鸞の「他力」は、絶対他者としての仏による無限の能動的救済を指すことばであり、これに、凡夫としての「自己」の、いっさい選択の余地のない徹底的に受動的な信心が対置されることになる。それは先にみた、レヴィナスにおける主体としての他者と従属者としての自己という非対称性の構図と、いみじくも重なり合わせることができるように思われる。阿弥陀仏とは、まさに現世の「存在」と区別された、自己の認識の彼方（浄土）にある「絶対的に他なるもの」である。衆生は、自己から仏（他者）に向かう行をいっさい許されず、ただ「他者」の命令に従うことによってのみ、初めてその「身代わり」になることができる。すなわち「他者（仏）」だけが、「自己（衆生）」を成仏させることのできる唯一の主体なのである。

このように親鸞は、「他者（仏）」を能動的主体とする「行」を明確にすることによって、聖道門仏教いらい法然にまでわずかに残っていた「自力」の痕跡を、ようやく完全に消し去ることができた。こうして「行の巻」は、最後に「正信念仏偈」を掲げる。それは、親鸞の根本聖典である『無量寿経』の意義を確認し、無量寿仏（阿弥陀仏）の本願を信じてその名を称えることの喜びを高く謳いあげるものである。さらに、この本願を論じた先覚者であるインドの龍樹・天親、中国の曇鸞・道綽・善導、それに日本の源信・法然という七高僧の論を要約して、その功績を讃えている。

これによって親鸞の独創的な他力の「行」にも、仏教の伝統に従った師資相承の血脈が流れていることを自ら確認して、つぎの「信」へと架橋することになる。

信の思想

さて、「信の巻」こそは、親鸞の思想をもっとも明確に示すものであり、『教行信証』の核心をなす部分であるといえよう。通常の仏教書は、まずインドの古典から「教」を選び、その教を実践する「行」を示し、それによって悟りの涅槃を「証」するという構造をもつ。これに対して親鸞は、法然から継承した専修念仏の「行」を突きつめ、いわばそれを「絶対他力」の思想にまで高めるものとして「信」の意義を提示している。それゆえ「信」は、法然の「行」をたんに支えるというより、むしろ法然を超える親鸞独自の思想展開を示す『教行信証』の真骨頂であるということができるであろう。

「信の巻」には、この著書全体の「総序」と区別される新たな「序文」が付され、それが教・行・証から独立した著作であることを物語っている。「信」はつぎの文で始まる。

「謹んで往相の廻向を案ずるに、大信あり。大信心は、即ちこれ長生不死の神方、忻浄厭穢の妙術、選択廻向の直心、利他深広の信楽、金剛不壊の真心、易往無人の浄信、心光摂護の一心、稀有最勝の大信、世間難信の捷径、証大涅槃の真因、極速円融の白道、真如一実の信海なり。この心即ちこれ念仏往生の願より出でたり。この大願を選択本願と名づく、また本願三心の願と名づく、また至心信楽の願と名づく、また往生信心の願と名づくべきなり。」（同 一二八頁）

いうまでもなく、ここで親鸞が大信心の出所とする「念仏往生の願」というのは、『無量寿経』第十八願の、「たとい、われ仏を得たらんに、十方の衆生、至心に信楽して、我が国に生まれんと欲いて、乃至十念せんに、もし生まれずんば、正覚を取らじ」を指している。法然は、この願を、誰でも十回ほどの念仏により浄土に往生できるという意味に理解したが、親鸞は、これを、念仏という「行」ではなく「信」を謳うものだと解釈する。すなわち、「至心」「信楽」「欲生（我国）」という三心によって、衆生は往生できるというのである。ここで注意すべきは、この三心は衆生による信ではなく、どこまでも阿弥陀如来（仏）の側からの信すなわち「大信」であると読み替えられているい点であろう。

それゆえ、ここにいう「至心」とは、如来が衆生を救おうとする真心（至誠心）であり、「信楽」とは、如来が一心に衆生を救う利他廻向の大悲心が届けられることであり、「欲生」とは、如来が衆生に極楽浄土に来るように呼びかける言葉を指す。それゆえ、三心は、阿弥陀如来自身の金剛心つまり「真実の一心」であり、衆生はそれを授けられたことを知らされて、如来の真心そのものが衆生の信心と呼ばれるものに転化される。つまり、「信」とは、衆生が仏を信じることではなく、如来の本願力による大信が衆生へと受動的に廻向されることを意味する。この信を得る一念によって、おのずから衆生の称名念仏がなされ、一切衆生の往生が決定するという。ここに親鸞独自の、「行」に優先する「信」の理解があろう。

そしてこうした独自の「信」の仏教が、「教相判釈」に掛けられることになる。教相判釈とは、自らの仏教思想を、仏教総体の思想体系のなかに明確に位置づけるという作業である。これまでにも仏教の各宗派においては、難易二教判、頓漸二覚判、顕密二教判など多様な教相判釈が行なわれてきた。法然の浄土宗による、聖浄二門判から正雑二教判をへて正定業を選ぶ三重の判釈は、そのもっとも典型的なものであろう。親鸞は、この法然にならい、「二双四重判」および「真仮偽判」と呼ばれる「教相判釈」を採用するのである。

「二双四重判」とは、諸仏教を竪と横、出と超に分けて、「信」の位置を説くものである。

これまでの仏教は、自己の修行・修道・修学の実践によって善根と功徳を積むこと（竪）によって、自らの執着や煩悩から解脱する道（出）を捜し求めてきた。すなわち「竪」「出」の仏教であった。これに対して親鸞は、「横」「超」を主張する。つまり、阿弥陀仏の誓願が廻向されることによって、人間のあらゆるはからいを横ざまに捨てて（横）、ひとっ飛びに救われる道（超）を獲得することである。親鸞の教義は、まさに「竪出」の行に代わる「横超」の信にある。

また「真仮偽判」とは、呪術や祈祷、邪見や吉凶占などを「偽」、これまでの聖道門仏教を「仮」と呼び、これらに対する本願他力の浄土仏教こそを「真」として説くものである。

この二つの判釈、すなわち真と横超の「信」すなわち金剛心によって、『教行信証』は、「教」から「行」を経ずにただちに「証」に入ることが可能となるはずであった。すなわち、阿弥陀如来の信が衆生に廻向されると、衆生は、煩悩具足のまま現世において、一生補処の弥勒菩薩に等しい「弥勒便堂」、いいかえれば、死後に仏になることを約束された「等正覚」の位につくことになるはずであった。

ところが親鸞には、ここになお解決せねばならない大きな難問が残されていた。

それは、『教行信証』が最大の拠り所とする『無量寿経』四十八願、とりわけその第十八願には、これまでにみてきた法然の「行」、あるいは親鸞の「信」としての解釈では片づかない厄介な問題が残っていることである。それがいわゆる「唯除規定」といわれるものである。ここでもう一度、『無量寿経』第十八願の一文を、煩を厭わず引用しておこう。

「たとひ、われ仏を得たらんに、十方の衆生、至心に信楽して、我が国に生まれんと欲いて、乃至十念せんに、もし生まれずんば、正覚を取らじ。ただし、五逆と誹謗正法とをば除く。」（同一二九頁）

すなわち「第十八願」は、一切の衆生は本願を信じて念仏を称えるだけで、誰もが浄土に成仏して救われると説いているが、ただしそのあとに、「五逆と誹謗正法」の者はここから除外されるという、いわゆる「唯除規定」が付いているのである。「五逆」とは、父殺し、母殺し、阿羅漢（聖者）殺し、仏の身体を破壊すること、仏教教団を破壊すること、という五つの罪悪であり、これに加えて、「誹謗正法」、すなわち仏法を謗り侮ることが教義上の罪悪とされ、これを犯した者は仏による救済の対象から除かれることになる。

この文言が、『教行信証』の執筆当初から親鸞の脳裏を離れない難問として意識されていたことは、この書物の「総序」ですでにこの「唯除規定」に触れられていることからも明らかであろう。そしてこの難問が、「信」の巻の中間地点において一挙に噴き出すのである。親鸞は、自らの犯した「悪業」がこの規定に当てはまるのではないかと、苦悩し恐怖し呻吟し狼狽して、ここにおいて突如として、みずから懺悔することになる。

「誠に知んぬ、悲しきかな愚禿鸞、愛欲の広海に沈没し、名利の太山に迷惑して、定聚の数に入ることを喜ばず、真証の証に近づくことを快しまざる。恥づべし傷むべし。」（同 一九二頁）

すなわち、親鸞は、自分が妻帯によって愛欲淫行に耽り、布教をつうじて名声利欲を求め、そのうえ、悟りの境地に入ることを喜ばず、死によって浄土往生することを望んでいないと、自己の内心を率直に告白している。これは、唯除規定にいう「誹謗正法」に該当するのではないか。自分は「断善根の一闡提」（極重の悪人）そのものなのではないか。それゆえ、自らが阿弥陀仏による救いから外れるのではないか、と苦悩しているのである。

こうして「信の巻」は、この懺悔を境に、前半の『無量寿経』にもとづく論釈とはうって変わって、後半は、そのほとんどが『涅槃経』からの引用で埋め尽くされることになる。

それはすなわち、息子が父王を殺して王国を乗っ取った、王舎城における阿闍世王の悲劇の物語である。

むかしインドのマガタ国の王舎城に阿闍世という王子がいた。彼は、他人に対する悪口と非難を繰り返し、貪り、怒り、やがて手下にそそのかされて、自己の欲望のままに父である頻婆沙羅王を殺害し、母である韋提希を獄に幽閉して、王位を奪うのである。王となった阿闍世は自らの悪行を激しく後悔するが、なぜかそののち高熱を発して全身に臭い匂いのするデキモノが生じてしまう。母の韋提希が種々の薬を塗って治療するがデキモノはいっこうに治らず、阿闍世王は、これは地獄の報いであると観念する。王は六人の大臣に相談するが、少しも心の平安を得ることができない。そこに名医といわれる耆婆が現れる。耆婆は、それは阿闍世王がみずから犯した重罪におののいて、心に重悔と慚愧の念を抱いているせいだと喝破する。難治の病の真なる原因は、「慚」と「愧」という二つの内省によってのみ取り除かれ、初めて王は苦悩から救われるであろう、と告げるのである。阿闍世は耆婆の導きによって釈迦のもとへ赴き、涅槃への道を教えられる。このとき釈迦によって、地獄から脱出するための滅罪の法が説かれたのである。

ここで注目すべきは、親鸞がみずからの悪行を、あたかも『涅槃経』に描かれた阿闍世王のそれと同一視しているように思える点であろう。じっさい親鸞は、若き日いらい自らの身に潜む、うす黒く淀んだ逃れようのない自我の重圧（後生暗心）に苛まれ、その悪行ゆえに地獄落ちの恐怖にもがき苦しみつづけていたのである。

大乗の諸経典は、悪行を犯した者についてさまざまに説いている。親鸞がもっとも深く依拠しているはずの『無量寿経』においては、五逆と誹謗正法の者は救済の網から漏れるとして唯除規定を設けていた。これに対して『観無量寿経』では、五逆の者でも往生することができるが、けれども誹謗正法の者は往生できないと、両者を分けて説いている。ところが『涅槃経』では、難治の五逆と誹謗正法の者であってもすべて最終的に救われると述べていた。これらの諸経典の差異をどのように理解したらよいのか、親鸞は悩み続けることになる。

親鸞はこれらを幾重にも検討したのち、つぎに浄土教の先達の論書を考察する。

まず、曇鸞の『浄土論註』は、『無量寿経』第十八願の「唯除規定」を、五逆を犯し、かつ誹謗正法をも犯した「二種の重罪を具する者」と理解して、こうした二重重罪者だけを救済の対象から除くという意味だと解している。すなわち、五逆を犯しても謗法の罪を犯さなければ往生できる。しかし謗法の罪を犯した者は、必ず五逆の罪にも相当するのであり、もはや浄土に往生できない。誹謗正法は、「無仏・無仏法・無菩薩・無菩薩法」すなわち仏教の教行証すべてに対する誹謗であり絶対に許されるものではない、というのが『無量寿経』の説くところなのである。

親鸞はつぎに善導の『観経疏』を考察する。善導は、『無量寿経』が五逆と誹謗正法を唯除規定としているのに対し、『観無量寿経』が誹謗正法だけを説いているのは、謗法の罪を犯す者を未然に抑止するための方便、すなわち「抑止門」として規定されているに過ぎないと解する。それゆえ、仮にこの誹謗正法の罪を犯してしまった者でも、仏の願力(善知識の教え)によって廻心すれば、誰でもいずれは往生できる、と説かれることになる。それゆえ法然の『選択本願念仏集』も、師と仰ぐ善導のこの見解を踏襲し、第十八願の引用から「唯除規定」そのものを意図的に抹消していたのである。

では親鸞は、このいずれの見解を採用するべきか。『無量寿経』か『観無量寿経』か、あるいは『涅槃経』か。曇鸞かそれとも善導か。だがけっきょく親鸞は、「信の巻」において、この「唯除規定」をどのように理解するべきかについて結論を出すことができなかった。その意味では「信の巻」は、結論のないまま未完の書として放置されたと言ってよいだろう。

けれどもそれは、親鸞の「絶対他力の思想」にとって一つの必然的な帰結だったとも言えるのではないだろうか。すなわち、煩悩具足の凡夫衆生がいかにして往生できるのか。衆生のうち五逆や誹謗正法の者も救われるのか否か。しょせんこの問いは、ひとり愚禿親鸞が「自力」で決定すべきことがらではなかった。浄土往生の道は、人間(自己)が決めることではなく、まさに如来(他者)の本願である慈悲（他力）によって決定されることがらである。救済の自己決定を放棄し、一切を弥陀の大信に任せること、これこそが親鸞思想の出発点であり、最終的到達点でもあったからである。こうして親鸞は、みずからの苦悩の渕において「唯除」の選択そのものを阿弥陀仏の本願にゆだねることになったのではなかろうか。

これが未完なる「信の巻」の、書かれることのなかった真の結論だったように思われるのである。

証の思想

こうして『教行信証』は、ひとまず、終結部としての「証の巻」にむかう。

すなわち「教」から「行」をへて、「信」の成就を明らかにすることが「証」のテーマである。いいかえれば、凡夫衆生がそのままで浄土に到達することを証明するのが、この巻の目的にほかならない。

「謹んで真実の証を顕さば、即ちこれ利他円満の妙位、無上涅槃の極果なり。即ちこれ必至滅度の願より出でり。また証大涅槃の願と名づくなり。」（同二四三頁）

真実の証とは、『無量寿経』四十八願中の第十一願である「必至滅度の願」にもとづくものであり、煩悩にまみれた衆生が信を得ることによって、浄土に救われることが定まった「正定聚」の地位となり、往生して滅度を得、涅槃すなわち浄土に入ることを謳うものである。ここに、極楽浄土へ向かう一直線の道つまり「往相廻向」が完了する。

親鸞の依拠した世親の『浄土論』は、この「往相」の終着点を「五念門」として描いていた。すなわち、第一の「近門」は阿弥陀仏を供養する礼拝門、第二の「大会衆門」はその光明を褒め讃える讃歎門、第三の「宅門」は心静かに念仏を称える作願門、第四の「屋門」は浄土の美しい景色を念じる観察門である。第五の「園林遊戯地門」は、往相を終えた者が自己の善根を喜び他の人々を浄土に教え導くための還相廻向門である。それゆえ、往生を求める者は、つねに、この浄土の荘厳に輝く光景を思い描き、そこに住まう阿弥陀仏の姿を観想し、自己が浄土に生まれたいという願いを持ち続けなければならない、というのである。

これに対して親鸞は、世親によるこうした観想的な「自力」の残る浄土往相のイメージを読み替えて、その主体を阿弥陀如来に置き替えることを試みる。すなわち衆生の往生は、あくまでも阿弥陀仏による念仏行と大信にもとづくものであり、凡夫衆生は、弥陀が差し向けた大行と大信を廻向されるとき、即座に悟りを約束された正定聚の位置に数えられるのだというのである。それゆえ浄土とは、かならず仏の悟りに至る「必至滅度」であり永遠の「安楽」であり究極の「寂滅」であり無上の「涅槃」であり、色も形もない「無為」である。これこそが「法性」「真如」すなわち「一如」と呼ばれるものである。

親鸞においては、いっさいの観想主義的な浄土のイメージが払拭され、それは無為・寂滅・涅槃といった無色で無形の観念に変換されている。しかもその浄土往相は、自らの意志ではなく、すべて如来からの廻向という「他力」により実現されることになる。それとともに「往生」という概念も、死後に極楽浄土に到達して仏になることではなく、如来の信が廻向されその本願に自己が摂取された瞬間に、現世で即得往生の「正定聚」（等正覚）の位に就くこととして理解されることになる。すなわち阿弥陀仏の本願によって往生した衆生は、弥陀から広大無辺の慈悲心を与えられたがゆえに、ふたたび弥陀により現世に舞い戻らされるしかない。こうした現世において衆生を浄土に向かわせる教導が、親鸞固有の思想的課題ともいわれる「還相廻向」である。

「二つに還相の廻向と言ふは、即ちこれ利他教化地の益なり。即ちこれ必至補処の願より出でたり。また一生補処の願と名づく。また還相廻向の願と名づくべきなり。」（同二五〇頁）

親鸞は、この還相廻向を、『無量寿経』第二十二願である「必至補処の願」、すなわち仏の慈悲心がこの世の凡夫衆生を必ず往生させるという願によって基礎づけ、これを曇鸞の『往生論註』にある二種廻向の思想によって私釈する。

もっともここでも親鸞は、「還相」の主体を、曇鸞の衆生から阿弥陀如来に読み替えることによって、みごとに「主体」の転換を図っている。それゆえ還相廻向は、けっして衆生が仏となるための自発的善根による営みではなく、むしろ弥陀の意向を衆生が受動的に具体化するものにほかならない。それは、どこまでも弥陀の本願にもとづくものであり、往相廻向を遂げた者が弥陀に導かれて行なう、やや誇張していえば「命じられた利他行」であるといわねばならない。いいかえれば、衆生の往相廻向は、浄土の仏の還相廻向によって初めて可能となり、仏の還相廻向は、現世の衆生の往相廻向をひきおこすことによって完結される。往相廻向と還相廻向は、こうした「他力」による絶えざる循環的な相補関係のなかにおいてのみ実現されるのである。

真仏土と化身土の思想

こうして『教行信証』の四巻は終わるが、そのあとに、阿弥陀仏とその住まう西方浄土についての考察がなされている。これが第五の「真仏土の巻」および第六の「化身土の巻」である。

それによると、真実の仏は、『無量寿経』の第十二願「光明無量の願」に応えて、その報いとして完成するものであるから「報仏」と名づけられる。また、その住まう浄土は、第十三願「寿命無量の願」に応えた報いであるため「報土」と呼ばれる。それはまさに『涅槃経』が説くような永遠に煩悩が滅した世界である。ところが三部経によれば、如来の広大な誓いには真実のものと仮のものとがあるため、その住まう浄土（報土）にも真実のものと仮のものがあることになる。これが、「真仏土」および「化身土」と呼ばれるものである。

「それ報を按ずれば、如来の願海に由りて、果成の土を酬報せり。かるが故に報と曰ふなり。しかるに願海について真あり仮あり。ここを以ってまた仏土について真あり仮あり。選択本願の正因に因りて、真仏土を成就せり」（同三一九頁）

「真仏土」は、正定聚の位を得た者が第十八願の仏の誓いにしたがって本願廻向（他力）によって往生するところであり「弘願門」である。これに対して「化身土」とは、方便による二種類の浄土である。一つ目は、第十九願「至心発願の願」にもとづいて自ら善根功徳を積む邪定聚が自力修行によって往生を遂げる「要門」であり、二つ目は、第二十願「至心廻向の願」にもとづいて自力の念仏を称える不定聚がその功徳によって往生する「真門」である。親鸞自身も、当初は比叡山の堂僧として自力で万行諸善の修行（方便の要門）に努めようとした。けれども、たまたま法然にめぐり合い、その門下に入って専修念仏（方便の真門）の人となった。そして最後に、そこからさらに身を翻して、いっさいを如来の悲願に委ねる本願他力の願海に入って「弘願門」に至ったのである。

それゆえ『無量寿経』四十八願のうちには、煩悩具足の衆生に対する阿弥陀仏の誓願が三つあることになる。第十八、十九、二十願である。親鸞は、第十九願の「要門」から第二十願の「真門」をへて、最終的に、第十八願による弥陀の本願すなわち「弘願門」に到達したことになろう。

さらに親鸞は、この三願それぞれを「浄土三部経」にも当てはめている。すなわち、第十九願は『観無量寿経』で説かれた教説であり、第二十願は『阿弥陀経』で説かれた教えであり、これらに対して、第十八願そのものを説いているのが『無量寿経』だ、というのである。それゆえ、第十九願の自力による双樹林往生から第二十願の念仏による難思往生をへて第十八願の他力による難思議往生にいたる過程が、そのまま『観無量寿経』から『阿弥陀経』をへて『無量寿経』に到達する過程に符合する。

これが一般に「三願転入」と呼ばれるものである。したがってこの「三願転入」の思想は、まさに、現世の人間からいっさいの自力の痕跡を消して、阿弥陀如来が人間を「絶対他力」の境地へと差し向ける過程であるということになろう。親鸞自身の思想遍歴とその信仰告白をもっともよく表現している箇所であるともいわれている。

そして、より重要なことは、この「三願転入」思想こそが、「信の巻」において親鸞を激しく悩ませた『無量寿経』第十八願の「唯除規定」の問題にも、最終的な解答を提示したと思われる点であろう。

親鸞は、まず『観無量寿経』における「真仏土」と「化身土」の扱いに注目する。そこでは、善人の往生は「真仏土」とされ、そこから除外された阿闍世王のような「五逆と誹謗正法」の者のために、仏は「化身土（要門・真門）」を用意したとされている。そのため、この経においては、化身土に往生した者も、五百年ほど経ればやがて真の極楽浄土（真仏土）に行くことができると説かれている。

しかしながら、親鸞の三願転入思想の到達点である『無量寿経』の教えによれば、この二つの浄土は、まったく逆さまに捉えられることになった。

すなわち、現世において善行功徳を積んだ「善人」は、自力修行（要門）または自力念仏（真門）によって往生が可能なはずであり、それゆえ、そうした第十九願または第二十願によって自力を頼む往生の行き先がまさに「化身土」であった。これに対して、阿闍世王のような「五逆と誹謗正法」の者は、もはや自力往生が絶対に不可能な「極悪人」であり、彼らこそ弥陀の他力による以外にいかなる往生のすべもない。親鸞は、こうした一切の自力往生の道を絶たれた悪人を救済する浄土が「真仏土」であるというのである。

したがって親鸞の思想は、俗にいわれるような万人平等論ではない。それはまさに、文字どおり、悪人であることを他力往生の正機とする、悪人優先の思想なのである。

そしてもっとも重要な点は、この「三願転入」によって、親鸞の二大思想である「絶対他力」と「悪人正機」がようやく一つの思想へと結実したことであろう。まさに阿弥陀如来の「他力」は、自力の「智」を捨てた「愚者」を、それゆえ現世から排除された「悪人」を救いの対象とする。ゆいいつ自力の善根功徳を放棄した悪人こそが「真仏土」に往生できることになるのである。

さらにまたおそらくは、こうした真仏土の理解によって、罪悪深重で煩悩熾盛の身である親鸞自身にも、ようやく救済される道が約束されたことになるのであろう。非僧非俗の極悪人であり愚禿に過ぎない「自己」であっても、いな、そうした自己であるからこそ、阿弥陀如来（他者）は極楽浄土へと来いと命じてくれるというのである。こうして親鸞は、みずから悩みつづけた『無量寿経』第十八願の「唯除規定」の問題に、はじめて解決をみることができたといえよう。

このことを暗示して、親鸞の『教行信証』はようやくその長い論述を終える。

3　晩年における親鸞の境位

親鸞は一二三五年（嘉禎元年）、関東から京都へ帰り、旺盛な執筆と布教の日々を過ごして一二六二年（弘長二年）に没した。このかん、息子の善鸞を義絶するという艱難に遭遇するが、その最晩年の思想的到達点としては、一二五八年（正嘉二年）、親鸞八十六歳の折の書簡（末燈鈔）で示された「自然法爾の思想」がある。これについてひとこと触れておかねばならない。

「自然といふは、自はをのづからといふ、行者のはからひにあらず。然といふは、しからしむといふ言葉なり。しからしむといふは、行者のはからひにあらず、如来の御誓ひにてあるがゆへに。法爾といふは、如来の御誓ひなるがゆへに、しからしむるを法爾といふ。この法爾は、御誓ひなりけるゆへに、すべての行者のはからひなきをもちて、このゆへに他力には義なきを義とすとしかるべきなり。」（定本親鸞聖人全集 七三頁）

この書簡において親鸞は、自己があれこれ心配して手段を講じなくても、阿弥陀仏の側からひとりでに救いの手が差しのべられるという。そしてそうした弥陀のはたらきの背後に、一切衆生を救おうという弥陀の本願があるというのである。この阿弥陀仏の絶対他力は、自己の自力のはからいを超えたもの、すなわち自然法爾であるから、その信心を会得した後は、もはやあれこれ理屈で考え詮索しても意味がない。彼はこれを「義なきを義とす」というのである。

ここには、晩年の親鸞における信心の到達点がみごとに集約されていよう。それは、もはやあらゆる自問や内省をやめ、一切を仏の慈悲に委ねるという宣言である。自分の没後の行き先が地獄であろうと極楽浄土であろうと、それは自分の預かり知らぬことである。自力（悟り）か他力（救い）か、あるいは自らが善人か悪人かという二者択一のあらゆる詮索（はからい）をやめて、すべてを弥陀の本願にまかせるというのである。ここに、ようやく一切の迷いを吹っ切れた親鸞の清々しい晴れやかさが見て取れよう。

だが、もしかするとそれは、信仰そのものの放棄と紙一重の心境であり、いわゆる「非智」ないし「無知」の思想であったといえるかもしれない。それゆえそれはまた、老い呆けてひたすら死を待つだけの、現代ならば認知症とでもいうべき一老人の繰言だったと言うべきなのかもしれない。だが、少なくとも親鸞のこの境地に、「浄土真宗」などという宗派を形成しようという世俗的な野心は微塵たりともなかったことだけは疑いをえないであろう。「自己」の救済をただひとえに、無心無義に、「他者」に委ねること、ここに親鸞思想の最後の終着点をみるのである。

まとめ

第Ⅱ部においては、まず、釈迦によって開かれた仏教が小乗をへて大乗仏教にいたる過程をたどり、つぎに、それが日本において、奈良の六宗から平安仏教へ、さらに鎌倉初期の法然を介して、親鸞によって独自の「絶対他力」の思想として完成される過程を検討してきた。

親鸞思想の教相判釈

「まとめ」としてまず、宗教学においてポピュラーな「教相判釈」の方法をまねて、仏教史に占める親鸞思想の独自な位置を再確認しておくことにしたい。

第一に、仏教は、釈迦から小乗にいたる南伝の系譜と、これから分岐して北伝していく大乗の系譜に分けることができた。

本来の仏教である小乗は、釈迦が自力の修行によって煩悩からの解脱をめざしたように、あくまでも「自己」が悟りを開いて「仏」なることのみを志す「自利」の哲学であった。これに対して、大乗仏教は、自己の成仏をめざすとともに、あえて自ら菩薩の地位にとどまって、他者衆生を往生に教導することを志す「自利利他」の哲学であったといわれる。親鸞の宗教教義は、中国の曇鸞から継承した二種廻向論であり、それは、自己の成仏である「往相廻向」とともに、弥勒便等といわれる「正定聚」（等正覚）として現世の衆生の救済にあたる「還相廻向」から成り立つ。このかぎりにおいて、親鸞の仏教も、「自利利他」という大乗の系譜をふまえていると判釈できるであろう。

第二に、日本に伝播した大乗仏教として、奈良の南都六宗と、平安以降の仏教とを分かつことができた。

奈良の南都六宗は、いわば、エリート学僧が中国の古典経典を学ぶ輸入哲学の研究集団であった。それゆえ、小乗による声聞や縁覚を差別して大乗の菩薩だけに成仏を認める「五姓各別」を唱え、厳格な戒律である「具足戒」の授与を僧侶得度の条件とするなど、極端な選民思想が貫かれていた。したがってその教義も、法相宗の唯識論に見られるように、世界の一切を自己の「八識」に映現した事象として捉え、自己意識の修行によって究境位（仏）をめざす。あるいは、三論宗の中観論のように、意識に映じる実体的錯認を否定して「空」という無我の境地を追求する。すなわちどちらも、自己意識のなかだけで観念的な「悟り」の獲得を目標とすることになる。

これに対して、平安期の天台宗は、「法華一乗」思想によって、一切の衆生に成仏の資質を認め、また、出家と在家の区別のない戒律の簡素化を果たし、この「梵網戒」によって万人平等に僧侶へいたる道を開いた。けれども、これらの僧が「忘己利他」というべき菩薩の境地に入るためには、籠山行あるいは四種三昧行などという難行苦行が課せられた。同様に真言宗においても、僧の地位は万人に開放されたが、自己が即身成仏するためには、身密・語密・意密という三密加持の厳しい修行が必要とされたのである。

すなわち、奈良から平安への仏教の展開は、一部のエリート層から大衆へと信仰を拡散するものであり、その「悟り」の道をも、意識内部の観念的昇華から身体的実践による苦行へと大きく転換するものであった。しかしながら奈良、平安のいずれの仏教も、共通に、「自己」が「自力」の修行によって自利・利他の「悟り」をひらくという、どこまでも「自己」の能動性を起点とするベクトルをもつ思想であった。親鸞の思想は、この平安期における天台仏教の修行を土台とし、その限界を明らかにすることから始まったといえよう。

第三の分割は、奈良・平安仏教と鎌倉初期の法然の仏教とを区分するものであり、親鸞の思想を教相判釈するためには、もっとも重要な位置を占めるものであろう。

すなわち、奈良・平安期の仏教は、「自己」が善根功徳の自力修行によって自ら仏をめざす「聖道門仏教」であった。これに対して、平安末期における末法の時代の到来は、いっさいの「自力」による悟りを不可能にした。ここで登場してくるのが、ひたすら欣求浄土への往生を説く「浄土門仏教」である。それは「自己」の能動的「悟り」による聖道門を一八〇度転換して、逆に、「他者」としての仏による「救い」に受動的にすがることを説いた。すなわち「自力」に対する「他力」の仏教であった。この浄土門のなかで法然は、これまでの浄土教の礼拝・讃嘆・観想という難行を放棄し、ただ阿弥陀仏の名を称する「専修念仏」による救いを説いて、「浄土宗」を開いたのである。親鸞は、この法然の浄土宗に入門することで、自らの教説をつくりあげた。そのため親鸞は、生涯にわたって法然の浄土宗に属したともいえよう。

さて、第四は、鎌倉期の浄土門内において法然と親鸞を分かつ教相判釈である。

一般に両者の差異は、法然が称名念仏という「行」を重んじたのに対して、親鸞は信心すなわち「信」を重視したところにあるといわれる。たしかに法然は、念仏行によって一切衆生の往生が得られることを説いて、行を、誰にでも実践可能な易行にすることに成功した。だが、いかに易行化されたとはいえ行は自力修行であり、そこには「他力」のなかの「自力」というべき痕跡が残っていたといわざるをえない。しかも、自己（衆生）の念仏行と仏による救いを因果的関係に置くことによって、念仏に往生のための功利性がつきまとうのを、十分消去できなかったといわざるをえなかった。

これに対して親鸞は、念仏行を、衆生による行としてではなく、あくまでも諸仏が阿弥陀仏を讃歎する大行として捉え、信心をも、阿弥陀仏の大信が衆生に廻向されるものとみなした。すなわち、行のみならず信もまた、能動的主体はあくまでも「他者」としての仏であり、衆生はその行と信を受動的に「廻向」される対象として理解された。いいかえれば親鸞において初めて、「他者」としての阿弥陀仏を絶対的「主体」とし、「自己」としての衆生を「従属者」とする「絶対他力」の非対称性が確立したといえるだろう。仮に「人間」から主体性を完全に払拭することを「他力」と呼ぶならば、親鸞だけが語の厳密な意味において「他力仏教」であった。教相判釈による思想区分としては、平安（聖道門）と鎌倉（浄土門）のあいだよりも、むしろ法然と親鸞のあいだの思想的距離の方が大きく隔たっているといえるかもしれない。

最後の第五は、親鸞自身の思想遍歴にかんする判釈である。

この点は、親鸞自身の『教行信証』における「三願転入」の告白をすでに検討したので、詳しく再論することは不要であろう。要するに、天台に代表される「自力の聖道門」が第十九願と『観無量寿経』に、法然の「他力の念仏行」が第二十願と『阿弥陀経』に、そして親鸞自身の「絶対他力」が第十八願と『無量寿経』に対応する。親鸞の思想は、この順序で転変してきた。それはすなわち、親鸞における「悪人」という自覚の深化過程であり、善行功徳による自力の悟りを放棄し、弥陀の本願他力に一切を委ねる過程であった。したがってそれは同時に、彼がもっとも尊敬する師・法然からも自立し、独自の思想体系を確立する過程であったといえるであろう。

以上のように親鸞の思想を「教相判釈」したとき、明らかになったその過程と到達点は、第Ⅰ部で検討した、フッサールを緒とする現象学を批判してレヴィナスが「絶対他者」の哲学を確立する過程とその思想を彷彿とさせるものがあるのではないか。

現象学と仏教の比較思想史

そこで「第二のまとめ」として、現象学哲学と仏教哲学におけるそれぞれの転変過程を対比し考察してみることにしたい。

釈迦から小乗、さらに大乗の聖道門にいたる哲学思想は、突きつめれば、インドから中国をへて南都六宗に伝わる唯識哲学や中観哲学に帰着せざるをえない。それは、客観的世界ないし実体的錯認をエポケーして、自己意識いいかえれば超越論的主観性の世界へ沈潜するフッサールの「現象学」的認識論を先取りするものであったともいえるかもしれない。

　唯識哲学は、あらゆる「客観世界」を否定して、一切の事象を感覚的認識から「末那識」さらには無意識としての「阿頼耶識」にまで還元し、そこに「見分」と「相分」すなわちノエシスとノエマというべき関連を発見するものであった。また、中観哲学は、あらゆる「実体」を両極の項として否定し、そのあいだ（縁起）にある関係性の観念を「中観」として認識するものであった。こうして現象学と聖道門仏教はともに、自己の純粋意識の表層において真理（悟り）を探し求めることになる。それらは、自己意識の内部において瞑想を重ね、そのなかに自閉的に籠って「他者」ないし「仏」という幻影を構成しようとするものであり、けっきょく「自己」からその外部へと超出することは、ついにできなかったのである。

　つづく天台および真言の平安二宗は、こうした奈良仏教の「自己」を、意識表層から大衆の自力実践（修行）の主体へと転換したものといえるだろう。けれども天台宗は、しだいに「本覚」思想への傾斜を強めていった。迷いの主体である不覚の「自己」が、仏という「他者」を始覚することで悟りに入っていく。つまり自己が他者（仏性）に目覚めていく行を「本覚」と表現したのである。また真言宗は、「自己」が大日如来という「他者」を自らの内に引き入れることで、自己（衆生）と他者（仏）が合一化すると説いた。これらの哲学に、メルロ＝ポンティにおける自己と他者の交差（キアスム）による可逆反転論、あるいはハイデガーにおける自他を含む共存在論と類似するものを想起しても、あながち間違いではあるまい。そこでは、「自己」と「他者」は同一世界に存在し相互に変換しうるものであり、いまだ「他者」が、「自己」に対して外的な唯一の主体として発見されることはなかったのである。

これに対して、法然の「専修念仏」は、これまでの仏教パラダイムを根本的に転換したようにみえる。たしかに法然は、「自己」に外的な「他者」である阿弥陀如来をあらかじめ前提とすることに成功した。この「他者」の慈悲によってのみ「自己」は受動的に仏になれると説いたのである。ここにひとまず「他者」を主体とし、そのイニシアティヴによって「自己」の往生成仏を果たす「他力仏教」の原型がつくられたといってよいかもしれない。

だが法然は、「自己（衆生）」が自らに外的な「他者（仏）」に向かって称える念仏の行において、「自己」から「他者」へ向かうベクトルをいまだ残していたのではなかろうか。レヴィナスの表現を借りれば、法然はフッサールと同様に、他者（阿弥陀仏）を対象化して自己の認識に同化し、最終的にこの「他者」に、自己の往生を請求しているのではないか。いいかえれば、自己の往生は、自己の能動的「念仏」に対する他者からの受動的応答という関係において捉えられていたのではないか。すなわち法然においては、いまだ「他者（阿弥陀仏）」が、自己によって認識も観想もできない「絶対他者」として位置づけられていたわけではない。この意味で、法然の浄土宗にはわずかに自力の痕跡が残っていた。すなわちそれは「他力のなかの自力」にとどまったと言いうるのではなかろうか。

これに対して、ひとり親鸞のみが、いっさいの自力を払拭し「絶対他力」の信心を確立しえた。すなわち、「自己」の側からのいかなる能動的な行為（所行）をも放棄し、ただ一方的に「他者（阿弥陀仏）」の本願を廻向されることによってのみ自己の往生は果たされる。レヴィナス流にいえば、親鸞は、阿弥陀仏を「絶対的に他なるもの」として開示することができたといえよう。

だがそれにしても、長い仏教史において、なぜ、親鸞だけがこうした仏（他者）を一方的に無限の主体とする思想を確立しえたのであろうか。この点にこそ、レヴィナスと親鸞を結びつける一筋の隠れた糸があろう。それは一言でいえば、両者に共通する自我に対する徹底的な嫌悪、自己の悪性意識、つまりは自虐の観念だったのではなかろうか。

レヴィナスは、現象学哲学における「自我」を「全体性」と呼び、その「同」による一元的支配の暴力性を徹底的に告発した。そして彼は逆に、「自己（自我）」を、「いかなる受動性よりも受動的な受動性」として理解し、ついにはこの自己を、他者の「身代わり」「人質」となるべき「可傷性」というほどに、極限にまで自虐的に表現するにいたる。同様に、親鸞の仏教思想には、その初期から一貫して「極悪人としての自己」意識がつきまとっていた。たとえば彼はその和讃（愚禿悲歎述懐）において、いわば歴史上「早過ぎた近代的自我」の苦悩というべき心象を、つぎのように自己表出している。

「浄土真宗に帰すれども／真実の心はありがたし／虚仮不実のわが身にて／清浄の心もさらになし」（定本親鸞聖人全集 第二巻 二〇五頁）

「外儀のすがたはひとごとに／賢善精進現ぜしむ／貪瞋邪偽おほきゆゑ／奸詐ももはし身にみてり」（同）

「悪性さらにやめがたし／心は蛇蝎の如くなり／修善も雑毒なるゆえに／虚仮の行とぞ名づけたる」（同）

し」（同）

こうした親鸞に深く取り憑いた「悪としての自己」意識は、その能動性・主体性（自力）に対する徹底的な否定に帰着せざるをえない。こうした自己（自我）に対する否定を、ひたすら自己の内部で遂行しようとすれば、それはパラドクシカルにも、不毛で際限のない自我への固執とその止め処ない肥大化に帰結していく。このことは、現象学であれ仏教であれ、これまでのほとんどすべての独我論哲学が経験したアポリアであった。ここにおいてレヴィナスと同様に親鸞が行き着いた展望は、おそらくは、自己の主体性の否定すなわち受動化を根源にまで徹底するためには、外部の「他者」の絶対的な能動性（他力）を全面的に肯定する以外にすべはないという結論だったのであろう。

これが、レヴィナスのいう存在の無限の彼方における「絶対他者」であり、親鸞における浄土に住まう阿弥陀如来の「絶対他力」だったのではなかろうか。もしかするとレヴィナスと同じく親鸞も、こうした「他者」がひとつのフィクションであることに気づいていたのかもしれない。しかしながらこのフィクションは、「自我」の溶解のためにはどうしても避けて通れない不可欠で絶対的な前提であった。

おそらくは、「他者」という無条件の主体をうち立てることによって、親鸞においても、初めて自己の徹底的な対象化が、それゆえ自らの救済が可能となったように思えるのである。

第Ⅲ部

資本主義における他者

これまでに第Ⅰ部では、フッサールの現象学を検討し、そこにおいては、普遍的で全一的な主体（自己）がその主観性によって世界のすべてを純粋意識の内部に構成しようとする自我（全体性）の暴力を見て取ることができた。そしてこれを批判するものとして、レヴィナスにおいて、自己意識に還元できない無限なる「他者」が能動的に顕現することを確認した。また第Ⅱ部では、釈迦いらい連綿と続いてきた人間（自己）が自力によって「悟り」にいたるという聖道門仏教の限界を明らかにし、これに対して、親鸞の説いた「絶対他力」（他者）による「救い」としての浄土門仏教の意味を考察してきた。

これらをふまえて第Ⅲ部では、まず、マルクスとりわけ『資本論』における人間の労働を主体とする資本主義の構成を批判し、その資本主義論には外部としての「他者」が存在しないことを確認する。そしてこれに対して、わが国の宇野弘蔵が構築した純粋資本主義論のもつ認識論的な画期性を明らかにしたい。すなわち、資本を、人間（労働）に対する外的な「他なるもの」として捉え、この「他」なる資本を主体として、反対に、人間を、それに包摂される受動的対象として捉える論理のもつ意味を検証したいと思う。

第一章　マルクスにおける主体の自己運動

1　疎外論における他者の不在

『経済学・哲学草稿』の弁証法

カール・マルクスはその学問研究を、G・W・F・ヘーゲルの門下において、いわゆるヘーゲル左派と呼ばれる思想家のひとりとして開始したといわれる。

周知のようにヘーゲルは一八〇七年、その主著『精神現象学』において、有限なる意識を主体にして、その自己疎外によって自然界と社会の客体化を説き、それが最終的に主体と客体とを統合して絶対精神へと止揚され回帰するという壮大な弁証法体系を構築した。ここにおけるヘーゲルの理論構成は、父なる神の受肉による子イエスの誕生と死、そしてその復活による聖霊なる神としての父との再統一という、いわゆる啓示宗教の論理を背景としている。それゆえヘーゲルにおいては、人間もまた、神という実体から離反して疎遠なよそよそしい対象性をもつ他在となった被造物であり、それがふたたび神のもとに召還されるというキリスト教神学のシェーマを哲学的に弁証するものであったともいえよう。

すなわち『精神現象学』は、キリスト教における主体としての「絶対神」を実体としての「絶対精神」に置き換えて、それ自身が自己を疎外し他在化したものが人間の有限的意識であり、これを順次に高次化してもういちど絶対精神へと帰一するという、精神の内的な自己展開のロジックとして構成されたものだったのである。

こうしてヘーゲルは、「疎外 Entfremdung」の概念を「主体から離反した意識」の意味で用いるようになった。すなわちその疎外論は、汎神論的な神の自己啓示の過程を近代的な啓蒙理性の弁証法へと転用するものであったともみることができよう。こうした世界の本質を絶対神としての理性に求めるヘーゲルの疎外論は、やがてヘーゲル左派と呼ばれる彼の弟子たちによって、その主体と客体の転倒が試みられ、現実の感性的な「人間」を主体とした論理として再構成されていくことになる。

いわゆるヘーゲル左派は、ヘーゲルが一八三一年に没した直後の三五年、D・F・シュトラウスが公刊した『イエスの生涯』に始まるとされる。そして、一八四一年に執筆されたL・A・フォイエルバッハの『キリスト教の本質』、B・バウアーの『無神論者・反キリスト者ヘーゲルを裁く最後の審判ラッパ（ポザウネ）』、そしてM・ヘスの『ヨーロッパの三頭制』によって一斉に開花したといわれている。

ルートヴィッヒ・フォイエルバッハは、この書物において、ヘーゲルの疎外論に残るキリスト教神学的観念に対して全面的な批判を敢行する。すなわち神的理性としての精神が自己を外在化して人間精神を創り出したというヘーゲルのロジックを転倒して、逆に、まず存在するのは感性的で自然的な「人間」そのものであり、その本質を疎外したものが神という観念にほかならないと主張する。それゆえ自己疎外から自己獲得へと還帰する主体としての実体は、神としての絶対精神ではなく、人間の感性的意識そのものでなければならない。むしろ神を絶対者として信仰の対象とすること自体が人間の自己疎外の表現であるというのである。それゆえ彼は、絶対神から人間へとその主体性を取り戻すことこそが、人間が人間的本質を回復する唯一の方法であると説いたのである。

同様にブルーノ・バウアーは、歴史における真の創造的主体は人間の普遍的な自己意識であるとする観点から、宗教とは、歴史の特定の段階において、人間の自己意識がその本質的諸力を喪失し自己に疎遠な威力として現出したもの、つまり疎外された自己意識にほかならないと主張した。こうしてヘーゲル左派は、人間主体の疎外論を、政治・経済・文化など社会のあらゆる場面に拡張していこうと企てることになる。

そしてこれを受けてモーゼス・ヘスは、人間の本質をより具体的に人間の能動的「労働」に求め、その疎外の帰結を、貨幣を典型とする私有財産制度に見いだすことになる。資本主義における私的所有は、人間の類的本質としての「労働」の疎外形態であり、自己から乖離し疎外された労働の結果に過ぎないものであると断罪する。それゆえ彼は財産の私的所有を否定し、その共同体的所有の実現によってのみ、人間は労働の創造的活動性を回復して、自己の個性の無限なる発展が可能になると説いたのである。

こうしたヘーゲル左派の思想的環境のなかで、マルクスはその一員として、一八四四年の手稿である『経済学・哲学草稿』を執筆したといってよいだろう。それは、フォイエルバッハのキリスト教批判から学んだ「自然的で類的存在としての人間」を主語とし、ヘスから継承した「能動的活動としての労働」をその述語として、資本主義社会に対する批判を敢行するものであった。

マルクスはまず、利潤や地代として集中されている資本を「集積された労働」として捉え、それは終局的には、主体としての人間の労働にその源泉があるという。けれども資本主義社会では、労働の主体である「人間」から、その生存と活動のための諸手段がしだいに乖離し、それが人間からますます疎遠な対象すなわち資本となって人間そのものに対立していかざるをえない。マルクスは、このような主体から客体が分離し、反対に、客体自体が自立して主体を支配するようになる状態を「疎外」と呼ぶ。これこそが近代における「私的所有 Privateigentum」の本質であり、それゆえ私的所有は、人間主体からの労働の疎外すなわち「疎外された労働」にいっさいの根拠があるというのである。

マルクスは、このプロセスを、ヘーゲルの弁証法的方法にしたがって、「主体」＝実体の内在的な本質すなわち「人間」それ自体に内属する「労働」の自己展開過程として説いていくことになる。

① 人間は自己の本質である労働を自らの合目的性にしたがって自然のなかに置き入れ、自己の身体の外部に生産物を創りだす。マルクスはこれを、神の受肉化になぞらえて労働の「対象化 Vergegenständlichung」と呼ぶ。

② こうした活動は、人間の合目的性が自己の外部の物財に結晶することによって「他者のための生産」に転化する。これが労働の「外在化 Entäusserung」である。

③ 労働の対象化が外在化によって主体性を剥奪され自己回復性を失うとき、それは労働の生産物の「疎外 Entfremdung」となる。それはまた、その主体的表現として人間の労働そのものの疎外として現れる。この疎外された労働が外的な対象に凝固するとき、その生産物は「私的所有 Privateigentum」として表現される。

④ それゆえ私的所有は、人間の類的本質からの疎外であり、人間の人間からの疎外の原因でありまた結果であることにもなる。

このようにして、初期のマルクスは、超越論的な主体としての「人間」を端緒に設定し、その力能である「労働」概念の内的な自己疎外過程として資本主義という私的所有社会を導きだし批判しようと試みた。したがってまた、こうした人間労働の疎外過程は、同時に、その疎外からの脱却過程をも同一の論理のうちに差し示すことになるはずである。すなわち人間が、自己の労働とその生産物を自らのうちに取り戻し、それゆえ、労働を自己疎外から自己獲得へと還帰させるとき、人間は私的所有へと疎外されない普遍的で全面的な人間として、自らのもつ類的本質を自己自身のうちに回復することができるというのである。

ここに、「自己」から出発しその疎外をへて再び「自己」へと還帰する人間主義的弁証法、すなわち一般に主体性唯物論と呼ばれる思想の原型が確立されたといえよう。

ここで注意すべきは、この人間（自己）に自閉した内的展開の論理において、「他者」は自己疎外の所産として、すなわち労働の生産物の「外在」化として否定的に捉えられ、むしろ「他者」を否定して、労働とその生産物を「自己」自身の内部に還帰することがその到達すべき目的とされている点であろう。それゆえ、人間の究極目標は、あくまでも自己による自己の普遍性の実現であり、「他者」はその過渡的な手段にすぎず、最終的に人間は、自己の人間的本質を高次に回復しそこに帰一すべきものとみなされている。じつにこれこそが、初期マルクスの説く「共産主義」だったのである。

『ドイツ・イデオロギー』における主体の運動

このような人間（自己）をあらかじめ普遍的な「主体」として前提にし、その自己展開によって世界を構成しようというマルクスの試みは、したがって他者を否定的に捉える世界観は、一八四六年のフリードリッヒ・エンゲルスとの共著『ドイツ・イデオロギー』においてもなお同様に見られる傾向であろう。

たしかに『ドイツ・イデオロギー』では、それまでの形而上学的「人間」を出発点とするのではなく、「現実にあるがままの、活動し物質的に生産をしている個人、それゆえ一定の物質的なそして彼らの恣意から独立の制限と条件のもとで活動しているままの個人」から始めることを宣言している。マルクスは、この前提は、「いかなる勝手気ままな想定でもどんなドグマでもない」と誇らしげに語り、ヘーゲル流の形而上学的哲学者たちを揶揄している。それゆえ廣松渉やルイ・アルチュセールは、この出発点を高く評価し、マルクスは『ドイツ・イデオロギー』において、『経済学・哲学草稿』の超越論的な主体を前提とする疎外論を克服し、逆に、「主体」に先立つ社会関係を第一次的了解とする「物象化論」の地平を確立したとはなばなしく宣揚することになるのである。

けれどもここでマルクスは、「現実にあるがままの個人」なるものを、「労働を人間の本質として、それ自体の実体をなしつつある人間的本質として捉える」とも表現している。このように労働に還元される人間から出発する論理展開は、はたして、フォイエルバッハからヘスにいたる「人間」とその本質としての「労働」把握、あるいは『経済学・哲学草稿』のそれからどれほど隔たり、それをどれほど克服しているといえようか。

じっさい『ドイツ・イデオロギー』におけるマルクスとエンゲルスは、やはり『経済学・哲学草稿』と同様に、人間の本質＝実体としての「労働」概念を自己展開することによって、現実の社会の発展史を分析していくことになる。『ドイツ・イデオロギー』では、自己の労働が「他者のための生産」に固定される事態を、「労働における諸個人相互の交通」すなわち「分業（労働の分割 Teilung der Arbeit）」という概念によって捉える。そして、この分業の発展過程として人類史の総体を解明しようというのである。

「分業にともなって、――それは家族内での労働の自然発生的な分割と、個々の相対立する諸家族への社会の分裂に基づく――同時にまた配分、しかも量的にも質的にも不平等な、労働とその生産物の配分が存在するようになっており、したがって所有が存在するようになる。……それにしてもこの最初の所有は、この場面ですでに、所有とは他者の労働を意のままにできることだとする近代経済学者たちの定義に、まったく適っている。ともあれ分業と私的所有とは同じことの表現である。後者において活動の生産物との関係で言い表されているものが、前者においては活動との関連で言い表されているのである。」（ドイツ・イデオロギー 六四～六五頁）

なるほどここでマルクスは、直接には「疎外」というタームを用いておらず、むしろそれを語る哲学者たちを皮肉ってはいる。

けれども実質的には、『経済学・哲学草稿』と同様に「労働（分業）」の自己展開を、労働の対象化からその自己回帰性の喪失へとたどり、その生産物における表現を「（私的）所有」と呼んでいることにほとんど何の違いもない。それゆえ、労働の分割（分業）と私的所有は同じことを意味するといい、投下労働量の不平等から所有つまり階級関係の形成を説明しようとしている。その結果、勤勉な者が富裕階級となり怠惰な者が貧民階級となるという近代経済学（古典派経済学）と同様の結論しか導き出せないことにもなる。これは、人間を主語にその労働の対象化から私的所有を説明しようとしたロジックの必然的帰結ではなかろうか。この点で『ドイツ・イデオロギー』において、『経済学・哲学草稿』の疎外論が克服されたとはとうてい言えないであろう。

ただし、『ドイツ・イデオロギー』が『経済学・哲学草稿』と大きく異なるのは、私的所有をたんに疎外労働（分業）の帰結とするだけでなく、より具体的に歴史の時間的発展を導入し、「採取工業」から「小工業」をへて「大工業」にいたる分業の自己展開過程としてたどっている点であろう。すなわち、「大工業という交通形態」（資本主義）において、生産と所有の分裂、したがって資本と労働の対立が極点にまで達し、これまでのいっさいの「分業」と「私的所有」は廃絶されざるをえないと強調することになるのである。

ここでは、経済学研究の不十分さも手伝って、その廃絶に向かう論理的必然性はほとんど説明されていない。あえてその特徴をいえば、『経済学・哲学草稿』では、労働の自己展開が、人間の「自己疎外」から「自己獲得」へと還帰する論理の弁証法として説かれていたのに対して、ここでは歴史の弁証法の導入によって「否定の否定」というロジックが積極的に採用されている点であろう。じっさいこの結果マルクスとエンゲルスは、「分業」を、人間自身の行為が人間にとって疎遠で対抗的な威力となり、人間がそれを支配するのではなくこの威力の方が人間を支配するものとして「否定」的に描き出す。それゆえ分業の極限的な歴史的発展の暁に、すなわち「否定の否定」としての未来の共産主義社会なるものに、分業に隷属しないオールマイティな普遍的で主体的な「人間」の回復を展望することにもなるのである。

「労働活動が自由意思的にではなく自然発生的に分掌されているかぎり、……つまり労働が分業化され始めると、各人は自分に押し付けられる一定の排他的な活動領域をもつようになり、それから抜け出せなくなる。彼は、猟師、漁夫、牧人あるいは批判的批評家のどれかであって、生活の手段を失いたくなければそれであり続けざるをえない。これにひきかえ共産主義社会では、各人は排他的な活動領域というものをもたず、任意の諸部門で自己を磨くことができる。……私は、今日はこれをし明日はあれをし、朝には狩をし昼には漁をし夕方には家畜を追い、そして食後には批判をする。――猟師、漁夫、牧人あるいは批判家になることなく、私の好きなようにそうすることができるようになるのである。」（同 六六～六七頁）

こうした『ドイツ・イデオロギー』における「分業に隷属しない人間の回復」が、『経済学・哲学草稿』の説く「疎外された労働からの脱却」と共通するものであることは明らかであろう。このように『経済学・哲学草稿』から『ドイツ・イデオロギー』にいたる初期マルクスは、それを疎外論の継続とみなすか否かはともかく、普遍的「人間」という「主体」を前提にして、内属する「労働（分業）」の展開によって私的所有としての社会形態（資本主義）の分析を試みている。そして、さらにその弁証法的な発展の先に、本来の普遍的人間への還帰を展望するというほとんど同一の論理構成を採っていたといえるのである。

こうした主体としての自己（人間）をあらかじめ前提にし、その能動的な活動（労働）によって、世界のすべてを対象化し、さらにはそれらをことごとく自己に内的に帰一させようという方法論は、先に検討した超越論的現象学における自己意識による世界の構成、あるいは聖道門仏教における自力修行による悟りの境地とも共通する思想であるともいえよう。すなわちそれは、個々の存在者（他者）の具体性や能動性をいっさい捨象して、一元的で普遍的な「人間」の立場に立つものであり、いいかえれば、自己（人間）を「主体」とする構成によって世界の弁証法的発展をすべて開示し尽くそうとするものである。

このような他者（外部）の存在しない全一的な「人間」から始まり最終的に普遍的な「人間」に還帰する一元的ロジックは、じつは、後期マルクスの『資本論』においてその頂点にまで到達したといえるのではなかろうか。

2 『資本論』における主体としての人間労働

そこでつぎに、マルクスの『資本論』を素材にして、「他者」のいない自同的な全体性をたもつ世界の構成を検討してみたいと思う。

そこにはおそらく、「主体」である人間の自己疎外によって「他者」を生み出し、それを再び自己のなかに内在化して同一性に還元する論理、自己がその外部に超出し他在化したとしても常にそれを回収して自己に還帰する論理、そしてついには、自己の内的な発展によっておのずから生成・発展・崩壊にいたるという概念の自己展開の論理、こうした先鋭化した人間（自己）中心的な弁証法論理が典型的に読み取れるはずである。

価値形態論における他者の欠落

マルクスの主著『資本論』は、一八六六年から七二年にかけて執筆されたといわれる。第一巻「資本の生産過程」の第一篇第一章は「商品」であり、その第一節はつぎの有名な文章で始まる。

「資本主義的生産様式が支配的に行なわれている社会の富は、一つの『巨大な商品の集まり』として現われ、一つ一つの商品は、その富の基本形態として現れる。それゆえ、われわれの研究は商品の分析から始まる。」（資本論 第一巻 四七頁）

たしかに『資本論』におけるマルクスは、その初期の著作とは異なって、人間の労働なるものを出発点にして資本主義の分析を行なっているわけではない。そこでは、社会の富の基本形態として、「労働」ではなく「商品」から分析が開始されている。なるほど「労働」は、「人間」という主体が自己を生産物に対象化する実体概念であったのに対して、「商品」とは、それが単体では存在できない対他反照的な関係概念である。それゆえ廣松渉らのいうように、後期のマルクスは、実体とその自己疎外による世界観を脱却して、新たな人間と人間の「関係の第一次性」に依拠した間主観的世界像を模索しているようにもみえる。

ところがマルクスは、その第二節において、「商品」なるものは価値と使用価値を有しているという、商品から、人間の欲望を充足する「使用価値」それゆえそれを産み出す「具体的有用労働」の質的差異を捨象すると、そのあとには商品の「価値」だけが残るという。そしてこの「価値」は、相互に区別されることのないすべて均質な人間の労働量、すなわち「抽象的人間労働」なるものに一元的に還元されるというのである。

一見すると『資本論』は、初期における「人間」の本質としての「労働」から始まる分析に代えて、「商品」を端緒とする論理展開を構想しているようにみえる。しかしマルクスは『資本論』においても、商品とはどこまでも人間労働の生産物であり、その価値は、そこに主体としての「人間」が投じた「労働」が結晶し対象化したものであるという、初期以来の疎外論を払拭していない。すなわちマルクスの経済学は、フォイエルバッハやヘスらヘーゲル左派による人間を主体とし、その労働を根拠とする所有論を、スミスやリカードなど古典派経済学による商品の体化労働価値説に読み替えて、ほぼそのまま踏襲し継承しているといってよいだろう。

それゆえ『資本論』の出発点は、やはり関係概念としての「商品」ではなく実体概念としての「労働」であり、そうした労働を投下する抽象的「人間」なるものがアプリオリに前提にされているといわざるをえない。この点において、初期のマルクスから『資本論』にいたるまで、アイロニカルにも主体＝実体としての「人間」主義は一貫しているといえよう。

さてマルクスの『資本論』は、こうした人間労働の凝固としての「商品」から、その第三節において「価値の形態または交換価値」の分析にすすんでいく。商品の価値は「商品」自体からは測定できず、それゆえ他のものと比べてみるしかないというのである。

これがいわゆる「価値形態論」と呼ばれるロジックであり、それは、第Iの形態である「単純な個別的な偶然的な価値形態」から始まる。

マルクスは、この形態について、それが数学的な等式ではなく、それゆえ両辺は対称的な関係ではないことを強調する。左辺のリンネルは、価値を表現する相対的価値形態であり、たしかに「実在的」であるといってよいが、右辺の上衣は、価値を表現される等価形態であり、それは「観念的」にあるにすぎない。いいかえれば、この形態においては、リンネルの価値が上衣の使用価値によって現わされている。だが、価値を使用価値に等値することはそもそも不可能であり、したがってこの価値形態は初めから矛盾を含んでいる。

この矛盾を回避するために『資本論』第一篇第二章「交換過程」のように、価値表現の「主体」として、リンネル所有者としての「人間」を想定し、第I形態は、リンネルの所有者がいま上衣という使用価値を欲しているという欲望関係を表示するものと理解することもできよう。もっとも、マルクス自身の労働価値説の文脈に即していえば、「主体」であるリンネル所有者とは、リンネルの生産に「労働」を投じた人間であり、正確には「リンネル生産者」というべきである。したがってこの形態は、主体としてのリンネル生産者（自己）が、たとえば寒さをしのぎたいという感受性に突き動かされて、暖かい上衣の享受を感覚的に欲しているという意識表象を現わしているとみることもできる。

そのばあい、この形態は、先にみたフッサールの現象学的な純粋意識へとほぼそのまま転用することも可能であろう。そこでは上衣の客観的存在が問題なのではない。私（自己）はあくまでも上衣の感覚的享受を欲している。それゆえ客観的実在としての上衣の存在は判断中止（エポケー）され、上衣は、私（リンネル生産者）の観念のなかに超越論的主観性として構成されているにすぎない。すなわち、リンネル生産者による上衣の等値は、私の意識作用（ノエシス）に相関する意識対象（ノエマ）として在りうるといってもよいかもしれない。

だがマルクスの価値形態論は、このような解読を無効にする矛盾をはらんでいる。

私は、自己の意識表象においてリンネルの価値に上衣を観念的に等値した。けれどもマルクスの当初の想定においては、あらゆる商品の背後には、そこに抽象的労働を投じた「人間」がいるはずであった。すなわち上衣にも、それを「労働」によって裁縫した「生産者」がいるはずである。ここにおいて、私（リンネル生産者）は、上衣の生産者という「他者」を認識し、彼を自己の意識内に構成することができるのかという問題が生じる。つまり、現象学においてアポリアとなった「他者」構成という難問が、ここでも生じざるをえない。

この難問に、レヴィナスなら否定的に答えるであろうが、フッサールと同様にマルクスもまた、確実に肯定的な返答をするはずである。

なぜなら、私の意識の内部に、リンネルという商品と同様に上衣をも構成できるとするならば、私は、自己（リンネル生産者）と生産物（リンネル）との密接な関係からの「類比的等覚」によって、上衣にも、そこに労働を投下した生産者（他者）の存在を類推せざるをえないからである。こうした「類推」をつうじて、私は、リンネルと上衣に「対」的関係を認め、それをつうじてリンネル生産者（自己）と上衣生産者（他者）を間接的に等置することができるようになる。このような「回り道」をつうじて、リンネルを生産する抽象的人間労働と上衣を生産する人間労働とが初めて相同関係に置かれる。すなわち、リンネルと上衣は相等しい価値を持つ等価的関係として認識されることになるのである。

つづいてマルクスは、第Ⅱの形態である「全体的あるいは拡大された価値形態」へと議論をすすめていく。この形態はつぎのように表現される。

20エレのリンネル ＝ 1着の上衣
＝ 10ポンドの茶
＝ 40ポンドのコーヒー
＝ 1クォーターの小麦　etc.

ここでは、リンネルという商品の価値は、商品世界の他の無数の商品によって表現される。上衣・茶・コーヒー・小麦などすべての商品は、その使用価値によってリンネルの価値を映す鏡となる。ここでフッサールならば、先の「類比的等覚」を用いて、リンネルから生産者（自己）を導き出したのと同様に、他のすべての商品にも「労働」による生産者（他者）の存在を類推することができることになろう。じっさいマルクスも、すべての商品は、他者の抽象的人間労働が無差別に結晶したものと想定することになるのである。

それゆえ価値形態論における最大のアポリアといわれた次の形態への展開が、マルクスにおいては、いとも簡単に可能となる。すなわち、マルクスは、先の第Ⅱ形態の左辺と右辺とをこともなげにひっくり返してしまう。これが第Ⅲの価値形態すなわち「一般的価値形態」である。

1着の上衣　　　　　　＝　20エレのリンネル
10ポンドの茶
40ポンドのコーヒー
1クォーターの小麦　etc.

このような主語と述語の逆転、すなわち相対的価値形態と等価形態との入れ替えは、ほんらい論理的には不可能なはずである。しかしマルクスにおいては、価値形態論に先立って、価値の実体なるものがアプリオリに前提とされていた。もっと正確にいえば、初期マルクスいらいの「人間」を主語にし、その「労働」を述語とする「人間疎外論」の文脈によって、『資本論』の価値論は大きく影響を受けていたのである。それゆえ、当初からリンネルの価値を上衣の使用価値によって表現する価値形態論の「矛盾」は、リンネル生産者の観念において上衣生産者（他者）を自己の人格的類似者として構成することで解消された。したがって、自己（生産者）と商品（生産物）をつなぐ密接な関係性、つまり人間労働の対象化を、他者とその生産する商品にも「類推」することが可能となったのである。

このようにして、マルクスにおいて商品の価値形態の左辺と右辺は、抽象的人間労働の量的同等性を根拠にして、いとも簡単に逆転することができた。すなわち、「自己」と「他者」の可逆的転換関係 réversibilité が確証されたのである。
　こうしてマルクスの価値形態論はそのまま最後の「貨幣形態（金）」へと発展することになる。

1着の上衣
10ポンドの茶
40ポンドのコーヒー　＝　2オンスの金
1クォーターの小麦
X量の商品A

　マルクスの最初の想定では、リンネルは価値を表現する相対的価値形態であり、上衣は価値を表現される等価形態であるはずであった。理論的には、当然にも商品の価値を表現される等価形態（上衣）の位置に貨幣があり、商品は「自力」で貨幣に転化することなどありえない。この後マルクスが第三章「貨幣または商品流通」で説くように、貨幣（金）は、価値尺度、流通手段、蓄蔵手段、支払手段、世界貨幣という機能をはたす。けれども、これらの貨幣の機能は、商品から貨幣への「命懸けの飛躍」をともなうものであり、貨幣はいつでもどこでも任意の商品になれるが、商品の販売は、貨幣の側から購買されないかぎり絶対に実現できない受動的性格をもつはずであった。仮に、そこに所有者という人間を置いたとしても、商品所有者（自己）にとって貨幣所有者はひとりの「他者」であり、「自己」はいかに「自力」の努力をしても、絶対に「他者」にはなれない宿命にある。

ところが『資本論』においては、出発点の商品である相対的価値形態としてのリンネルが、そのまま貨幣の位置に反転する論理構成になっていた。そこでは上衣その他の等価形態は、商品としてのリンネルが自ら貨幣へと直接に転化するための、いわばスプリングボードとしての役割以上のものではなかった。つまりマルクスは、「自己」をそのまま「他者」に転生させたのである。

こうして『資本論』においては、労働に対する市場経済の外面的な対立関係がまったく無視され、初期いらいの人間主義をひきずったまま、抽象的な「人間」を出発点に、それに内属する「労働」から「商品」を、さらにその発展として「貨幣」を、内在的に導き出す概念の普遍的な自己展開論に陥ってしまったといわざるをえない。

こうした商品や貨幣のいっさいを「人間」の労働の自同性に回収する全体性の認識には、おそらくは、フッサールの現象学と同様の超越論的還元という「暴力」が潜んでいる。あるいはまた、商品から貨幣を導き出した無理なロジックには、自己が自ら悟りを開いて仏になるという聖道門仏教と共通する「自力」が待ち受けているように思われる。すなわちそこには、人間に対する商品の、そしてまた商品に対する貨幣の、「外部」的性格すなわち「他者」性にかんする考察が決定的に欠落していたと考えられるのである。

貨幣から資本への自己転化

マルクスはつぎに、第二篇第四章において、この貨幣がいかにして資本となるかを考察する。

商品流通W―G―Wにおいては、商品Wareはその生産の場面から、貨幣Geldを介して別の商品Wとなり消費に落ちる。しかし貨幣Gから始まる流通は、商品Wを介して再び貨幣Gへと回帰し永遠の循環を繰り返す。これが資本である。だがこのばあい、最後の貨幣は最初の貨幣より価値を増やしていなければ意味がない。それゆえマルクスは第四章第一節で、こうした自己増殖する価値の運動態G―W―G′(G+⊿g)をもって「資本の一般的定式」と名づけることになる。

けれどもこの「定式」は、安く買って高く売る不等価交換すなわち商人資本形式でしかなく、少なくとも商品の等価交換を前提とするかぎり存在しえないはずである。それゆえマルクスはつぎの第二節において、「一般的定式の矛盾」なるものを語り、この「定式」を即座に否定することになる。資本とは、あくまでも労働価値どおりの売買を通じて自己増殖し続ける形式でなければならないというのである。

いうまでもなく、こうして導き出されるのが産業資本形式であり、これを可能にするのが、第三節で登場する「労働力Arbeitskraft」という特殊な商品の売買である。労働力は、それが購入された価格(価値)と、それを使用価値として消費つまり労働に投ぜられたときに新たに形成される価値とが異なり、要するに労働力と労働との価値としての差異が「剰余価値⊿g」となって、絶えざる価値の自己増殖を実現する。この労働力商品の発見によって、マルクスは、価値どおりの売買法則を遵守しつつ貨幣から資本への転化を可能にする形式を見つけたようにみえる。

だが、ここにも大きな問題が潜んでいた。

先にみたように、マルクスは商品も貨幣もともに人間の「労働」が結晶し対象化(体化)したものとみなしていた。したがってW―G―Wは、たんなる商品流通ではなく、それはどこまでも単純商品生産における人間労働の姿態変換過程でなければならなかった。同様に、G―W―G′は、G―W$\left\langle\begin{matrix}A\\Pm\end{matrix}\right.$…P…W′―G′という資本主義的商品生産をつうじた労働の姿態変換として実現される以外にない。それゆえマルクスにおいて「貨幣の資本への転化」は、商人資本や金貸資本といった「大洪水以前」の資本形式に依拠するのではなく、いきなり、単純商品生産から資本主義的生産（産業資本）への人間労働自体の自己発展過程として俎上に載せざるをえないことになったのである。

　それゆえこの「貨幣の資本への転化」は、『資本論』第一巻の第七篇「資本の蓄積過程」において、「商品生産の所有法則から資本家的領有法則への転回」として、もう一度問題にされることにもなる。

　マルクスはこの「転回」論において、商品生産を、「他者の商品を獲得する手段は自己の商品の譲渡のみであり、そして自己の商品は、ただ労働によってのみ作り出されるものである」という想定から始めている。つまり商品生産における所有の根拠は必ず「自己の労働にもとづくもの」であるというのである。けれどもこの商品生産を媒介する貨幣がひとたび他者の労働力の購入に使用されると、この「商品生産の所有法則」は、たちまちその反対物である「資本家的領有法則」に転回するという。

　すなわち資本の蓄積過程において、最初の循環では、自己の労働によって獲得した貨幣が本源的資本として追加資本を生むが、つぎの循環では追加資本自体が新たな資本を生む。この結果、再生産の反復は本源的資本の割合を無限小に縮め、最初に想定した「自己労働による所有」の痕跡は完全に消滅してしまう。マルクスにとって資本とは、自己の労働が産み出す追加資本を他者が累進的に拡大させる過程である。それゆえ資本主義的蓄積とは、他人の労働の購入によりその生産物を領有することであり、資本の蓄積とは、頭の先から爪先まで、他人（労働者）の「不払い労働」によるさらなる「不払い労働」の領有としてのみ実現されることになるというのである。

こうしてマルクスにおいて「貨幣の資本への転化」とは、そのまま、「自己の労働にもとづく所有が他人の不払い労働の領有に転回する」ことを意味する。すなわち最初は「労働の結果であった所有」が最終的には「労働から完全に分離した所有」となる。しかもこのような転回は、「商品生産と商品流通にもとづく領有または私的所有の法則が、それ自身の内的で不可避な弁証法によって必然的に生じる」ものであるというのである。このようにして、貨幣が資本へ転化する過程は、事実上、商品生産から資本主義的生産にいたる「人間」の「労働」自体の転回というロジックに解消されてしまったのである。

それゆえ、マルクスの『資本論』体系は、「人間」なるものを端緒にして、それに内属する「労働」の対象化した商品が内的で必然的に自己展開するという弁証法によって、貨幣から資本を、それゆえ現前する資本主義世界のすべてを、理解しようとするものであったといえよう。いわば、フッサールや唯識仏教が、自己の認識作用によって、世界の存在を純粋意識の表象に映現する内的事象へと還元し構成したのと同様に、マルクスは、自己の労働作用によって、世界におけるいっさいの生産物を人間による所有の内的対象へと還元し構成しようとしたといってもよいであろう。

そしてじつは、こうした資本家的生産の自己発展論が、同時にそのまま、資本主義の自動崩壊論を導き出す根拠ともなる。

すなわちマルクスは、第七篇第二三章の「資本主義的蓄積の一般的法則」において、資本の生産力の発展は、労働力に対して生産手段に投ぜられた資本の割合を絶えず高度化するという。つまり資本主義的な蓄積の拡大に比例して、資本はその価値増殖にとって余計な人間労働を、したがって、相対的に過剰な労働力人口をつねに累進的に排出するというのである。こうした蓄積の進展にともなう産業予備軍（被救恤貧民）の比例的な増加は、資本主義の必然的法則であり、「一極における富の蓄積は、同時に他極における、すなわちそれ自身の生産物を資本として生産する側における貧困、労働苦、奴隷状態、無知、粗暴、道徳的堕落の蓄積である」とされる。これが有名な「労働者の絶対的窮乏化法則」と呼ばれるものである。

そしてこの窮乏化の極点においてマルクスは、労働者階級（自己）による自然発生的な資本主義社会に対する反抗、すなわち労働者による労働の奪還としての革命の必然性を示唆しているといえよう。なぜならマルクスは、ヘーゲル精神現象学における絶対精神の自己疎外から自己獲得へと還帰する弁証法論理を、そのまま、「人間」主体の「労働」の疎外からその極点における再獲得へと読み替えて、これを、資本主義の生成から崩壊にいたる論理に転用しようとしていたからである。

資本主義の生成・発展・崩壊論

こうしてマルクスの『資本論』は、第一巻の最終部である第七篇の第二四章第七節「資本主義的蓄積の歴史的傾向」において、ヘーゲル左派が提起した人間の労働の自己疎外から再獲得にいたる「否定の否定」の弁証法を、そのまま、資本主義の生成から崩壊にいたる歴史理論に適用しようと試みることになる。
まず「第一の否定」は、先にみた単純商品生産から資本主義的生産への転回である。

「自己の労働によって得られる、いわば独立した労働者個々人と、その労働条件との結合にもとづく私有は、他者の、しかし形式的には自由な労働の搾取にもとづく資本主義的な私有によって、駆逐される。」（資本論第一巻 九九四頁）

けれどもマルクスは、こうして確立した資本主義的生産様式をけっして安定した社会システムであるとはみなしていない。それはまさに「疎外された労働」の結果であり、「労働と分離した所有」の制度にほかならない。それゆえ彼は、資本主義的生産がみずからの脚で立つまでに発展すれば、直接生産者がプロレタリアへ、その労働条件が資本へと転化されてしまい、それは私的所有者の収奪の新しい形態を生みださずにはおかない、というのである。

この点についてマルクスの言い分を聞いてみよう。

資本主義的生産は、資本の集中という内在的法則そのものによって、つねに少数の資本家が多数の資本家を収奪し滅ぼすのであり、それとともに、ますます大規模な協業的形態や科学技術の意識的利用、土地の計画的利用が始まり、同時に、労働手段の共同の利用や社会的な活動の結合による生産手段の節約がおこる。それはまた、世界の国民を世界市場に組み入れるとともに、資本主義の国際的性格を飛躍的に発展させる。

このようにあらゆる利益を収奪し独占する資本家の数が減少し資本が集中するとともに、労働者の窮乏、抑圧、隷従、堕落、搾取の度合いが増していく。しかしながらそれはまた逆に、資本主義生産機構そのものによって訓練され、結集され、組織された労働者階級の抵抗自体を増大させ拡大させることになる。資本の独占は労働者の抵抗によって、生産様式そのものの桎梏となる。生産様式の集中と労働の社会化は、そうした資本主義の枠組みと調和しなくなる点にまで発展する。したがってその枠組みは破壊されざるをえない。こうしてマルクスは、「資本主義的私有の最後の鐘が鳴る。収奪者が収奪される」として、資本主義の終焉を予言することになる。

それゆえマルクスはまた、資本主義のこの崩壊過程は、先の「第一の否定」に対する「第二の否定」、ヘーゲル流にいえば「否定の否定」という弁証法的な歴史の必然性そのものであるというのである。

「資本主義的生産様式から生まれる資本家的領有様式、したがって資本主義的私的所有は、自己の労働にもとづく個人的な私的所有の第一の否定である。しかし資本主義的生産はある種の自然的で必然的な過程をもってそれ自身の否定を生み出す。それは否定の否定である。この否定は、私的所有を再建することはないが、しかし、資本主義時代の成果を基礎とする個人的所有をつくりだす。すなわち、土地の協業と労働そのものによって生産された生産手段の共同占有にもとづく個人的所有を再建するのである。」（同 九九五頁）

以上のように『資本論』第一巻のマルクスは、普遍的な主体（自己）に対する全面的な肯定からいっさいの論理をスタートさせている。全一的な「人間」があらかじめ前提とされ、その能動的な活動である「労働」によって、対象物（生産物）は自己に還元され所有される。このように「所有」は、まずは、どこまでも自己から出て自己に回帰すべき自己完結的な自同性として把握されていた。このかぎりでは、商品や貨幣も、人間の「労働」が対象化され外在化した「自己」の変容態であることに変わりはない。

だが、資本という運動態は、これらとは異なる。それはもはや自己への還帰性を喪失した「疎外された労働」の結晶であり、したがってそれは、人間（自己）の労働から生まれたものでありながら人間に外的に対立する「他者」の所有とならざるをえない。資本は人間（自己）にますます疎遠で全面的に対立する運動態として増殖し続け、やがてその構成の高度化は、人間の労働そのものをも資本にとって過剰な疎外物として排除していくことになる。それゆえ人間は、他者（資本家）のもとでの「疎外された労働」にとどまらず、あらゆる労働の機会そのものから疎外され、いっさいの所有の糧を失ってしまう。自己労働からの生産物の「所有」の疎外が、最終的には人間からの「人間」の疎外（自己疎外）にいたることになる。これが第一巻における人間主体の「否定」の終局点である「絶対的窮乏化論」であったということになろう。

それゆえマルクスはこの「労働」を、「他者」としての資本から「自己」としての人間に内属する活動へと、還帰させなければならないことになる。それによって、「所有」をふたたび自己に内在化して人間の普遍性・全体性・自同性を回復しなければならない。ここに、人間（自己）のもつ能動性つまり人間主体の「自力」による所有の自己回帰的な運動がある。

すなわちマルクスは、人間（自己）の「労働」から始まり、それを商品・貨幣から資本へと内在的に展開して「他者による疎外の世界」を構成した。資本家的所有とは、人間労働が到達した弁証的「否定」の世界である。それゆえこの疎外された世界から、再び所有を人間（自己）の労働そのものへと還元し人間の全面性と普遍性を奪還しなければならない。おそらくは、こうした「否定の否定」による普遍的人間の回復こそが、マルクスが終生保持しつづけた「倫理学」だったのではなかろうか。それはけっきょく、リカード左派やプルードン派が提起した、個人的小生産者の連合（アソシエーショニズム Assoziationismus）とほとんど代わり映えしない凡庸な社会主義（共産主義）像であったといえよう。

もちろんこれだけなら、著者が、マルクスの『資本論』という作品を初期マルクスの疎外論に引き寄せて解読し、それを、牽強付会に、フッサールの現象学的「独我論」や釈迦いらいの古典仏教による「自力の悟り」に結びつけて、意味付与しているだけにみえるかもしれない。

しかしながらマルクスの『資本論』は、第一巻「資本の生産過程」だけにとどまるものではない。その資本主義の自動崩壊論とそれに対応する労働者の自己解放の必然性論は、第二巻「資本の流通過程」、および第三巻「資本主義的生産の総課程」においても、さらに詳しく展開されていると見なければならない。つぎにこの点を簡単に敷衍しておきたい。

再生産表式の不均衡論

さて、資本の運動は、一般的な資本の蓄積過程にとどまらず、社会的総資本の再生産過程としても考察されなければならない。これが『資本論』の第二巻「資本の流通過程」で説かれる「再生産表式」と呼ばれるものであり、社会的総資本としての商品資本の循環W′—G′・G—W…P…W′のうちに生産手段と生活資料とを生産する労働がどのような量的関係において投じられなければならないかを明らかにするものである。

マルクスは、『ドイツ・イデオロギー』いらいの労働を「分業」として考察する視点から、人間の労働は、つねに「生産手段生産部門」と「生活資料生産部門」に適切に分割されなければならず、前者を第Ⅰ部門、後者を第Ⅱ部門と呼んで両者の関連を問う。すなわち、第Ⅰ部門も第Ⅱ部門も、それぞれ不変資本 constant capital（c）と可変資本 variable capital（v）および後者の産み出す剰余価値 Mehrwert（m）からなり、マルクスはこの両部門のあいだには、資本の部門間の移動をつうじて、最終的につぎのような関係式が成り立つという。

単純再生産　：　Ⅰ（v＋m）＝Ⅱc
拡大再生産　：　Ⅰ（v＋m）＞Ⅱc

すなわち、単純再生産において調和していた生産と消費とのバランスは、拡大再生産においては不均衡とならざるをえず、資本主義が拡大し発展するためには、生産手段の生産に投じられる労働力とその剰余価値を、生活資料の生産のために投じられる生産手段の価値よりもつねに大きくしていかなければならないことになる。

それゆえT・バラノウスキーやK・カウツキーはこの生産と消費の不均衡を、資本主義社会がひきおこす恐慌の究極的原因であるとみなしたのである。この再生産表式は、『資本論』第一巻と同様に、人間の「労働」の普遍性を前提にしていた。資本といえども人間労働が対象化（体化）したものであり、したがってその拡大再生産に対応して労働を無限に拡大供給できなければ、資本主義は破綻することにならざるをえないからである。

これをふまえて、このような資本主義的再生産の維持がそもそも不可能性であると説いたのが、たとえばローザ・ルクセンブルクが一九一二〜一三年に執筆した『資本蓄積論』であった。

ルクセンブルクは、こうした資本家と労働者だけの内的世界では、①資本家の自家消費を除く剰余価値分の購買者がいない、②拡大再生産のために必要な自然および土地から得られる原材料はどこから持ってくるのか、③そしてなにより、そのための追加労働力をどこから供給するのか、という疑問を提起した。すなわち彼女によれば、拡大再生産表式が実現されるためには、資本主義の外部にかならず生産物の購買と原材料の供給源、そしてより根本的には、追加労働力の供給源である「非資本主義的世界」の存在を前提としなければならないというのである。いいかえれば、資本主義は、つねに自己の外部に「他者」がいなければ存立しえないことになる。

もっとも、このルクセンブルクの主張も、資本主義に対する「他者」の外的な能動性や積極性を肯定するものでは決してない。あくまでも「主体」としてのイニシアティヴは資本主義の側にあり、資本はたえず能動的・積極的に外部の「他者」とりわけその労働を侵食し分解することで蓄積を推し進めて膨張していくというのである。ここから彼女は、植民地をめぐる資本主義国間の熾烈な競争と帝国主義的侵略の必然性を説き、その独自の帝国主義論を形成することになる。それゆえ外部の「他者」すなわち非資本主義的社会は、つねに破壊され縮小されて資本主義の内部に包摂され還元されていくしかない。最終的に非資本主義的「他者」が完全に消滅したとき、資本主義は「自己」の全体性からのみ成り立つ全一的世界を実現するようにみえる。

だが彼女によれば、そうした普遍的で全一的な世界資本主義はけっきょく実現できないという。なぜなら、そのとき資本主義は自己の蓄積運動そのものの基盤を喪失し、自己自身もまた終焉を遂げることになるからである。

ここでは、こうしたルクセンブルクの再生産表式の解釈にかんする正当性は問わない。だがルクセンブルクはもちろんマルクスにしても、資本の主導性や能動性に全幅の信頼を置き、その自己準拠的な自同性の肯定のうちに弁証法的な否定の可能性を探ろうとしていたことは間違いないであろう。外部にある「他者」はたとえその存在を認めるにしても、つねに消極的で受動的な、やがて消滅し否定されるものとしてのみ位置づけられていたのである。こうしてルクセンブルクによれば、資本主義の全世界的な拡大すなわち帝国主義的発展は、やがて逆説的にも、資本の蓄積条件そのものを掘り崩していかざるをえない。彼女にとって、資本蓄積の拡大過程はそのまま、国境の外部の「他者」である被抑圧民族だけでなく、国内の「他者」である労働者の生活基盤をも破壊することであり、資本自身の存立基盤を自己否定することになるのである。

それゆえルクセンブルクの世界資本主義の拡大史観においては、資本主義は必ず自動崩壊する、いいかえれば、内外の非資本家的なすべての階級が自然発生的かつ自動的に革命的反乱に立ちあがるという必然性を説くことになったのである。このような世界資本主義の中心から周縁へ、それゆえ「自己」から「他者」へという普遍的拡大史観による資本蓄積と再生産にかんする解釈は、その後、S・アミンの従属理論やE・マンデル、I・ウォーラーステインらによる世界システム論、さらには近年のさまざまなグローバリゼーション論によって、ふたたび脚光を浴びることにもなる。

もちろん、マルクスの再生産表式には多様な解釈が存在する。これらとは逆に、むしろそれを、抽象的で静態的な普遍システムとして理解する均衡論的解釈の方が有力であるといえるかもしれない。しかしながら、資本主義の再生産それ自身から恐慌ないし資本主義の崩壊を導きうるか否かはともかくとしても、いずれの解釈においても、「再生産表式」を「労働」の拡大再生産という「実体」に還元して理解しようとする点では共通であった。それゆえここでは、マルクスは『資本論』第二巻においても、いまだ人間（自己）を主体とし、その内属的な労働の自己展開にもとづく資本主義理解に立脚していることを確認しておけば足りる。

利潤率の傾向的低落の法則

これに対して資本主義の自動崩壊論は、第三巻「資本主義生産の総過程」において、より鮮明に主張される。『資本論』の第三巻は、個別資本を「主体」とする他の資本との競争過程として展開され、その結果達成されるある種の「誰も意図しない結果」について考察している。それは一見すると、「自己」と「他者」による「万人の万人に対する闘争」ゲームのようにみえるかもしれない。

主体である個別資本はつねに他者にうち勝つことを至上命令として活動しており、敗北は自己の消滅を意味する。それゆえ個別資本は、他の資本との競争に勝つために、平均利潤を超えて可能なかぎり多くの超過利潤を獲得することを強いられる。異部門間における不断の競争は、利潤率の低い部門からの資本の流出と、より高い部門へのその流入をもたらし、意図せざる結果として利潤率の均等化（一般的利潤率）を生み出す。その結果、資本の生産する商品は、「自己」の意思にかかわらず、すべて、費用価格ｃ＋ｖに平均利潤ｐを加えた生産価格によって販売せざるをえないことになる。

さらに、同部門間において超過利潤を獲得するもっとも有効な方法が「資本の有機的構成 $\frac{c}{v}$」の高度化である。すなわち個別資本は、他の資本を出し抜いて構成の高度化、すなわち労働力（可変資本ｖ）に対して生産手段（不変資本ｃ）に投じる資本の割合を多くするために、新たな機械技術の導入による合理化投資に踏み切ることになる。たしかに個別資本における新技術の採用は超過利潤を生むといってよいが、問題は、他の資本が追随して同様の新技術を導入したとき、この超過利潤はしだいに逓減し、結果的に以前よりも少ない利潤に帰着せざるをえないことである。すなわち個別資本の利潤獲得競争が、全体としての利潤率の傾向的低下をもたらすという皮肉な結果にいたるのである。

利潤率とは、生産手段（不変資本ｃ）と労働力（可変資本ｖ）に投じられた資本の合計に対する剰余価値ｍの比率を意味し、一般に $\frac{m}{c+v}$ と表示される。これに対して剰余価値率は、労働力とその産み出す剰余価値の比率 $\frac{m}{v}$ で表わされる。ここからマルクスは、『資本論』第三巻の第三篇第一三章において、剰余価値率が一定であるという条件のもとで、投下資本中に占める可変資本を固定しそれに対応する不変資本の量を増大させれば、すなわち資本の有機的構成が順次に高度化していけば、必然的に一般的利潤率は低下せざるをえないという結論に達する。

「充用され生きている労働の量が、それによって動かされる対象化された労働の量すなわち生産的に消費されている生産手段の量に比べてますます減っていくのだから、この生きている労働のうち支払われないで剰余価値に対象化される部分も充用総資本の価値量に対してますます小さい割合にならざるをえない。ところが、この、充用総資本に対する剰余価値量の割合が利潤率なのであり、したがって利潤率はしだいに低下せざるをえないのである。」（資本論第三巻 二六七～八頁）

もっともマルクスはこの法則を阻害する作用として、つづく第一四章において、労働の搾取度（剰余価値率）の強化をはじめいくつかの要因を挙げている。これをふまえて例えばポール・スウィージーらは、資本構成の高度化は利潤率の低下とともに、一般的には剰余価値率の上昇をもたらすと想定し、それゆえ両者の関連を明確にしなければこの法則の必然性は説けないという。スウィージーによれば、利潤率はつぎの数式に変換できる。

$$p' = \frac{m}{c+v} = \frac{m}{v}\left(1-\frac{c}{c+v}\right)$$

それゆえ、剰余価値率 $\frac{m}{v}$ よりも資本の有機的構成 $1-\frac{c}{c+v}$ の変化の方が大きいことを証明しなければ、利潤率の低落化傾向もまた証明できないことになる。

たしかに資本構成の高度化は一般的に過剰労働力の排出をもたらし、それゆえその圧力のもとに労働の強化や労働日の延長による剰余価値率の上昇が生じることが多いとはいえるかもしれない。けれども資本主義の発展は必ず有機的構成の高度化をともなうのに比して、労働の強化や労働日の延長は人間の生理学的条件によっておのずから限度を画されており、両者を共通の土俵で論じることはできないであろう。

そもそもマルクスは、『資本論』の第一巻冒頭において、あらかじめ人間労働の投下が商品の価値を生むといういわゆる価値実体論を前提としており、したがって資本構成の高度化が不変資本 c に対する可変資本 v の割合を無限に小さくさせるものであるかぎりは、それが、生産手段に対象化された過去の死んだ労働に対し、現在の生きた生産的労働の割合を減少させていくのは避けられないことであろう。すなわち人間労働の発展を無前提に公理としている『資本論』においては、資本主義の長期的歴史的スパンでみたばあい、生産力の拡大に対応する資本の利潤率の傾向的低落つまり資本主義の漸次的衰退はひとつの必然的過程であるということになるのである。

さらにマルクスは、つぎの第一五章においては、この資本の加速度的な蓄積と利潤率の低落との関係、すなわち労働の生産力の発展が資本の基底的動機である価値増殖に対して制限となる関係を、そのまま「唯物史観」にいう生産力と生産関係の対立、ないしは社会的生産と私的所有の「内的矛盾の展開」なるものとして捉え返すことになる。そして利潤率の低落から一挙に、資本の集積と集中による独占とさらには過剰生産による恐慌、したがって資本主義そのものの崩壊を導き出そうとするのである。

「蓄積は大規模な労働の集積と資本のより高度な構成をもつかぎり、利潤率の低落を促進するが、利潤率の低落は資本の集積を促進し、より小さな資本家からの収奪によって、最後に残っている直接生産者からさらに収奪することによって、資本の集中を促進する。……他方、総資本の増殖率すなわち利潤率が資本主義的生産の刺激であるかぎりは、利潤率の低落は新しい独立した資本の形成を妨げ、それによって資本主義的生産過程に脅威を与える。それは、過剰生産や投機や恐慌を促進し、過剰人口と同時にあらわれる過剰資本を促進する。」（資本論 第三巻 三〇三～四頁）

もっともマルクスは、第一五章の結論部分では、この点について、「労働の生産力の発展は、ある段階に達すれば、自らに対して反作用し、恐慌によってしか克服できない法則を、利潤率の低落のなかで生み出す」という弁証法の公理を述べるだけであり、資本主義の終焉論を具体的に展開しているわけではない。そのため、マルクスの論理は後代のヒルファディングやレーニンによって事実上ひきつがれることになった。彼らは、いわば『資本論』第三巻の続編というべき著書を発表することになるのである。

『資本論』の延長にあるもの

一九一〇年にルドルフ・ヒルファディングは『金融資本論』を書き、一九一七年にはＶ・イリイチ・レーニンが『帝国主義論』を発表している。ヒルファディングはこの著書の第三編において、マルクスの論理をひきついで、労働生産力の発展と技術の進歩が資本構成の高度化とともに利潤率の低落をひきおこすところから自己の論理を開始する。

すなわちヒルファディングによれば、資本構成の高度化による固定資本の巨大化の問題点は、第一に、既存の資本間における投下資本の移動を困難にして利潤率の均等化を阻害する点にある。この制限を解除するものが資本の動化としての擬制資本の形成である。擬制資本は結合される資本の範囲を拡張し、固定資本の現実の還流から独立にそれを貨幣資本に不断に再転化することを可能にするからである。こうして擬制資本の具体化である株式制度の利用によって、固定資本の巨大化は利潤率の均等化における障害ではなくなる。

ただし第二に、とりわけ巨大な固定資本を有する重工業部門においては、同業者間の永続的な競争によって利潤率が平均以下に低落する傾向が長期的に続かざるをえないことが問題となる。この克服のために資本は、固定資本をいっそう増投して資本の集中と集積つまり株式資本による資本結合と独占体の形成に向かう。すなわち、固定資本の肥大化による利潤率の不均等な低落は、諸生産部門を隔てる障壁を取り除くことによってしか解決できないということになるのである。

ヒルファディングはさらに、この傾向は銀行の利害関係によっていっそう促進されるという。銀行は、産業企業に対して「資本信用」とりわけ固定資本貸付を与えることで密接な結びつきを形成し、同時に、擬制資本の形成による資本の動化によって産業資本に転化された自己の貸付資本を流動化して創業利得の獲得をはかる。こうして銀行は、自己の関与する低い利潤率の諸巨大企業間の競争を積極的に排除して産業企業における独占の形成を促進する。この結果、銀行はみずからのイニシアティヴのもとに産業の結合とその支配を展開することになるという。

それゆえヒルファディングは、こうした固定資本信用をつうじて産業資本に転化されている銀行資本をもって「金融資本 Finanzkapital」と規定するのである。

こうした金融資本のもとでは、銀行は全産業資本を総カルテルのかたちで支配・統合する。この点をふまえてヒルファディングは、銀行がその支配下にある全産業の生産を意識的に規制することで、商品価格は生産物の分配上のたんなる計算単位にすぎないものになってしまうという。すなわち金融資本による組織化によって、資本の無政府的競争のもつ矛盾が解決されるという展望をみいだすのである。彼は、こうした金融資本のもとにおける総カルテルとしての社会的物質代謝を「組織資本主義」と呼んで、ここに資本主義の事実上の終焉を読みとる。すなわち、金融資本のひとつの帰結であるこの「組織された資本主義」にこそ、つぎの社会すなわち社会主義的計画経済の萌芽が胚胎するというのである。それは文字どおり、資本主義の内的な自己発展による自動消滅論であろう。

これに対してレーニンはその『帝国主義論』において、いっそうストレートに、「マルクスは、資本主義の理論的・歴史的分析によって、自由競争は生産の集積を生み出し、そしてこの集積はその一定の発展段階で独占に導くことを証明した」と断言する。すなわちレーニンは、自由競争は必然的に独占に転化するという歴史の弁証法なるものをドグマ化して、マルクス以降の資本主義の発展過程のいっさいを「帝国主義の歴史的必然性」として説明しようというのである。

レーニンによれば、資本主義の発展過程は、つぎの五つの段階を必然的なメルクマールとする。すなわち、①生産と資本の集積が、経済生活で決定的役割をはたす独占をつくりだすまでに高い発展段階に達する。②この産業資本が銀行資本と融合し「金融資本」を基礎にする金融寡頭制が誕生する。③商品の輸出と異なる資本の輸出がとくに重要な意義を獲得する。④世界を分割する資本家の国際的独占団体が形成される。⑤最大の資本主義列強による地球の領土的分割が完了する。いいかえれば、独占体による支配が完成され、資本の輸出が顕著になり、国際トラストによる世界の分割が始まって、資本主義列強が領土の分割戦争を行なう。この発展段階を経た資本主義が「帝国主義 Inperialismus」であることになろう。

ここでは、ヒルファディングの説いたような、銀行資本の固有の役割やそれによる産業の組織化といった契機がいっさい無視され、また、過剰資本の形成についても農業の衰退や大衆の貧困といった一般的要因が列挙されているだけであり、これらと『資本論』第三巻で説かれた固定資本の肥大化や利潤率低落傾向との関連も、十分に考慮に入れられているとはいえない。それはせいぜい、唯物史観の公式を根拠に、マルクスの片言隻語を一九世紀末の帝国主義戦争という現実に接続させた程度のしろものに過ぎない。

しかし一般には、このレーニンの託宣はその単純明快性ゆえに、マルクスの発見した資本主義の基本矛盾の具体的展開であり、したがって『資本論』の直接的で必然的な延長にある「資本主義の最終段階」すなわち「死滅しつつある資本主義」の分析であると理解された。それゆえこの書物は、「帝国主義戦争を内乱へ」というセンセーショナルな戦略的スローガンとともに、資本主義の崩壊と労働者の革命的実践を弁証法的に統一する理論として高く評価された。ここに、マルクスの経済学がマルクス＝レーニン主義という政治的ドグマに解消される不幸な結果が生じることにもなったのである。

こうして、『資本論』第三巻は、マルクス自身のテキストを離れて、個別資本による競争が意図せざる結果として資本主義そのものの崩壊を基礎づけるものとみなされてきた。もっとも、マルクスには当初から、資本の分析をそこに投下された「人間の労働」に還元して理解しようとする欲求があった。それゆえ、資本の生産力を示す有機的構成すなわち不変資本と可変資本の比率も、過去の死んだ労働に対する現在の生きた労働の割合として示されるしかない。したがって資本構成の高度化は、そのまま新たな剰余価値を生む生きた労働の比率的減少であり、その結果、当然にも資本の利潤率の低落に帰結せざるをえない。ヒルファディングやレーニンの諸説は、この傾向を、資本の集中・集積から独占にいたる過程にストレートに結び付けてしまった帰結であるといえるのではなかろうか。

ここにも、「人間」の「労働」を主体＝実体とする資本主義把握をそのまま資本の生成・発展に結びつける自己展開論が、同時に、資本主義の終焉を導くロジックにまで敷衍された内的弁証法の典型例を見て取ることができるであろう。

3 マルクスの論理における「自己」中心主義

フッサールの現象学は、世界の一切の事象を、自己の超越論的主観性による認識に還元して構成するものであった。また、仏教の本流である聖道門は、現世における煩悩の一切を我執と渇愛に求め、自我からの解脱によって悟りを得る教説であった。

これらに対してマルクスの思想は、ヘーゲルの弁証法を根底に据えており、もちろんそれを現象学や仏教思想と同列に論じることはできないのは言うまでもない。たしかに弁証法は、「主体」それ自体の否定と再否定によって自己が内発的に展開し高次化していくという運動の論理ではある。けれども留意すべきは、そこでは、主体の否定それ自身が「他者」を生み出し、この他者を手段にして主体である「自己」の高次化いわゆる止揚がなされるとする点であろう。すなわち「他者」は、あらかじめ自己の外部に存在するのではなく、あくまでも「自己」の内部から分岐し、もう一度自己へと回収され自己に同化されるべきものとして予定されているにすぎなかったのである。

この点でマルクスの経済思想には、フッサールの哲学や聖道門の宗教学とも一定の方法論的な共通性が認められよう。

フッサールは、外的世界における「他者」をエポケーし、それを自己の主観的意識表象の内部に構成することによって「他者」を「自己」のうちに還元できると論じた。すなわちフッサールの説く「主体」は、つねに自己同一性を保ち、いっさいの外部のない全体性のなかへ「他」をも内在化して支配しようとする「同」そのものであった。したがって、そこにおける「他者」は、自己の外部に出たとしてもただちに「自己」に包含され自己の一部に還帰するしかないものであった。また、大乗の本流である聖道門仏教は、ひたすら自己の解脱を追求する小乗とは異なり、あくまでも「自利利他」、すなわち他者の救済という善行功徳を通じて自己の涅槃成仏が叶えられると説くものであった。そのため、利他は自利に到達するための方便を超えられず、その修行は自己の意識の内における自己救済すなわち「自力作善の悟り」の追求にとどまることになった。

この意味において、現象学も古典仏教もともに、どこまでも、「自己」という絶対的主体を前提にしつつ、「他者」を介して再び自己に還帰することで「自己（主体）」の普遍化ないし超越化をはかる、ある種の弁証法的構造をもっていたといえるのではなかろうか。残念ながらマルクスの理論もまた、こうした普遍的・超越論的な「主体」の自同性に始まりかつその高次の再定立に終わる思想体系であることを免れえなかったのである。

以上の観点から、マルクスの思想を簡潔に要約しておこう。

初期の『経済学・哲学草稿』は、普遍的な「人間」が労働という行為を通じて世界を生産し、それを自己の所有に還元する回帰性を前提にしていた。この労働の他者への譲渡を通じて生産物が自己回帰性を失うことが「疎外」すなわち「私的所有」であり、したがって疎外された労働の廃絶によってもう一度普遍的な人間に還帰することがそのテーマであった。また『ドイツ・イデオロギー』では、普遍的人間の労働の展開が「分業」として把握された。それゆえ分業の発展がそのまま私的所有の歴史を画し、資本主義的「大工業」において、労働と所有の矛盾は頂点に達する。したがって、分業の廃止こそが人間に普遍的で全能の主体性を回復することになるのであった。

その後、マルクスは研究の中心を哲学から経済学に移し、さまざまの経済学批判プランを残している。その草稿である『経済学批判要綱』の諸プランは、いずれも「生産一般」ないし「労働一般」を出発点とする体系を構想するものであった。

ところが、最終的に書き上げた『資本論（経済学批判）』はこれらの構想とは異なり、よく知られているように「商品」を端緒とする体系であった。けれども『資本論』の冒頭の「商品」は、そのまま抽象的人間労働の対象化であると規定されていた。けっきょくそこには、初期マルクスいらいの普遍的な「人間」から始まり、その「労働」という活動の疎外ないし発展をもって資本主義社会の総体を構成しようとする方法論が根強く残存することになったといえよう。

じっさい『資本論』の第一巻では、商品と貨幣は人間の労働の結晶に解消され、その資本への転化は労働・生産過程の発展として理解された。それゆえ資本は、単純商品生産（自己労働にもとづく所有）なるものの「否定」としてのみ分析されることになった。つづく第二巻では、資本の流通過程のもとに、人間の「労働」が生産手段と生活資料の両生産部門に均衡に配分される条件が考察される。すなわちここでも、資本主義は人間労働の拡大に還元されて理解される。さらに第三巻では、個別資本の競争をつうじて資本の有機的構成が高度化する必然性が説かれる。それはそのまま、現在の生きた労働に対する過去の死んだ労働の割合に還元され、生きた労働の比率低下から資本の利潤率の傾向的低落が、したがって資本主義の崩壊が導き出されることにもなったのである。

このようにマルクスの資本主義理解は、つねにその背後にある「人間」主体の労働なるものに還元され分析されていた。それゆえマルクスの説く「社会主義」なるものは、「自己の労働にもとづく所有」の「否定の否定」として説かれ、生産手段の共同占有のもとに人間の本質である労働とその生産物を人間主体のもとに回復することを目指すものとなった。それは、人間の疎外態としての資本からふたたび人間自身へ還帰する論理構成の必然的帰結だったのではなかろうか。

いわば現象学や仏教が人間（自己）の意識作用によって世界のいっさいの事象を自己の内性に還元したように、マルクスは、人間の本質としての労働作用によっていっさいの生産物を人間の内的な所有に還元してしまったといえよう。けっきょくマルクスは、その初期の『経済学・哲学草稿』から後期の『資本論』にいたるまで、「人間」の普遍的本質 Humanismus としての「労働」の疎外として資本主義を構成するという方法論を、なんら払拭しえていないと結論できるのである。

第二章　宇野『経済原論』における他者の思想

さて、こうした「人間」を主体とする「労働」の一元的展開による、マルクスの資本主義の理解に根源的な批判を加えたのが宇野弘蔵であった。

宇野の『経済原論』は、表面的にはマルクスの『資本論』のロジックとターミノロジーを借りているようにみえる。だがじつは、その発想はまったく異なっている。マルクスが人間主義的立場から資本主義を解明し批判しようとしたのに対して、宇野弘蔵のそれは、全く逆に、ひとまず資本の立場に主語を置いて、徹底的に「人間」を対象化し批判する方法論を貫こうとしたものといえよう。それは、人間（自己）に対してあらかじめ外的に存在する「他なるもの」を主体とする論理だったというべきである。

1 「流通論」における他なるもの

人間労働の他としての商品

宇野弘蔵は、一八九七年（明治三〇年）に生をうけ、若き日々を岡山県の倉敷で過ごした。友人の西雅雄や先輩の山川均を介してP・A・クロポトキンおよび堺利彦の著書に親しんで、当初はアナルコ・サンディカリズムに傾倒していたといわれる。すなわち、資本から人間の普遍的本質としての労働を奪い返し、労働者自身が「自力」によって生産の自主的管理を追求するという自然発生的な人間の自己解放思想に共感を寄せていたようである。

しかしながら宇野は、一九二四年（大正一三年）以後、東北仙台で孤高の『資本論』研究をすすめるなかで、そうした疎外論につらなる思想にしだいに懐疑的になる。そしてむしろ、マルクスの『資本論』さえをも冷徹で客観的な分析対象として、あえていえば批判的な視点から、独創的な解読を試みるようになっていったように思われる。こうして宇野は、ユニークな三段階論（原理論・段階論・現状分析）と呼ばれる方法論を確立することになったのである。

ここではまず、一九五〇年と五二年に上・下巻として公刊された宇野の「原理論」すなわち『経済原論』を、マルクスの『資本論』と対比しつつ、その方法論的な意義を考察してみたい。

宇野は、人間の労働過程を、「あらゆる社会形態に共通する原則」として説いている。この点では、マルクスと基本的になんら差異がないようにみえる。しかし決定的に異なる点は、『資本論』が、冒頭の商品から人間労働を直接に導き出して、これを「主体」＝実体としていわば体系の前提に置いたのに対して、宇野『原論』は、この労働過程を第二篇の「資本の生産過程」で初めて説き、第一篇の「流通論」における商品や貨幣の展開は、労働を前提としない、いわば人間労働に「外部」的な過程として設定されている点であろう。

すなわち、宇野が、マルクスにならい仮に労働を人間の本質と規定していたとしても、資本主義したがって商品経済は、この人間的本質の自己展開ではない、それゆえ人間の労働なるものに還元できない、さらにいえば人間に「同」化されない「他なるもの」として理解されていることになろう。

それゆえ宇野『原論』においては、文字通り「商品」が資本主義の分析の出発点である。それは、ジョン・ロックの説くような人間による「身体の自己所有 self-ownership」の産物でさえなく、まったくどこにも所有の根拠をもたない存在である。仮に労働する主体を「人間」と呼ぶならば、「商品」はあらかじめ人間に先行する「他」と呼ぶしかない。マルクスの『資本論』において「人間」なる本質は、つねに自己同一性を保ってひとつの全体性を形成し、労働の生産物を自己の全体性のなかに所有し内在化して支配する「同」であった。これに対して宇野『原論』における商品は、けっして人間の労働によって能動的に構成されるものではない。商品は、労働する主体に対して「他なるもの」であるがゆえに、主体ないし自己の彼方に超越して存在するしかない。宇野はいう。

「商品交換は、共同体と共同体とのあいだに発生して、後に共同体の内部にもその形態の浸透をみることになる、と考えられるので、商品交換をはじめて行なう共同体と共同体とが、交換以前に私有財産制と社会的分業（労働）とをいかにして共通にもっていたかが疑問となる。むしろ商品形態自身がその前提とする私有財産制と分業とを全体制的に完成させるものと考えるべきである。」（宇野著作集第二巻 一九〇頁）

「商品」は、まさに、人間の労働過程の「外部」に、間主体的 intersubjektiv にのみ登場する。こうして宇野『原論』は、「人間」の労働ではなく、まえもってその外部にある「絶対的に他なるもの」としての商品を端緒に分析を開始することになるのである。

商品の外部としての貨幣

それでは、この実体としての人間労働に根拠をもたない商品は、いったいどのようにして自己の価値を表示するのであろうか。宇野『経済原論』の第一篇「流通論」では、商品の価値形態はまずはつぎのように表示される。

リンネル10ヤール ＝ 5ポンドの茶

この第Ⅰの「簡単な価値形態」では、相対的価値形態にあるリンネルという商品が、自己の価値を等価形態にある茶で表示している。これはあくまでも、リンネルの価値を茶の使用価値で表示するという矛盾した関係である。マルクスならば、リンネルの生産者からの「類比的等覚」によって茶にも生産者を想定し、そこに「抽象的人間労働」という共通の相関者を発見することになったであろう。だが商品論から生産者としての「人間」およびその「労働」を捨象した宇野『原論』ではそういうわけにはいかない。

それゆえ宇野の価値形態論では、どこまでいっても両項は対称的な関係とはならず、リンネルが茶と交換されることはありえない。ここでは、等号は交換の対称性を示すものではない。それは、左辺にあるリンネルないしその人格的に表現である担い手が、自己の超越論的主観性によって、右辺の茶の価値を一方的・主観的に表示するものでしかない。交換の決定力は、ただ茶の側（他者）のみにある。

この関係は、右辺の等価形態をいくら増やしても基本的に何もまったく変わらない。宇野は、いっけんするとマルクスと同じように、右辺を、茶から上衣、鉄などへと拡大していく。これが、いわゆる第Ⅱの「拡大された価値形態」である。

この第Ⅱの形態では、左辺にあるリンネルの価値が、右辺の茶、上衣、鉄など種々雑多な使用価値によって表現される。すなわち宇野によれば、リンネルの人格化であるその持ち主が、さまざまな使用価値を主観的に欲求し、それらとの交換を求めることになるが、交換を実現するか否かのイニシアティヴはどこまでも他者（等価形態）の意思に委ねられている。リンネル（自己）の側からはいずれの使用価値との交換も実現できないことは、第Ⅰの形態と何ら変わりはない。

さて、マルクスはここで、等式の左辺と右辺つまり相対的価値形態と等価形態との入れ替えをおこなった。すなわち、茶、上衣、鉄など雑多な商品を左辺の相対的価値形態に置き、これに対して、リンネルを右辺に置き換えて、すべての商品が交換を欲する等価形態とみなした。これがマルクスの「一般的価値形態」であった。だが、このような左右の入れ替えはなぜ可能になったのであろうか。それは先に見たように、マルクスのばあいは、あらかじめリンネルの背後にそれを生産する「抽象的人間労働」を前提とし、これを等価形態の側にも類推して「労働量」の等値による物々交換関係を想定したからであろう。

だが宇野においては、人間の「労働」に対して「商品」の外部的な他者性を強調していたのだから、相対的価値形態と等価形態とのあいだに共通の相関者（労働）なるものが存在する余地はない。それゆえ、マルクスのような両辺の入れ替えは絶対に認められない。

そこで宇野は、主観的価値表現の担い手の側を複数設定し、これらが共通に一つのモノを選んだばあいを想定する。これが宇野による第Ⅲの「一般的価値形態」であった。

このばあい、左辺にある複数の商品は依然として価値を表現する相対的価値形態であり、右辺は、価値を表現せられる等価形態のままにとどまる。それゆえ、この右辺における単一の一般的な等価形態は、いつでもどこでも任意の相対的価値形態との交換が可能である。これがそのまま「貨幣形態（金）」となることは言うまでもないであろう。すなわち宇野においては、「簡単な価値形態」でみられた相対的価値形態から等価形態へ向かう一方的な価値表現のベクトルが、両項の役割関係をまったく変更せず維持したままで、そのまま商品と貨幣という市場経済的関係に代替されることになるのでである。

もっとも宇野の「一般的価値形態」においては、なぜ、複数の相対的価値形態における雑多な価値表現が単一の一般的等価形態へと収斂していくのか。なぜ、いつでもつねに同一のモノつまり「金」が単一の等価形態として貨幣となるのかは、まったく説明されていない。さらにそれ以上に問題なのは、最初の「簡単な価値形態」において、すでに、左辺の相対的価値形態は、価値を積極的に表現するが決して交換を実現できない形態であり、逆に、右辺の等価形態は、価値を表現される消極的形態でありながらそのままで交換の決定力をもつ形態として前提されていたことであろう。いいかえれば、宇野の価値形態論では、出発点である第Ⅰの「簡単な価値形態」において、すでに、左辺が「商品」の規定であり、右辺が「貨幣」からの抽象概念であることが暗黙のうちに予定されていたと言ってもよいだろう。

こうした貨幣の概念規定にかんしては、経済学においては貨幣商品説と貨幣法制説とのあいだで永らく喧しい論争が繰り広げられてきた。

宇野の貨幣論は、一般には、マルクスの学説を発展させたものとして「貨幣商品説」の系譜のなかに数えられている。たしかにマルクスのばあいは、相対的価値形態にあるリンネル商品が貨幣に自己発展するのであり、それは貨幣商品説と呼んで間違いない。けれども、宇野のばあいは「簡単な価値形態」から「一般的価値形態」にいたるまで、その等価形態の側が当初から一貫して「貨幣」の要件を充たしていたとすれば、その評価は根本的に改められなければならないのではなかろうか。すなわち宇野の商品論においては、「商品」の反対の項に「貨幣」の基本形態が初めから前提とされ、それゆえ、厖大な商品世界の外部にあらかじめ「貨幣」が先在していたと読み込むこともできるのではないだろうか。それは、貨幣商品説よりもむしろ「貨幣法制説」に近いロジックであろう。

それはともかく、ここで強調しておきたいのは、宇野『原論』においては商品が貨幣へと弁証法的・内的に発展するのではなく、なによりも、商品世界の外部に「貨幣」が前もって超越論的に存在しているという点である。レヴィナス流にいえば、商品世界に対して貨幣とはひとつの「外性 extérité」であり「絶対的に他なるもの」である。親鸞の用語を使えば、商品（自己）は自力で貨幣に転生するわけではなく、あくまでも貨幣（他者）の「他力」によってのみその販売が実現されるのである。

それゆえ宇野によって初めて、商品経済とは、貨幣による商品の購買としてのみ実現されるとする、貨幣の「価値尺度」機能が鮮明になったといえよう。商品は、みずからの販売をもっぱら貨幣という「他者」の能動性にゆだねて、「自己」はただ「他者」による選択に受動的に応じる以外にない。こうして貨幣は、積極的に商品の購買を繰り返すことで価値を尺度し、商品を供給者から需要者へと送る能動的な流通機能をはたすことになるのである。

貨幣の外部としての資本

それではつぎに、こうした貨幣はいかにして資本へと転化するのであろうか。

マルクスの『資本論』においては、商品や貨幣はどこまでも、人間の「労働」という実体が対象化（結晶化）した生産物として位置づけられていた。それゆえ先にみたように「貨幣の資本への転化」も、商品生産から資本主義的商品生産への弁証法的転回としてのみ考察されたにすぎない。このためマルクスは、G—W—G′（G＋⊿g）が「資本の一般的定式」であると一応規定しながら、この流通形式に正等な評価を与えることができず、けっきょくはこの定式をみずから否定して、産業資本という労働＝生産様式に解消してしまう結果となったのであった。

これに対して宇野『原論』は、マルクスの「資本の一般的定式」を資本の原理的な流通形態として全面的に肯定する。それゆえ、宇野にとっての「貨幣の資本への転化」とは、なによりも労働＝生産を捨象した商品の流通形態W—G—Wからどのようにして資本の一般的定式G—W—G′を導き出すかという問題として検討されねばならないことになる。

宇野はまず、貨幣の機能として価値尺度と流通手段について考察する。流通の内部における貨幣の量は、「流通する商品価格総額÷流通回数」によって自己調整的に規制される。さらに貨幣は、流通の外部でもそのイニシアティヴを発揮する。すなわち貨幣は、貯蓄によって流通から引き上げられ、あるいは信用による支払手段として節約されたのち流通に帰り、全体としてその鋳造量を商品の流通に応じて自己調整されることになるのである。けれども、貨幣がこれらの機能にとどまれば、貨幣は流通においてその増殖を実現することができない。いいかえれば、貨幣が商品の流通を媒介するW—G—W機能にとどまるかぎり、そこからは「資本としての一般定式」を導き出すことはできないのである。

そこで宇野は『（旧）経済原論』においては、国際的商品交換において流通の外部から新たに流入する世界貨幣としての金の機能を考察する。それは、各国の国内的な商品流通に対して、輸出または輸入の形式で国家間の貿易を媒介する。それゆえ国家や地域間における相互の価格体系の差異にもとづいて、貨幣から始まる新たな流通すなわちG―W―G′の展開が可能になるというのである。

もっとも宇野は、一九六四年には全書版の『(新)経済原論』を公刊している。そこでは、こうした世界資本主義論にひきずられた国際関係を起点とする資本形式の歴史的展開にみずから疑問を提示して、これを訂正することになる。

この新版においては、貯蓄や支払手段として流通から引き上げられた貨幣に加えて、新しく採掘された地金や奢侈品などのかたちをとる金など、流通の外部にあって商品を買うために新たに流通世界に入ってくる貨幣を「資金」と名づけている。そして、この資金で商品を購入しふたたび販売することによって、より多くの貨幣を得る。すなわち富を増殖させるための手段としての流通形式を「資本」と呼ぶのである。

「商品が共同体と共同体との間に発生したのと同様に、資本もまた流通市場と流通市場との間に発生するものといってよいであろう。商品、貨幣、資本の流通諸形態は、いずれもかかる外来的なものの共同体への浸透として展開されるのである。」(宇野著作集 第二巻 三〇頁)

ここにおいて宇野における「貨幣の資本への転化」とは、マルクスのような貨幣に対象化された人間の労働の自己展開でもなければ、たんなる商品流通W―G―Wから資本定式G―W―G′への弁証法的発展でもないことは明らかであろう。すなわち宇野にとって資本は、商品流通の内部から自動的に発生するわけではないし、貨幣機能の必然的発展として説かれるわけでもない。資本とは、あくまでも商品流通の「外部」にある、それゆえ市場の貨幣に対してあらかじめ「他なるもの」としての資金から顕現するのである。

商品から貨幣が内在的に導き出されたのではないのと同様に、けっして貨幣もまた直接に資本に転化することはありえない。資本は、貨幣という主体の彼方に存在し、それを超越して増殖するいわば「無限者」である。それはまさに、商品流通という「同 le Même」に対して「外性 extériorité」としての資金から始まる「他なるもの」なのである。

2　「生産論」における他なるもの

資本の他としての人間労働

さて、この資本という外的形態は、自らの存立根拠として、人間の労働という「内性 intériorité」、すなわち古典哲学の説く「実体」なるものを要請する。ここにはじめて資本主義がひとつの歴史社会として形成されることになる。宇野『経済原論』ではこの点が、まず、第二篇「生産論」において「資本の生産過程」として考察されるのである。

先にみたようにマルクスは、その初期から『資本論』にいたるまで一貫して、「人間」とその内的属性としての「労働」なるものを出発点として、その疎外態ないしは自己展開によって資本主義という世界を構成しようとした。おそらくそれは古今東西のほとんどの哲学の常識でもあったのだろう。西洋の形而上学はつねに「人間」(自己)なるものの全一的存在を前提としており、東洋の仏教哲学も「人間」の自己救済を悟りとして追求してきたのであった。いうまでもなくマルクスの「主体=実体」が自己発展する弁証法論理もまた、ヘーゲルを介してこうした哲学史の常識を踏まえたものであろう。

けれども宇野はこれを根底的に否定した。あくまでも資本主義の「主体」は資本という外的な流通形態であり、これまで「主体 sujet」とみなされてきた人間は、どこまでもその「従属者 sujet」でしかない。この「他者」としての資本が「自己」としての人間をその内部に包摂しえたとき、資本主義はひとつの社会として「他なるもの」による完全な支配を確立する。すなわち「人間」なる主体は、自己を「いかなる受動性よりも受動的な受動者」として、他者による無限なる能動的支配を受け入れざるをえないことになる。このような「他者」を主語とするロジックは、内外の社会科学研究において、おそらくほとんど他に類例をみないものではないだろうか。

ただし留意すべきは、宇野においては、資本という「他者」が自動的ないし必然的に人間(自己)の労働を包摂できるとするのではない点である。

「資本の産業資本形式は、……資本形態が言わばそれ自身で展開するものとはいえない。この形式のいわば基軸をなす労働力の商品化は流通形態自身から出るものではないからである。……労働力の商品化の基礎をなす、生産手段を失った無産労働者の大量出現は、資本主義に先だつ封建社会自身の崩壊によるものであって、いわゆる単純なる商品生産者としての小生産者が、商品経済的に分解されて生ずるというようなものではない。」（宇野著作集 第二巻 三五頁）

ここに資本が資本主義という一社会を形成するための最大の難点があろう。宇野は、資本の流通形式（他者）が人間の労働（自己）を内部に包摂し支配するためには、論理的に大きな「無理」すなわち「断絶」が存在するというのである。

およそ「人間」なるイデオロギーは、ア・プリオリに存在する本質ではありえない。それは「原始的蓄積」と呼ばれる特殊歴史的な過程によって、資本の「外部」においていわば偶然的で具体的につくられたものにほかならない。すなわち、資本主義に先行する共同体社会が、領主によるエンクロージャ（囲い込み）によって暴力的に解体されるという、一五〜一六世紀イギリスに特徴的な一連の歴史的事実をつうじて形成されたのである。それゆえ人間に内在するとされる「自我」なるものは何ら普遍性を有しない。それは、身分的拘束からも土地その他の生産手段からも解放された「二重の意味で自由な無産者」の幻想でしかない。このような、いっさいの他性をもたない負荷なき自我は、自己の超越論的意識のうちに世界を構成することもできなければ、自己の労働の表出によって商品を所有することもできないからである。

したがって人間は、資本の外部において、みずから労働力の販売者として登場する以外になす術はない。彼は、経済外的に形成された「原始的蓄積」という事実を消極的・受動的にではあれ受容し、「自己」を資本（他者）の能動的・積極的な自己増殖運動に組み入れることで、そのアイデンティティを確保するしかない。ここに、資本主義という一歴史社会が、人間という「同 le même」に対してもつ根本的な「外性 extérité」ないし「他性 altérité」が、もっとも典型的に表現されるといえよう。そこには、容易には「同」に還元できない「他」、「自己」に対する「他者」という非対称的で差異的な関係性、すなわち資本主義という一社会の特殊歴史的性格が深く刻印されているのである。

こうしていまや人間は、自己の労働力を資本に購買してもらい、資本の生産過程に編成されることによって、唯一、「他者」のもとでのみ商品を生産し世界を構成することが可能となる。この「労働力の売買」についていては、商品の価値形態から貨幣の価値尺度にいたる関係性がそのまま当てはまるであろう。人間の労働力も、それが商品であるかぎりは、貨幣という「他者」のイニシアティヴに依存しないかぎり、それを自力で販売できるわけではない。労働力の商品としての実現は、そのいっさいが、「他者」である資本およびその人格化である資本家の能動的な購買意思にゆだねられることになる。レヴィナス流にいえば、自己は他者の「身代わり substitution」となり「人質 otage」となることによってその存在を許される。親鸞の言葉を借りれば、自己は他者の「他力」によって廻向される以外に涅槃にいたる道はないのである。

その結果、マルクスのいわゆる労働価値説も、この労働力の商品化に対応する規範的イデオロギーとして、ここに一定の根拠を与えられることになろう。宇野によれば、資本が買い入れた労働力の使用である労働によって商品が生産され、しかも労働者は労働力の販売によって得た賃金で自己の再生産に要する生活資料を買い戻さなければならないという関係を基礎にして、資本もまた、自己の生産物をその生産に要した労働を基準に互いに売買せざるをえなくなるからである。

「労働力を商品として販売してえた貨幣でもって自らの生産物を商品として買い入れるという労働者にあっては、その生産物がその生産に要した労働を基準とすることは当然であるが、この労働者と資本家との関係がまた、直接に個々の資本家と労働者との間の関係としてではなく、社会的に、いいかえれば全社会の資本家同士の間の関係を通じて結ばれることになるのであって、資本の生産物にあって初めて商品は、全面的に、且つ必然的にその価値関係を展開する。」（宇野著作集 第二巻 四七頁）

こうして宇野は、資本主義的商品経済を根拠にして、あたかもあらゆる商品の価値がその生産に要する人間の労働にもとづくかのごとく現れる根拠を説いた。したがって宇野『原論』における「資本の生産過程」は、『資本論』の労働価値説に対する徹底的な転倒の試みであり、その根源的な倒錯性を暴きだすものであるといえよう。すなわち、商品の価値なるものは、古典派経済学がいうような人間の労働が結晶し体化 embodied したものではないし、それゆえ、マルクスのように人間の労働が疎外ないし自己展開して資本に発展するのでもありえない。まったく逆に商品の価値と呼ばれるものは、「他」なる資本形態が、あらかじめ自らに属さない人間労働を「外部」から無理に「同」に還元するかぎりにおいてのみ成立するのである。ここにおける「他者」による「自己」の包摂は、なんら必然的根拠のないいわば歴史の狡知にすぎない。

宇野にとっての労働価値説は、現実とイデオロギーの狭間で危うい均衡を保っている。

資本の流通過程の無限性

だが、この労働力の売買が市場の交換ゲームの一貫として実現されることになると、労働力の価値としての賃金もまた、個々人の主観的意識においては、労働の報酬としてしか観念されないことになる。それは完全なるイデオロギーであるが、労働価値説に一定の根拠をもつ日常観念に根ざした「民衆の先入見」である。この観念を媒介として「資本の流通過程」が初めて完成するのである。

すなわち「資本の生産過程…P…」は、労働賃金形態をつうじて資本価値の循環の一環に組み入れられ、均質的な「資本の流通過程G—W…P…W′—G′」に包括される。ここではもはや生産過程は、資本が新たな商品形態に姿態変換Metamorphoseするためのたんなる循環過程の一部分にすぎないものとなる。資本は、人間という「同」(全体性)に回収されず、逆にそれを回収するものとして、それゆえ人間の認識を超越したものとして、すなわち貨幣・生産要素・商品という循環をつぎつぎに通り抜けて自己増殖する価値の永久運動態として、その「他性」(無限性)を完成する。

この「資本の流通過程」においては、貨幣資本の循環G…G′は、すべての人間が主観的には自由に私的利潤を追求しうることを意味し、生産資本の循環P…Pでは、それをつうじて人間労働の社会的配分が達成されることを示す。そして商品資本の循環W′…W′は、その結果として富の移転と人間労働の配分が区別なく一元化されることを示すことになる。この結果、商品や貨幣という流通資本においては、労働者の雇用のための費用も、資材・建物その他商品の販売や購買のための費用も、ひとしく流通費用として資本の循環のための空費とみなされる。また、生産資本においても、可変資本vとしての労働力と不変資本cとしての生産手段との区別は見えなくなる。そこではもっぱら、原料・燃料・補助原料とともに労働力は、一回の生産期間で資本価値が回収される「流動資本」として扱われ、これに対して機械・機具・建物などは、何度も回転を繰り返して価値を漸次的に回収する「固定資本」として評価されることになるのである。

それゆえ資本の流通過程においては、資本の能動的で積極的な無限の自己増殖運動だけが唯一の「主体」である。そこでは、個々の循環・回転期間の差異だけが問題となるのであり、「人間」なるものは単なる流動資本の一構成要素として完全に資本の「他性」すなわちメタモルフォーゼのなかに埋没してしまうことになる。それはまさに「他なるもの」による社会の一元的編成である。

このようにして宇野『原論』は、マルクスが『資本論』第二巻で説いた「資本の流通過程」を、生産論のなかで展開して、資本の再生産過程つまり蓄積過程に先行させた。

これによってマルクスが、「人間」の労働から始めて商品・貨幣・資本をそれぞれの生産過程として説き、資本の生産過程のストレートな延長に再生産過程としての蓄積過程を論じた難点が克服されたのである。マルクスは、「資本の生産過程」において固定資本の回転を無視して資本の蓄積を説いたために、有機的構成の高度化だけが一方的に強調されて、相対的過剰人口の不断の累積、したがって労働者が必然的に窮乏化するにいたるという資本主義の自動崩壊論に陥ってしまった。この結果がまさに、労働者(人間)の自然発生的な「自力」による体制変革論だったからである。

資本の再生産過程と蓄積

宇野は、マルクスを批判して、「資本の再生産過程」において、資本の流通における循環・回転を前提にして資本の蓄積を説くという方法を採用する。これによって資本の回転に対する固定資本の制約が明らかになり、マルクスが強調した有機的構成の高度化にともなう蓄積によって相対的過剰人口が累増する局面とともに、反対に、構成不変の蓄積が生産を拡大し雇用量を増大化させることによって相対的過剰人口が吸収されるという局面もまた明らかにされることになったのである。

すなわち資本主義は景気循環という自己調整機能によって、人間の労働力の過剰問題をみずから解決し「他者」の一元的支配を確立するのである。好況期には、資本は、既存の有機的構成を維持したまま固定資本の増投をはかり、蓄積の拡大にもとづいて労働力の吸収をはたす。しかし人間の労働力は資本によって生産できないため、それはやがて労働力の不足による資本過剰をひきおこす。これによって利潤が減少し利子が高騰する局面が恐慌である。けれどもつづく不況期には、資本は固定資本の変革によって有機的構成の高度化をはかり過剰な労働力の排出をはかる。

資本の蓄積においては、こうした景気循環をつうじて労働力の吸収と排出の反復がオートノミックに実現されるのであり、社会はつねに一定の労働力の確保によって秩序を維持し規範的にも正統性を確保することが可能となるのである。

このことはまた、資本という「他者」に従属する労働者の「自己」意識にも当てはまるであろう。資本が景気循環をつうじて、不況期における賃金の下落、労働日の延長、労働条件の悪化、好況期における賃金の上昇、労働日の短縮、労働条件の改善というプロセスを繰り返すことは、結果的に、賃金が労働力の価値へと収斂し、標準労働日および基本的労働条件という遵法的観念が確立していくことを意味する。それゆえ労働者は、資本に対する「従属者 sujet」でありながら、みずからの規範意識においては、資本主義秩序をむしろ肯定的に受容し、この社会の不可欠のメンバーとして自分自身に幻想を付与することになる。労働者（人間）は、資本という「他者」の意思を「自己」の意思と錯認することによって、いわば自己を社会の「主体 sujet」であると倒錯的に観念することになるのである。

さて宇野は、資本の蓄積過程をふまえて、「資本の再生産過程」の最後に「再生産表式」をおく。すなわち、蓄積論による労働力商品の資本への包摂を基礎にして、資本主義がひとつの社会として存続するためには、生活資料と生産手段の両生産部門への労働配分が商品形態をつうじて均衡的に実現されることが明らかにされる。労働力の過不足が資本主義に特有の景気循環をつうじて解決される以上、労働の各生産部門への配分も、価格変動を介した資本の移動をつうじて自己調整的に実現されるのである。

こうして宇野にとって「再生産表式」とは、バラノウスキーやルクセンブルクの『資本論』解釈が説いたような、資本主義の無政府性による生産と消費の不均衡、したがって恐慌ないし帝国主義的侵略の必然性を証明するものではありえない。むしろ生産手段生産部門と消費手段生産部門とが社会的均衡を達成し、両者への労働の配分条件を充足することによって、市場メカニズムの「絶対的基礎」を確定するものといってよいだろう。

それゆえ資本は、がんらい人間に外部的に対立する「他者」でありながら、自らの内部に「人間」とその労働を包摂することで、世界における唯一の普遍的で絶対的な「主体」として自らを確立した。他者としての資本は、いまやそれ自身があたかも永久に循環するかのような「無限性」を獲得し、現実的にも全社会を主導する主体として君臨する。ここに、マルクスが労働力の売買で説いたいわゆる「自由・平等・所有そしてベンサム」というイデオロギーは、たんに流通面だけではなく、まさに資本の人格化として資本主義社会の全メンバーの意識に「絶対的基礎」を確立したといってよいかもしれない。

しかしながらこのことは同時に、資本主義が、けっして人間（自己）の側から構成される「社会」ではないことを傍証しているともいえよう。もし資本が、実際に人間の「労働」によって構成されたものであるならば、それは人間の身体的な自己所有権のうちに内在化され、人間（労働者）自身の支配のもとに制御することも可能になったであろう。けれども資本主義はそうではない。「他なるもの」としての資本は、人間（自己）の意識によっても労働によってもその構成を許さず、人間から超越した絶対的で能動的な「主体」として逆にすべての「人間」を「同」という鋳型にはめ込むのである。

3 「分配論」における他なるもの

資本と利潤

さて、このようにして完成された資本は、しかし決して単一なる「主体」となりえたわけではない。それはあくまでも、諸資本相互の自由な競争による意図せざる結果であり、諸個人の意識においては、たんなる個別資本の運動の集合としてしか観念されない。それゆえ宇野は、マルクスが超越的に「資本主義的生産の総過程」として考察したものを、あらためて個別資本の視点から捉え返す。そして資本という「他者」が、人間という「自己」の日常意識すなわち倒錯観念をどのように支配するのかという、いわば現象学的表象へ一歩一歩近づいていくさまを解明することになる。これが『経済原論』第三篇の「分配論」のテーマである。

マルクスは、『資本論』第一巻において商品を価値どおりに交換されるものとみなしたのに対して、第三巻では、商品は生産価格によって売買されるものと位置づけた。このため『資本論』の研究史においては、ベーム＝バウェルクいらい古くから、価値と生産価格の矛盾あるいは前者から後者への転形問題が延々と議論されてきた。そのもっとも一般的な解法は、『資本論』の論理展開に商品生産社会から資本主義社会への歴史的発展を読み込み、前者の交換基準を価値、後者の基準を生産価格とみなすものであったといってよいだろう。

宇野『原論』はこうした通説を批判し、価値の根拠を単純商品にではなく、労働力の販売と賃金による生産物の買い戻し関係に求めることによって、価値どおりの交換を、あくまでも資本主義における資本家と労働者の基本的関係を規定するものとした。それゆえ宇野によれば、価値と生産価格は、ともに資本主義社会の交換基準であり、ただ論理的次元の差異を示すものにほかならない。すなわち、価値が商品総体の資本主義的再生産に占める基準であるのに対して、生産価格は、諸資本の競争をつうじて展開される個別資本相互の具体的売買関係を明らかにするものであるということになるのである。

労働者が、その主観的意思においては賃金の引き上げと労働時間の短縮をめざすのと同様に、個別資本は、その企業活動の動機としては、費用価格の切り下げと販売価格の引き上げによる利潤率の最大化をめざす。それにもかかわらず労働力だけは、その価格が自己の再生産費用であるために、古典派経済学が思い描くような労働価値を基準とした価格で売買されるしかない。じじつ労働力商品には生産価格が存在しない。だが、個別資本の生産する商品はそうではない。それは、生産部門や流通機関の違いによる資本構成や回転速度の差異が存在するために、いわゆる価値どおりに売買されるわけではないのである。

資本の生産物は、好調な部門では商品の需要が供給を上回り市場価格が上昇するが、不調な部門では需要が供給を下回り市場価格は低下することはいうまでもない。個別資本の競争がこうした利潤率の不均等を解消する。好調部門には新たな資本が参入し、商品の生産と供給の増加によって市場価格はしだいに低下していく。逆に、不調部門は資本の退出によって、生産と供給の縮小がみられ市場価格はしだいに上昇し始める。こうして個別資本が、主観的により多い利潤を追い求める結果、部門間の資本の移動をつうじて市場調整価格が生産価格に収斂し、資本の利潤率は均等化していくことになるのである。

　このことは、同一の商品を生産する個別資本にもあてはまる。同一商品市場では、費用価格の切り下げや販売価格の引き上げは不可能であり、個別資本は、固定資本の変革による労働生産性の上昇、すなわち生産物一単位あたりの必要労働時間を短縮し市場調整価格を超える超過利潤の獲得をめざす競争を行なうことになる。いいかえれば、個別資本が得る超過利潤は、自らが他の資本に先んじて行なった技術革新の成果であり、他の資本が追随して新技術を導入するとともに超過利潤は減少し、やがて技術革新が全企業に及ぶとともにそれは消滅するしかない。

　こうして異部門でも同部門でも、個別資本の主観的な競争をつうじて結果的に利潤率は均等化され、資本の生産する商品は、費用価格ｃ＋ｖに平均利潤ｐを加えた生産価格を社会的基準として販売されることになる。一般に資本家と呼ばれる「人間」は、こうした個別資本の人格化された表現にほかならない。

　けれども資本主義という無限の循環運動に包摂されている人間の倒錯意識においては、「労働者」が労働という生産要素の提供によって賃金の正当な所有者として観念されたのと同様に、「資本家」もまた、生産手段という生産要素の提供にともなう利潤の正当な所有者として観念される。このかぎりにおいて、彼もまた、資本の自己増殖運動のなかに内在化された「人間」たらざるをえない。資本という「他者」が能動的な主体となる社会においては、資本の費用価格の一部にすぎない「労働

―賃金」と、平均利潤の分配形態である「資本―利潤」との差異はいっさい抹消され、労働者も資本家も等しくその構成要素である「同」なる「人間」として、資本という自己増殖する運動態に組み込まれざるをえないのである。

土地所有と地代

マルクスの『資本論』第三巻では、土地所有によって獲得される「地代」は寄生的な収入であり、人間の労働を出発点に自己展開する資本にとって、それは、自然環境を根拠とするもっとも外在的で「余計な」分配関係にすぎないものと理解されてきた。それゆえマルクスは「地代」論を「総過程」からはずれる最終部に置いたと考えられる。これに対して宇野『原論』の分配論は、利潤・地代・利子の順序で説かれ、「地代」は資本の利潤率均等化を示す重要な一例であり、利潤論の応用問題として位置づけられているといえよう。

もちろん土地は、つねに人間の労働の相関者であり、あらゆる社会に共通する普遍的で本源的な「主体」である。じじつ資本主義以前のいわゆる封建的社会においては、直接生産者が土地と一体化され身分的社会関係の基礎を形成していた。資本主義に先行する「原始的蓄積過程」は、先に見たように、領主の暴力的なエンクロージャによって土地から直接生産者としての農民を追い出し、その労働力を商品化することによって、資本による人間「労働」の包摂を可能にしたのである。

このような、資本という「他者」による人間の「労働」への能動的支配は、人間と切り離された土地に対してもまた当てはまるといえよう。すなわち労働力と同様に土地もまた、資本によって生産することができないため、資本という「他者」が「外部」から能動的にみずからの自己増殖運動に包摂し「同」化するしかないことになる。

工業部門における資本の競争は、社会的な標準投資にもとづいて利潤率を均等化し生産価格が決定された。けれども農業部門においては、土地という自然力を生産の本源的条件とするために、工業のように生産条件を均等化することはできない。農業においては土地の自然的制約のために、最劣等地への資本投下を基準にして農産物の市場調整価格が決定される。それゆえ優等条件の土地への投資に対しては、これを越える超過利潤が恒常的に生み出されることになる。資本はこの超過利潤を自らの外部に排出することによって、利潤率の均等化を実現する。すなわち資本は超過利潤を所有することができず、それを本源的な自然界へと譲り渡さざるをえないことになる。この超過利潤が「差額地代Ⅰ」であり、それを取得する「自然の人格化」が土地所有者と呼ばれるのである。

また最劣等地が耕作し尽くされてもさらに農産物への社会的需要があるばあい、資本は有等地に対する第二次投資に向かわざるをえない。この第二次投資が最劣等地よりも生産性が高いばあい、有等地の第二次投資が市場生産価格を決定する基準となり、最劣等地にも超過利潤が生じる。これが「差額地代Ⅱ」であり、これによって最劣等地を含むすべての土地に地代が成立し、したがってあらゆる土地に地代の取得者つまり土地所有者が存在することになるのである。

こうして、すべての土地に所有者が成立すると、諸個人の意識表象においてはある種の倒錯観念が生じることになる。すなわち、資本に先行して、土地の所有「主体」なるものがあらかじめ自存し、しかるのちに、彼が資本家から地代を受け取ることで土地の利用を許可するという逆立ちした観念である。このような、すべての土地所有者が所有権を根拠にして資本家に要求する地代が「絶対地代」と呼ばれる。こうして完成する絶対地代は、土地所有が「他者」としての資本によって構成される「従属者」であるにもかかわらず、人間のイデオロギーにおいては、資本の提供が利潤を生むのと同様に、土地の提供が必然的に地代を生むかのように転倒して観念されることになる。

すなわち、費用価格としての賃金と超過利潤としての地代というそれぞれに出所の異なった所得に、資本の平均利潤と同様の平等な「分配」の観念が導入される。このために社会のすべてのメンバーの意識においては、生産過程が資本・土地・労働の三要素から成り立ち、したがって、それぞれの生産要素の提供に応じて、生産物の価値は資本―利潤とともに土地―地代、労働―賃金として分配されるという、いわゆる三位一体の範式が形成されざるをえないのである。

それゆえ資本主義においては、自然力としての「土地」さえもが、それ自身で地代を生む元本となり、擬制的に資本還元されて価格をもつ「商品」となる。こうして近代資本主義の規範観念においては、土地所有者は、資本家・労働者とともにそれぞれが独立した平等の「主体（商品所有者）」であり、自己の自由な意思によって他者との社会契約に参加するというイデオロギーが構成されることにもなる。ここにおいて、絶対的・能動的な主体である資本という「他者」もまた、自由・平等な人間の日常意識のうちに覆い隠され、それは労働や土地とともに単なる生産要素の一つとして理解されることになるのである。

信用と利子

さて、この三者の関連は最終的に「利子論」によって総括されるはずであった。

だがマルクスの『資本論』では利子論は未整理の遺稿として残っているだけであり、その編者であるエンゲルスもこれを決して整合的・体系的に整理できていない。このため宇野『原論』は、利子論については『資本論』とまったく異なった独自の論理構成を行なわざるをえなかったのである。

宇野は、まず『資本論』第三巻五篇二一章の「利子生み資本」について、つぎのような疑問を提起している。

マルクスは、産業資本の循環と無関係に、貸付資本家と機能資本家なるものを設定し、この両者の間で資本として機能する貨幣を貸し付ける関係を「資本の商品化」として説いている。けれども、資本として投下すれば利潤を得られるのに利子で満足する貸付資本家、また、資本をまったく持たずに貨幣を借りて資本活動をする機能資本家などという設定は、資本主義的商品経済の全面化という『資本論』の想定と相容れないのではないか。『資本論』のこれまでの展開を踏まえれば、貨幣の貸借関係は、個別産業資本の循環過程に生じる遊休貨幣資本を相互に与え合う信用として設定されるべきではないのか。それゆえ信用による貨幣の貸借関係は「資本の商品化」ではなく、「貨幣の商品化」にとどまるのではないか。

したがって宇野『原論』は、『資本論』第五篇二一章の「利子生み資本」概念を否定し、代わって二五章以降の「信用論」にもとづいて独自の「利子論」を展開することになる。

宇野によれば、利潤率の均等化によって生産価格が成立するためには、当然にもあらゆる個別資本が自由な競争をしなければならない。しかし固定資本の存在はこうした資本の自由な移動を阻害する。これを解除するのが「信用 Kredit」による社会的資金の再配分である。すなわち資本の運動は、その循環過程のうちに資本機能を遊休する貨幣を不可避的に生み出すため、資本はこれを相互に融通しあって利用に転じることで、資本の移動を促進することになるというのである。

それはまず「商業信用」としてあらわれる。個別産業資本間における商品の売買では、将来の貨幣の還流を見込んで掛売りが行なわれる。この将来の支払い約束を証券に具体化してあらわしたものが手形であり、それは貨幣に代わって信用流通の連鎖を形成する。この手形を割り引くことによって、遊休貨幣資本を社会的に集中し配分するのが「銀行信用」である。資本主義では、産業資本の遊休貨幣が銀行を介して資金として商品化されるのであり、この資金の価格として一般利子率が確定する。つまり個別産業資本においては、資金の供給によって流通過程が加速され追加利潤が生じるため、これが「貨幣の商品化」としての利子の根拠となるのである。

しかしながら宇野によれば、こうした社会的資金の配分機構の形成によってもなお個別資本の循環における特殊性が残らざるをえない。すなわち流通期間と流通費用は、購買相手の都合という偶然的で個別的な事情によって大きく左右されるため、産業資本の利潤形成にとってはマイナス要因となる。この流通費用そのものを資本化し、産業資本の流通過程を独立に受け持つものが「商業資本」である。商業資本は、多くの産業資本の流通過程を代理して担い、それらの流通費用を専門的に資本の投下対象とすることによって、流通期間を社会的に集中・縮小し平均化して利潤率の均等化を促進することになる。それでも、商業資本においてなお利潤率の差異が残るとすれば、それはもはや、商業資本家の独自の商業活動にもとづくものとして観念されざるをえない。すなわち、信用制度の確立によって商業資本に投下された資本はすべて利子をもたらすものとされ、この利子を上回る利潤の超過分は、商業資本家の企業活動にもとづく企業者利得とみなされるのである。

これによって商業資本の利潤は、信用による「利子」とそれを超える「企業者利得」という二つの観念に分化される。この観念はまた、資本主義のメンバーであるすべての諸個人の意識表象をも覆い、それゆえ産業資本の利潤観念にもそのまま反映されることになる。

こうして資本主義社会においては、資本は生産部面であろうと流通部面であろうと、その投下は一般的に利子を生むという観念をつくりだす。宇野はこれを、「それ自身に利子を生むものとしての資本」という資本の物神性 Fetischismus を示す資本主義の最終理念であると規定した。もちろんこの観念はあくまでも擬制であり、価値の自己増殖態としての資本そのものが現実に「商品」化するわけではない。けれどもこの理念は、利潤や地代、配当などあらゆる定期的収入を利子率によって還元し、その元本を擬制資本化して表現することになる。ここにはじめて、資本や土地も一定の価格を与えられた「商品」として売買の対象となるのである。

しかしながらこの「資本―利子」という観念の確立は、他方で、それを超過する利潤については、資本家の企業活動によって生み出された企業者利得であるという観念をも生じさせた。この資本家における「企業活動―企業者利得」観念は、労働者における「労働―賃金」という観念と一体化されて、「自己の労働にもとづく所有」という規範イデオロギーを完成させる。これこそが、マルクスが『資本論』の出発点において説いた、あらゆる商品の価値の根拠を直接に「人間」という主体の労働に求める労働価値説に対する最終的な批判であるといってもよいだろう。

すなわち利子論の展開によって、諸個人の意識においては、マルクスが「資本の総過程」として明らかにした三大階級の関連さえも覆い隠される。資本家も土地所有者も労働者もそのいっさいの「所得」の根拠は、最終的に、財産それ自体の生み出す「利子収入」、および自己の労働の成果としての「勤労報酬」という二つの源泉に解消されるのである。これによって資本主義は、現実的には階級社会でありながら、あらゆる個人がその活動に応じて等しく利子と報酬を受け取ることで、自由で平等な均質の商品所有者がつくりあげる「市民社会」という倒錯観念（イデオロギー）を社会のすべてのメンバーに遍く付与することになる。資本という「他者」を主体とする現実の社会関係は、いまや人間という「自己」を主体とする「市民社会」なる日常的表象に完全に覆い尽くされるのである。

それゆえ宇野『原論』は、どこまでも「他者」としての資本を主体とする論理構成を貫きながら、その最終部を、恐慌論や階級闘争論で終わるのではなく、資本主義の物神性をあらゆる人間（自己）の意識に内在化する「国民所得」によって閉じることになる。


「利子と地代と賃金と、そして企業利潤とは、いわゆる国民所得の基本的なるものといってよいであろう。他の所得はこれから派生するものと見ることが出来るのであるが、しかしこの国民所得観こそ資本主義社会の物神崇拝的性格をそのまま反映するものに外ならない。」（宇野著作集　第一巻　五一八頁）

「現に労働賃金を資本の利子と同様の所得とするとき、マルクスのいわゆる『搾取する労働』と『搾取される労働』との区別は抹殺せざるを得ないし、労働者の労働力が資本として機能し、その賃金が資本の一部から支払われるという関係は見失われざるを得ない。」（同五一九頁）

4　市民社会というイデオロギー

こうしてマルクスの『資本論』とは異なり、宇野『経済原論』の世界からは、資本主義の崩壊はおろか、それを変革する大衆の自然発生的で自力の運動さえ登場する余地はない。宇野は、資本という「他者」を主体とする世界が、なぜ、「市民社会」という普遍的な「自己」イデオロギーを成立させるかという、その根拠を解き明かすことによって、最終的に体系を完結させたのである。

だがここでもっとも強調しておかねばならないことは、宇野『原論』は、けっして資本主義の無限性を主張するものではないという点である。むしろ宇野は、その原理論を完全な円環体系として完成させることによって、資本主義の特殊歴史的な性格を誰よりも強調したはずである。「あたかも永遠に繰り返す」循環の論理によって指し示されるものは、資本主義の「無限性 infinité」ではなく、むしろその「全体性 totalité」であろう。資本主義が閉じた円環をなすことは、それがひとつの「内的」な「自同性」と化すことを意味する。がんらい人間の労働という「同」に対する「他」として存在した資本は、いまやその内部に人間労働を包含することによって、それ自身がひとつの「同」としての「全体性」に還元されてしまうことになるからである。

レヴィナスの表現を借りれば、「第三者」の登場によって、二者間の非対称的な「倫理」は、最終的に、市民社会なるものの対称的な「正義」へと転換した。しかし市民社会の正義は、つねに、一者の受動性に支えられ同一性を保って閉じた「全体性」を形成する。それは、あらゆる人間を全体性の秩序に内在化して回収しようとする「同 le Même」でしかない。「同」としての正義は、自己に対する「外性 extériorité」を知らず、いわばその「内性 intériorité」にとどまっている。市民的正義は、「全体性」の外に出ようとはせず、仮に外に出たとしてもつねに「他」を包含し「同」という自己に還帰するしかない。

レヴィナスによれば、こうした「自同性」による自己回帰は、けっきょくエゴイズムの立場にとどまらざるをえない。したがってここから類推すれば、変革主体の内的な必然性つまり自然発生性に依拠する「マルクス主義」もまた、「他者」を真実に問題としていないことになろう。

それならば、資本主義を根底的に変革しうる「他者」は、どこにも存在しえないのであろうか。いな、そうではない。資本主義そのものが閉じた「全体性」であることの確認は、その特殊歴史性を明証するものであり、それゆえ同時に、それ自身に対する絶対的「外部」の存在を認めざるをえないことになるからである。それは、もはや資本主義イデオロギーに取り込まれた「人間」すなわち労働者や土地所有者のことではありえない。宇野は、『原論』の体系的完結性によって、資本主義（市民社会）という「全体性」の内部ではなく、外部にこそ、「無限」の可能性を秘めた「他者」の他性altéritéが存在することを厳然と表現しようとしたのではなかったか。「他者」は、まさに「絶対的に他なるもの」であるがゆえに、市民的な主体の彼方に超越して存在するしかない。資本主義の根源的変革は、いわば不可侵なる無限性を有する「絶対他者」による実践としてしかありえないのである。

こうした全体性の秩序を破って外部に出現する他者の無限性を、レヴィナスは「顔 visage」と表現した。同様に親鸞はこれを「他力」と形容した。いずれにしても、「自己」の外部に顕現する「他者」との出会いないし「他力」への渇望が、市民社会的秩序から「外」への脱出をうながす。宇野理論においては、こうした「他者」がまず具体的に顕現する世界が、つぎにみる段階論という論理の位相なのである。

第三章　宇野『経済政策論』における他者の顕在化

1　段階論という外部

宇野『経済原論』は、最終的に、すべての社会関係が商品経済によって一元化された純粋資本主義の全体性を認識モデルとして完成した。しかしながら現実の資本主義は、一九世紀末以降、歴史的にこの全体性のモデルそのものから大きく乖離し変貌していった。いわゆる金融資本の支配する帝国主義が支配的傾向となったのである。

先にみたように、ヒルファディングは、『資本論』の利潤率低落化法則のストレートな延長上に機能資本に対する利子生み資本の勢力拡大を導き出し、産業企業に対する銀行の支配として「金融資本」の確立を説いた。またレーニンは、『資本論』の自由競争から生産の集積と独占を導き出して、独占の生み出す過剰資本の輸出によって資本主義の最高の発展である「帝国主義」の成立を説いた。

いずれもマルクスの『資本論』のロジックを敷衍して、その直線的な延長上に『金融資本論』あるいは『帝国主義論』を位置づけるものといえよう。それゆえこれらは、資本主義の生成・発展・崩壊という内的自己発展にもとづく弁証法的必然性論の系譜に属するものであろう。

たしかにマルクスは『資本論』第一版の「序文」において、「産業の発展のより高い国は、そのより低い国に、ただこの国自身の未来の姿を示しているだけである」と述べている。しかしながら、いうまでもなく、すべての資本主義国が『資本論』の説く純粋資本主義に収斂するものでもなければ、その後に各国が、同一の帝国主義段階へと一様に発展していくわけでもない。

宇野は、こうしたマルクスによる資本主義の内的な自己発展論を批判し、帝国主義の解明を、「原理論」とは論理的抽象レベルの異なる「段階論」として分析することを主張した。周知のように、それは、一九三六年と一九五四年に上、下巻に別けて『(旧版)経済政策論』として刊行され、一九七一年の改訂によって最終的に体系的な『(新版)経済政策論』へと結実することになったのである。

段階論は、資本主義の世界史的発展を主導した典型国をとりだし、それが推進した資本の蓄積タイプと国家の経済政策との関連を類型的に把握するという方法であるといわれる。たとえば、一五～一六世紀におけるイギリス羊毛業を基盤とした商人資本的蓄積に対応するのが重商主義政策であり、一七～一八世紀のイギリス綿工業にもとづく産業資本的蓄積は自由主義政策を生じさせる。そして一九世紀末から二〇世紀初頭のドイツの鉄工業による金融資本的蓄積が、帝国主義政策を主導するものとして取り上げられるのである。

宇野によれば、資本主義が原理的な三大階級の商品経済的関係へとしだいに近似していくモデルは、一八〜一九世紀のイギリスに求められる。そこでは、王権による商人資本の特許貿易の保護を否定し、綿工業資本の自立に対応して、国家が、「政策なき政策」つまり「自由主義」を実現することが可能になったとされる。それゆえ、こうした資本主義の純化傾向を方法的に模写し極限化することによって、宇野『経済原論』のモデルは構成されることになったのである。

したがって「段階論」はたしかに、「原理論」に抽象された論理を歴史具体的な類型として摘出するという側面をもつ。たとえば『経済政策論』の重商主義が『経済原論』の流通論に客観的根拠を与えるものであり、同様に、自由主義が『原論』の生産論および分配論に一定程度対応するとは言えるかもしれない。その意味では帝国主義の根拠も、レーニンやヒルファディングが示したように、『経済原論』ないしは『資本論』の論理的延長上に見いだしうると考えるのもあながち不思議ではない。それはなるほど、マルクスが示した資本主義の一元的な発展史観つまり唯物史観に合致するものではあった。

しかし現実の資本主義はそうではなかった。帝国主義の成立は、けっしてイギリス自由主義の「内部」的な自己発展の結果ではない。それはむしろ、イギリスの産業資本に「外部」的に対抗する後発資本主義国ドイツにおいて、株式会社組織を用いた金融資本に主導されて登場したのである。

この意味において宇野段階論には、なお一定の方法論的混乱があるといってよいかもしれない。重商主義および自由主義は、「原理論」の具体的根拠を示すものとして、その「内部」に包括しうるが、「帝国主義段階論」はけっしてそうではない。それは、原理論に抽象化しえないどころか、その論理的延長にさえ典型を見いだすことはできないのである。この意味において、重商主義・自由主義という段階論と帝国主義の段階論とは同一次元の類型として並べうる性格のものではない。やや比喩的に言えば、帝国主義の到来は、「原理論」という全体性のもつ「同」の体系を逸脱する。それは、資本主義の歴史的不純化でさえなく、むしろ、自己の「外部」に顕現する異形の「他なるもの」の類型を指し示すことになる。

　すなわち、後進国ドイツの資本主義は、イギリスのように商人資本が「労働」を包摂することで成立したのではない。それはむしろ、イギリスで発展した資本制機械技術を「外部」から輸入し、宇野の表現を借りれば、最初から「産業資本による本源的蓄積」というべき特殊な形式をもって開始されたのである。それゆえドイツでは、イギリスのような軽工業としての綿工業による個人企業が未発達であり、このことがかえって逆に、鉄鋼業を中心とする重化学工業を急速に発展させる好条件となったといえよう。こうした基幹産業としての鉄鋼業は、産業資本にはみられない巨大な固定資本を必要とし、その調達に必要な資金も巨額にのぼる。これを現実的に解決したのが、宇野のいう、株式会社形式の採用による所有と経営の分離だったのである。

　周知のように株式会社の資本は、株式資本と機能資本として二重のかたちで存在することになる。株主が投資と引き換えに入手した株式証券は、現実資本の利潤から配当を受ける権利G……G′であり、それゆえそれ自身が商品として自由に売買される。それは現実資本の売買ではなく、配当を利子率で資本還元した擬制資本としての商品化である。他方、株主の払い込んだ資金は、会社における現実機能資本として産業資本と同様のG—W…P…W′—G′という循環をえがく。それゆえ株式会社において現実資本は、個別株主の動向にまったく影響をうけずに運動し続けることが可能となる。すなわち個人的蓄積の限度に制約されず、利潤つまり配当の見込みさえたてば、株式の発行によって社会的に蓄積された資金を集中して資本化し、自由に企業の勃興や拡大が可能となるのである。個人的蓄積を基本とするイギリスの産業資本と異なり、一挙に巨大な固定資本を必要とする後進国ドイツの重工業にとって、こうした株式会社形式の採用が資本主義を確立するうえでもっとも適合的な資本形態であったことはいうまでもない。

さらに宇野によれば、株式会社が巨大産業に適用されることで、ドイツにおいては銀行と産業企業とのあいだに重大で特殊な関係が形成されたとされる。

イギリスの銀行は、がんらい産業資本の一時的な遊休資金を短期の商業信用として利用するための仲介機関（商業銀行）であった。これに対してドイツの銀行は、企業の株式発行業務を行ない固定資本向けの長期貸付を株式によって回収する「産業銀行」である。それによって銀行と産業企業との関係は密接かつ永続的となり、銀行は産業株式の発券による創業利得を得るとともに、銀行から企業へ重役を派遣し関連企業間の競争を制限して高利潤をあげる独占組織が形成される。このように一九世紀末の後進国ドイツという特殊な条件が、巨大重工業における固定資本の設置という素材的困難を、株式による資金調達によって克服する方式を編み出した。そして、それを利用してはじめて、巨大銀行と巨大産業の組織的結合や資本支配が可能になったのである。

宇野は、こうした巨大銀行による産業企業全体に対する重畳的な支配の集中を、ヒルファディングの用語を借りて「金融資本」と呼ぶ。だがそれはヒルファディングと異なって、原理論における「同」

の全体性を完全に逸脱する「外的」で「他なるもの」であろう。

2　三大階級に対する他者

ところで、ドイツの金融資本が、はじめから個人的蓄積に制約されずに社会的資本を株式のかたちで集中することは、資本主義の要である「労働力の商品化」にも重大な違いをもたらさずにはおかない。金融資本はイギリス型の個人産業資本と異なり、既存の固定設備の減価償却に拘束されずにいつでも新しい生産技術を導入できるようになるからである。このことは、がんらい不況期に限られた資本の有機的構成の高度化を不断におしすすめることを可能にし、景気循環過程が変容して継続的な不況を生じさせることになる。したがって労働人口をもまた、慢性的に過剰化する傾向がうまれざるをえないのである。

それゆえ宇野は、金融資本的蓄積を「不断の過剰人口を基礎とする労働力商品化」と表現した。この人口はまさに、世界史における三大階級への近接傾向すなわち「原理論」への「同」化を完全に否定し、そこからはみ出す「他者」を構成するものであったといえよう。

すなわち、ドイツにおける金融資本的蓄積は旧来の共同体的な社会関係を分解せずに、むしろこれを農村に温存して、そこに膨大な過剰労働力を滞留させる。イギリスの原始的蓄積のように土地と労働力を分離することなく、小土地所有者としての中間層農民の存続が、「不断の過剰人口」を維持し吸収する社会の緩衝帯として機能したのである。じっさい一九世紀末のドイツでは、経済政策の面からも、農業関税に代表される農民の保護政策が顕著になっていく。これらの旧中間的社会層は、株式会社自身のうみ出すサラリーマンや中小企業者など新中間層とともに、金融資本がその資金を動員する基盤としての役割をも果たしたことはいうまでもない。

こうして、宇野の説く「帝国主義論」は、『経済原論』が構成する三大階級の商品経済的関係から逸脱した、文字どおり「他者」に依存しているといえよう。他者としての中間階級の広範な存在は、「帝国主義段階論」が、その資本の蓄積構造においても「原理論」のなかに根拠をもたず、まさにそこからはみ出した「外部」が積極的役割を演じていることの証左であろう。

ところがアイロニカルにも、これに比して先進国のイギリスでは、国内産業を個人資本が中心的に担っており、大銀行との直接的結合はすすまなかった。そのため株式会社形式は産業企業では十分に普及せず、金融資本はその中心的基礎を確立しないままいわゆるレントナー化していったのである。貨幣市場は、国内における短期資金の融通にとどまり、長期運用を望む国内の各種資金は、証券銀行業を営むマーチャント・バンカーによってそのまま直接に、植民地銀行や海外銀行など海外投資向けの資本市場へと流出していくことになった。

こうして宇野によれば、帝国主義段階においては、後進国ドイツがその後進性自体を先進国イギリスに対するいわば優越条件に転化させて、世界史において主導的地位を占めることになる。それはすなわち、「他者」が能動的で積極的な主体となることによって、「自己」に消極的で受動的な従属性を強いるものであったということができるかもしれない。

「金融資本は……積極的にはドイツ重工業の発展に規定せられつつ、イギリスにおいて特殊の、直接、生産過程に基礎をもつとはいえない形態で発現する。」（宇野著作集 第七巻 一八一頁）

「帝国主義は……イギリスの資本主義的発展におくれて発展したドイツ、アメリカなどの資本主義の世界史的過程への参加によって出現したのであって、いわばドイツの進出的役割に対してイギリスが防衛的立場に立つという、資本主義諸国の対立にその根拠をもっている。」（同）

ここから宇野は、ドイツ金融資本とイギリス金融資本との類型的な対比をふまえて、それぞれの帝国主義経済政策として関税と植民地・資本輸出を検討する。すなわち金融資本は、自国内において有利な投資先を失い、独占関税やダンピングといった貿易政策にとどまらず、しだいに植民地の領有による資本輸出という帝国主義的な世界の再分割戦争に活路を見いださなければならなくなるというのである。

「それ（帝国主義政策）は必ずしも直接には資本の輸出と関連のない——いわば将来かかる資本の輸出をなしうる植民地ないし勢力圏の、一方では再分割の要求を、他方ではそれに対する防衛を必然ならしめる。それは戦争によってでも解決せられるほかに途のない対立であった。……それは関税政策と植民地の領有とにあらわれた金融資本の政策の異なった現われにほかならない。」

（同 二四〇頁）

むろん、資本輸出から戦争政策にいたる必然性が、はたしてこうした資本蓄積の類型的差異だけで整合的に説明できるかどうかは、なお議論が残るところかもしれない。おそらく宇野における「帝国主義戦争の必然性」論には、レーニンの『帝国主義論』に対する過剰な敬意と、その実践への強いイデオロギー的な期待が潜んでいたことは否定できないであろう。

しかしながらここにおいて、あらためて確認すべきは、宇野段階論のメリットが、『資本論』ないし『経済原論』あるいはその近似的な歴史類型であるイギリス自由主義の論理的発展上に、けっして「帝国主義」を位置づけなかった点にあることである。すなわち、原理論の内部ではなく「外部」に段階論があり、さらに、自由主義段階論の延長ではなくその「外性」として帝国主義段階論は存在する。この方法論そのものは、レーニンに対する実践的評価とはまったく対極に位置する。

産業資本の内在的展開によって金融資本が説けないのと同様に、帝国主義は資本主義の必然的発展形態ではありえない。宇野は、資本主義という「全体性」ないしその「内性」を原理論として、いわば自己から始まり自己に帰る循環的な論理のうちに完結させた。ヘーゲルやマルクスあるいはレーニンの弁証法的ロジックとは異なり、このような「全体性」という「同」の内部から「外性」としての「他」が出現することはありえない。レヴィナスや親鸞のレトリックを借りるまでもなく、「他者」は、その全体性の秩序の「外部」に、なんの必然性もなく、突然に、思いもよらず、異形の「顔」をもって顕現するほかないのである。

こうして、宇野にとって「帝国主義」は、『経済原論』という超越論的主観性によって構成された純粋意識（純粋資本主義）なる「同」に対するひとつの「他なるもの」であった。段階論は、『経済原論』のような内的に閉じた体系でありえず、けっしてその全体性に還元できない、むしろそこからはみ出したいびつな「他者」の顔をもっている。原理論における資本主義という「自己」は、こうした「他者」によって、つねに外から侵犯され歪曲され続けるしかない。それは、いわば類型の外部にある「類型」論である。

　このような「段階論」という他者に主導された自己の変容を媒介として、宇野理論はいよいよ最後のステージを迎える。そこでは、支配的資本の政策に還元されない「絶対他者」というべき新たな主体が登場してくる。これがいわゆる「現状分析」である。

第四章　絶対他者を主体とする現状分析

1　段階論の終わり方

宇野の『経済政策論』すなわち「段階論」は、その対象とする範囲を第一次世界大戦までの資本主義に限定している。この点について、一九五四年に公刊された旧版の「結語」では、「その後の資本主義の発展が段階規定をなすのにいかなる程度まで役立てられるかは極めて興味ある重要な問題であるが、疑問として残しておきたい」として、第一次大戦以後の資本主義の分析方法についてはペンディングにされていた。しかし一九七一年の『改訂版』においては、この記述を削除してつぎのように明確に書き換えられた。

「第一次世界大戦後の資本主義の発展は、それによって資本主義の世界史的発展の段階規定を与えられるものとしてではなく、社会主義に対抗する資本主義として、いいかえれば世界経済論としての現状分析の対象をなすものとしなければならない。」（宇野著作集 第七巻 二四八頁）

すなわち宇野は、第一次大戦後もその支配的な資本形態が金融資本であることには変わりないが、もはやそれが国家の政策を基本的に規定しているとはいえない。一九一七年のロシア革命以降、世界の一画にいわゆる「社会主義圏」が成立した後は、資本主義といえども、これらとの対抗抜きにいかなる政策も打ち出せるものではないというのである。

このことは、たんに帝国主義段階論に限らず、資本主義の原理論そのものが、現代世界に対してはすでに主導的・能動的な規定を与えうるものとはいえないことを意味していよう。宇野はむしろ、現代の世界経済において主導的位置にあるのは、資本主義に対する「他者」としての社会主義ではないか、少なくともそれが世界史的現実として具体化していることを無視して、現代世界の分析は不可能なのではないか、というのである。すなわち第一次大戦後の資本主義は、もはや世界経済の独立した「主体 sujet」ではありえない。資本主義そのものが、いまや、外部に顕現した「他者」に対する受動的な「従属者 sujet」の地位に置かれていることになる。

こうして宇野の「現状分析」は、『経済原論』（原理論）および『経済政策論』（段階論）のさらに「外部」にある、「絶対他者」にイニシアティヴを掌握された世界として把握されることになる。それゆえ帝国主義段階では金融資本が主導する植民地化政策によって解決された矛盾は、いまや、資本自身にこれを解決する能力はない。宇野によれば、その解決方法は、「他者」の圧力のもとに資本自らがその企業的側面を縮小し、少なくとも国家的に一段と高度の組織化を実現する以外に道はない、というのである。

「工場内の組織化が極めて技術的に行なわれながら資本家的目標を脱し得なかったのと反対に、この場合には一国の経済自身が技術的に組織されなければならない。社会主義が端的に実現しようとするものを、資本主義はその資本家的管理を部分的にでもその主要なものを国家に委ね、それによってでも自らの存続を維持しようというのである。」（宇野著作集 第八巻 二八九頁）

宇野は、こうした現状分析の具体例として大内力の「国家独占資本主義論」をとりあげ、それが、現代資本主義の中心として管理通貨制によるインフレーション政策を挙げている点を高く評価する。ただし、はたして管理通貨制が大内のいうようにただちに金融資本の政策をなすものといえるかどうか、という疑問を提起している。宇野によれば、それは、金融資本が自ら求めた積極的政策ではなく、「社会主義」との対抗を意識することによって、消極的に採用を余儀なくされた受動的政策なのではないか、というのである。すなわち、資本主義が一社会として商品経済的に自立する基礎であった貨幣制度（金本位制）を、部分的にせよ自ら放棄して管理通貨制を採用するにいたったことは、「他者」としての社会主義との対抗を抜きにしては理解しえないことになる。

「資本主義は、どこまでも金融資本の独占的利益を許して、自分自身を犠牲にするというようなものではない。一個の社会体制としての資本主義は、当然自己保存の手段を採るのである。言い換えれば資本主義は金融資本による組織化の限度を越えて、更に、一段高度の組織化を実現し得る形態を採らざるを得ないのである。最近の国家主義的傾向は、寧ろ斯くの如き資本自身の自己保存の態勢とは考えられないであろうか。」（宇野著作集 第八巻 二八七頁）

じっさい宇野が『経済政策論』の「改訂版」を公刊した一九七〇年代初頭までは、この「金融資本を越えた国家による資本主義の組織化」という政策は一定程度成功していたといえよう。宇野は、この点をさらにつぎのように的確に説明する。

「現にわれわれはこの管理通貨制によるインフレーション政策によって、労働者はもちろんのこと、俸給生活者も農民もいわゆる勤労者として一括されてその経済的性格を見失いつつある社会に生活しているといってよい。労働組合は職員組合と区別されなくなって、いわゆる社会主義の学校として役立たなくなってゆきつつある。したがってまた、いわゆる革新政党も国民的、あるいは市民的政党化する傾向を免れない。いわゆるマルクス主義の退潮もそういう経済的基礎によるものといえるようである。しかもこれが社会主義諸国にも反響しないではいない。」（宇野著作集 第七巻 二四六頁）

ここには、「他者（社会主義）」を能動的主体とし、「自己（資本主義）」をその受動性において把握する現状分析のみごとな一例がみられよう。じじつ金融資本の政策とはいえない資本主義国家の自己保存政策としてのインフレーション政策は、この頃まで、労働者の賃金上昇とともに資本の利潤をも増大させ、両者の階級関係を物価自体の上昇のうちに解消しどこまでも曖昧にしていった。すなわち階級闘争は完全に市民運動のなかに埋没し無力化していったのである。この政策は、労働者を中産階級化して資本主義体制内へ統合することにほぼ完全に成功するとともに、宇野のいうように、世界経済の能動的「主体」であるはずの「社会主義」そのものにも大きく跳ね返っていった。すなわち宇野の予感したように、こののち、ソ連邦を先頭とする「社会主義圏」の弱体化、さらにはその崩壊さえもが現実のものとなっていったのである。

現在の時点からみれば、宇野は、ソ連邦をはじめとする「社会主義圏」の成立、あるいはそのインパクトによる資本主義諸国内の「社会主義」運動に、あまりにも過大なる期待を寄せ過ぎていたのかもしれない。この時期の宇野が、近い将来、資本主義は社会主義によって駆逐されるものと楽観的に予測していたことはおそらく間違いないであろう。このかぎりでは宇野もまた時代の子であった。その「現状分析」の方法には、彼の生きた時代を反映して、レーニン主義的な「外部注入論」およびそれにもとづくコミンテルン型のインターナショナルな「前衛党建設論」への密かな期待が潜んでいたのであろう。

しかしながら、そうした当時の国際政治情勢に対する宇野の理解はひとまず措くとしても、宇野が示した「現状分析」の方法自体は、今日においても重要な意味をもっていよう。

留意すべきは、宇野のいう「現状分析」とは、けっして、一六世紀から二〇世紀初頭までの重商主義、自由主義、帝国主義という各段階の「内部」に含まれる各国や国際関係の具体的分析を指すものではない点である。たしかに段階論を具体化する各国経済の資料解読による実証的緻密化も、広義には「現状分析」と呼んでよいかもしれない。しかしながら、宇野が方法論的に、より厳密に「現状分析」と規定するのは、もはや資本主義の原理的規定や段階論的類型に収まりきらない二〇世紀初頭以降における「変容した現代資本主義」の現実の解明であった。それは、原理的な商品経済の法則性や段階的な資本蓄積のタイプから一律に導き出された国家政策によるものとはいえず、むしろ「外部（社会主義）」とのイデオロギー的対抗を意識した政治的・法律的政策を中心に考察されなければならないことになる。すなわち、資本主義ないし資本蓄積を「主体」とする論理ではなく、どこまでも「他者」の主導性に対する資本主義の受動的対応としての経済分析である。

　したがって、現状分析においては、いわゆる唯物史観の説く「土台―上部構造」という建築学的メタファーさえも当てはまらない。ここでは何よりも政治的・イデオロギー的な実践がもっとも重要な規定要因となってくる。そしてそれゆえにこそ、「現状分析」は、理論に対する実践固有の意義に、もっとも緊迫した切実な問題を投げかけることにもなるのである。

　宇野は、社会科学の究極目標は「現状分析」であり、これこそが「体制変革をめざす組織的な実践」に一定の理論的根拠を提供することになるという。じじつ当時の宇野は、自らの三段階論による資本主義分析が、内外の社会主義運動の実践に利用されることを大いに期待していたようである。

2　絶対他者の消滅とその痕跡

しかしながら、宇野の注目したロシア革命に始まる「社会主義圏」の形成およびその影響を受けた先進資本主義国内における「社会主義」運動は、予想どおりには進展せず、むしろまったく逆に、マルクス主義の退潮とその反響としての一九九一年のソ連邦解体に始まる東欧社会主義圏のドミノ的崩壊によって、あえなく潰えていった。

この崩壊の原因は一般には、政治的には、ソ連型「社会主義」内における共産党一党独裁による権威主義的な軍事国家体制に、経済的には、中央集権による官僚指令型の計画経済システムに求められる。しかしながら、「社会主義」の崩壊は、そうした「内部」的要因によって生じたというよりも、やはり宇野が指摘したように、「社会主義に対抗する資本主義」の一定の成功という「外部」的要因が大きなウエイトを占めていたのではなかろうか。

すなわち、資本主義が、管理通貨によるインフレ政策によって公私混合経済と福祉国家政策を消極的にではあれ推し進め、経済的にはケインズ主義的政策による恐慌の克服、政治的には男女普通選挙権と市民の権力参加によるマス・デモクラシーの確立、法的には生存権や労働基本権にもとづく社会法の制定によって、外部的な「他者」の理念を資本主義体制の「内部」に部分的に取り込むことに成功したという事実に起因しているといえよう。これと対照的に、ソ連型「社会主義」は、資本主義的発展の停滞、ロシア革命をめぐる内戦と列強の干渉戦争、レーニン没後のスターリンを中心とする血の粛清、さらに冷戦下の軍事優先の技術開発といった政治的悪条件に加えて、中央集権の統制的計画経済が国民の暮らしに重く圧し掛かり、国民生活そのものを疲弊させていったのである。

それゆえ「社会主義」は、ベルリンの壁を越えて伝わる西側大衆消費社会の多様化し肥大化し情報化する中産階級的な欲望に対して、まったく対応不能に陥った。いわば「社会主義」は、資本主義の大衆民主主義的変貌というべき現実に完全に敗退したのである。このことはこんにちの時点からみれば、いわゆる「社会主義」なるものが、けっきょく、資本主義を最終的に終焉に導くような「絶対他者」ではありえず、むしろ、資本主義の「内部」的政策に抱合し「同」化することが可能な、資本主義の国家主義的一変種に過ぎなかったことを意味しているのかもしれない。

だがもちろん、その後の資本主義世界がこれによって磐石の安定性を保っているというわけではない。二〇世紀末以降、世界経済は、アメリカの主導するＩＭＦ体制の崩壊やオイルショックをきっかけに世界的低成長と財政危機の時代に入った。これによって、フィスカル・ポリシーの展開が縮小され、経済の規制緩和によって労働者保護政策が大幅に後退し、雇用の不安定化や賃金の削減がすすみ、福祉国家（国家独占資本主義）政策そのものがかなぐり捨てられていく。そして現在の世界経済は、国境を越えたグローバリゼーション化と剥き出しの新自由主義化政策へ向かって突き進んでいるようにみえる。

一般にこれらの変化は、資本主義世界の「内部」において、パックス・アメリカーナの後退と経済のソフト化・サービス化、それゆえ国際経済関係の多極化が急速に進行したことに大きな原因があるといわれている。しかしながらこれらの大転換もまた、資本主義社会の「内部」的要因のみに基づくものではないだろう。いな、むしろ、「外部」的に対抗しうる「他者」の消失こそが、究極的原因ではなかろうか。いまや資本主義世界は、「社会主義」の消滅にともなって、その政策を対抗的受動性から積極的能動性へと再転換し、最大限の利潤を追求するという資本主義本来の「市場原理主義」をグローバルに全面開花させている。この意味では現代の資本主義は、すでに歴史的過去となった「他者」へのルサンチマンを原動力に、その全面的な払拭を意図的に追求しているのかもしれない。

もっとも、現代資本主義は、資本のグローバル化によって、いま新たな「他者」を登場させているという見解もありえよう。なるほど資本主義の現状に抗して、これを変革しようという新たな試みが模索されているのもまた事実であろう。たとえば、生産者と消費者の協働組合による独立小生産者型のアソシエーション運動、地域通貨による小市場圏のネットワーク化運動、環境保護団体によるエコロジー運動、そしてジェンダーやマイノリティの自己決定権運動などが、これにあたるかもしれない。

しかしながらこれらの市民運動は、宇野が「現状分析」のメルクマールとした、資本主義への還元を拒否し資本主義世界そのものを終焉に導くような、レヴィナス的意味での「絶対他者」であるといえるだろうか。これらは、もともと資本主義的全体性の「内部」から生まれ、いったん外部に出るようにみえても、けっきょくは再びその「内部」に回収され「同」に還元されて、資本主義体制を補完し強化し秩序の安定をもたらす類のものではなかろうか。じっさいこのことは、これらの諸運動体がＮＰＯやＮＧＯとして公認され、国家から推奨され保護され積極的に支援されている事実からも明らかであろう。

資本主義的商品経済が最終的に「他者」を「自己」に同化（平等化）する「市民社会」イデオロギー

によって物神化され正当化されるものであるかぎり、資本主義に対抗する運動はけっして「市民」ないし「市民運動」によって担われるものではありえない。それは、資本主義の原理論的「全体性」や段階論的「類型」の「内部」に還元されることのない、「絶対他者」の実践によってしか実現しえないだろう。宇野の説く「現状分析」とは、どこまでも資本主義の「外部」に顕現する「絶対的に他なるもの」に主導されて初めて可能となる領域だったのではなかったか。この点を、宇野はつぎのように的確に指摘する。

「もちろん僕達は日常生活や職業活動で一定の社会関係の下にブルジョア的乃至プチ・ブルジョア的イデオロギーを当然持つ……。そしてまた僕達が『資本論』を読むとき、このブルジョア的乃至プチ・ブルジョア的イデオロギーを批判せずにはいられない。……しかし運動は、単に理論的啓蒙だけで実現されることになるわけではない。実践運動は、実にわれわれの日常的生活乃至職業的活動そのものを変革することを目指すもので、そう簡単に理論的批判で片付くものではありません。」（宇野著作集 第十巻 二〇頁）

すなわち資本主義を変革しうる「絶対他者」は、市民社会で日常的生活や職業的活動をおくる「自己」にとっては、決して現前することのない、それゆえ理論的認識のうちに表象も意識も映現も構成もされることさえない、理解不能の「絶対的未知者」なのである。もしかしたらそれは大いなる幻影に過ぎないのかもしれない。けれども、そうした外部の「他者」を前提とすることによってのみ、資本主義の「内部」に生きるわれわれの近代的自我——宇野のいう「ブルジョア的乃至プチ・ブルジョア的イデオロギー」——はその普遍性を揺るがされ、特殊歴史性および文明史的相対性を根底的に暴露されることになるであろう。

おそらく現状においては、そうした痕跡traceとしての「絶対他者」だけが、資本主義批判という倫理を根拠づけうる唯一の遺された証なのかもしれない。

おわりに

宇野理論の思想的課題

宇野三段階論を現象学ないし宗教学にアナロジーして読み替えれば、資本主義は、つねに自己の外部にある「他者」を主体として、これが内部の「自己」を包摂し支配することによってみずからの存立を維持してきたといえよう。

「原理論」においては、商品とは人間労働に「他なるもの」であった。そして商品の価値形態とは外部の貨幣が商品世界を編成する過程であり、貨幣の資本への転化は外部の資金が新たな流通を開始する過程であった。さらに資本の流通が労働・生産過程を内部に取り込むためには、「原始的蓄積」という「外部」に依存しなければならなかった。こうして最終的に「他者」としての資本は、労働力と土地という普遍的「自己」を自らの全体性のうちに包摂する。労働力は資本蓄積にともなう相対的過剰人口の吸収と排出によって「同」に統合され、土地は利潤率の均等化による超過利潤を地代として固定することで、資本主義への「同」化を完了する。したがって原理論は、「他者」の普遍性が「自己」の全体性をその内部に取り込み、自由・平等で同型の「市民」から成る市民社会イデオロギーを擬制的に確立して終わる。こうして資本主義という「他なるもの」は、ひとつの自同性の体系すなわち全体性となりえたのである。

さて、こうした資本主義の「同」としての全体性に対し、それに包摂されない新たな「他者」が外部に登場するのが帝国主義という「段階論」であった。類型的には、イギリス産業資本に対抗するドイツ金融資本がこれに当たる。後発資本主義国ドイツは、宇野のいう「産業資本による本源的蓄積」によって、当初から株式会社形式を移入し、その固定資本の肥大化は労働力の吸収を脆弱なものにとどめ慢性的に過剰人口を滞留させる。このためドイツ資本主義は旧来の農民層を分解することなく、これを、原理的資本主義とは異質な「他者（中間階級）」として広範に抱え込むことになった。こうした三大階級に対する「他者」の存在は、むしろ金融資本的蓄積にとって不可欠の要素であり、それゆえ宇野は、この新たな段階を「原理論」の外部に置いたのである。

ところが宇野によれば、こうした「原理論」、「段階論」でカヴァーできる資本主義は、第一次大戦をもって終わり、それ以降は「現状分析」の対象となる。

したがって、そこにおける国家の政策は、資本の蓄積様式によって規定されるものではなく、いわゆる社会主義に対する受動的対応として打ち出される性格のものとなるはずであった。なぜなら、宇野にとって「社会主義」とは資本主義を根源的に否定する能動的主体であり、それは、金融資本的利害はおろか、資本主義的イデオロギーそのものに対して「外部」的な、いわば「絶対的に他なるもの」であるはずであった。こうした「絶対他者」との対抗に置かれた資本主義の分析こそが、すなわち「現状分析」の課題だったということになろう。けれども、そうした「他者」もいまはすでに見る影もない。
それゆえ、いまあらためて、資本主義をラディカルに変革しうる「絶対他者」とはいかなるものか、その担うべき「実践」とは何かを問い直し、最後に、宇野理論からレヴィナス、親鸞へと遡行する回路を整理して本書を閉じることにしたい。

宇野弘蔵における実践の倫理

注意すべきは、宇野は、同じ「実践」といっても、「日常生活ないしは職業的活動である日常的実践」と「組織的政治運動としての政治的実践」とを厳密に区別している点であろう。これらはまた、別の箇所では「経済的過程に対応する主観的行動」と「歴史の客観的過程自身を規定する主体的行動」とも言い換えられている。資本主義の「内部」における人間の日常的・職業的な実践は、原理論で説かれるように、できるだけ安く買って高く売るという商品経済的行動を超えるものではありえず、おそらくはそうした行動の総和として、自立した自由で平等かつ利己的な「自我」もまた形成されるのであろう。

先に引用したように、宇野は、こうした資本主義内部における商品経済に対応する人間（自己）の主観的行動は、たとえそれをいかに理論的に批判しえたとしても、けっして資本主義の根源的な変革に結びつくものではないことを強調した。

ところが宇野は、他方において、「労働力の商品化」が資本主義の最大の弱点であり、それは、資本主義を「一挙にそれ自身の否定へと転化させうる可能性」を秘めているとも述べている。これは宇野による実践論の提起と受けとめてよいであろうか。

しかし残念ながら、このことは、労働者が即自的に変革主体となりうることを意味するものではないだろう。正確にいえば、労働力が資本によって生産しえない商品であるがゆえに、景気循環のなかで資本の吸収と排出をつうじて資本主義秩序に「同」化される特殊な存在であることを示唆しているにすぎない。しかも宇野理論においては、この労働力の価値通りの販売が、一切の市場メカニズムを基底的に支えるものとして位置づけられる。すなわち、労働者の資本主義体制への統合が、流通が生産を包摂する「原理論」の要をなすのである。資本主義は、原理的に、労働者を自己の「全体性」のなかに内在化して「同」に還元する。同様に「段階論」では、慢性的過剰労働力という「他者」もまた中間階級として、資本主義の「同」におのずから抱合されるのである。

それゆえ「労働力の商品化」という資本主義の弱点は、直接的には、体制そのものを変革する実践として顕在化することはありえない。このことは、宇野が、資本主義の内部で日常生活や職業活動を営む（労働者を含む）人間を、「ブルジョア的乃至プチ・ブルジョア的イデオロギーを当然もつ」ものと理解し、そこに、即時的には変革主体としての幻想を抱いていなかったことに照応している。

もちろん宇野は、みずからの独創的な三段階論が「社会の変革をめざす組織的実践に一定の理論的根拠を提供し、実践的活動の基準として役立ちうる」ことを切望していた。けれどもそれは、通俗的な理論と実践の弁証法的統一ではありえない。宇野は、理論は変革対象を指し示すことはできるが、変革の実践そのものはまったく提供できないというのである。「実践」は、けっして「理論」のような個人的活動ではなく、つねに相手の動向に反応して多数の人々を組織し動かすものでなければならない。さらにまた「実践」は、理論から導出された「法則」を受動的・消極的に利用するのではなく、むしろ「法則」そのものを意図的かつ能動的に廃絶するものでなければならない、とまでいうのである。

いくつかのパラグラフを引用しておこう。

「理論と実践の統一ということは、僕としては理論が実践の基準として役立つことと考えています。……実際また、理論と実践ということになれば、重点は後者にあり、後者によってその基準として利用されることが統一だと思うのです。」（宇野著作集 第一〇巻 一五頁）

「（資本主義の）客観的法則は、……これをわれわれが個人的に認識したからといって、この法則から自由になり得るというものではありません。……もしこの法則を実際にわれわれの自由にしようとすれば、この法則をなくすより外はないのです。僕は、そういう意味で理論と実践の統一を、政治的な組織活動と考えるわけです。」（同 二一七〜二一八頁）

「ここでは……一国の政権とこれに対する政党その他の組織の力が問題になる……。実際またその社会を変革しようという革命的勢力は、その時々の情勢の変化によって変化するものであって、単なる科学的分析で立証されるものではありません。いわゆる戦略を基礎にした具体的な戦術の問題に移るわけで、僕などが理論的に規定したり、論証したりし得るものではない。」（同 三三八頁）

このように、宇野にとって「実践」とは、資本主義の「外部」へと自覚的に離脱した「他者」による組織的な戦略・戦術にもとづく集団的行動でなければならなかった。その「理論と実践の分離」という倫理には、どこまでも「自己」の理論に対する「他者」の実践の絶対的優位が厳格に貫かれていたのである。宇野が梅本克己との論争において頑なに主張したように、人間の主体性や自発性を強調するかにみえる「マルクス主義（主体性唯物論）」もまた、それが資本主義の崩壊の自然必然性を説くものであるかぎり、真に「実践」の意義を正面からテーマ化したことにはならない。

実践者は、まさに資本主義の「他者」であるがゆえに、資本主義を担う主体の彼方に超越して能動的に存在するしかない。それは、いわば不可侵なる無限性を有する無限者である。レヴィナスが「顔visage」というタームで表現し、親鸞が「阿弥陀仏」と言い表したものは、おそらく、宇野にとっての「組織的実践者」であったと解しても大きな間違いではあるまい。

宇野理論からレヴィナス・親鸞の「他者」へ

こうして宇野は、「自己」の理論的体系性と「他者」の実践的主体性とを徹底的に切り離し、実践者（他者）に対して異常なほどに強い敬意を表明した。そこにはおそらく、生命を賭して闘う戦前戦中の実践家と比して、プチ・ブルジョア書斎人として安穏と暮らす己れの日常生活に対するコンプレックスが潜んでいたのかもしれない。だがそれ以上に重要なことは、自らの確立した三段階論体系によって、彼が若き日に抱いたアナルコ・サンディカリズムへの憧憬がいつしか苦い挫折に変わっていったことを率直に裏づけているように思われる点である。おそらくはこうした思想遍歴が、宇野をして、「組織的実践運動を行なう政党」すなわち「前衛党」という「他者」に対する過剰な期待へと誘なっていったものと推測される。

では、「科学としての経済学」を貫いたいわゆる「宇野理論」と一見相反するかにみえる、宇野自身のこのような強い倫理感はいったいどこから生じたのであろうか。

その答えは、宇野が、資本主義の内部で生活する自らを含む人間に対して、いいかえれば資本主義の「内性」にとどまる近代的な「自我」に対して、根源的に抱いていた深いアパシーに根差していたように思われる。

レヴィナスをまねて言えば、自我とは、つねに自同性を保ち資本主義というひとつの閉じた全体性に籠もり、その支配を脱しようと試みることのないエゴイズムであった。それは、あらゆる「外性」を資本主義の全体性に吸収し還元して、自己のアイデンティティを慰撫するニヒリズムである。このような商品経済的自我に「同」化された人間が、資本主義を否定する「他」的実践を行なうことなどありえない。レヴィナスは、私は存在することによって「他者」を殺しているのではないか、私には存在する資格があるのか、と絶えず自問し続けた。そしてそうした自己の無力性に対する悲痛な絶望を、自らへの内省によってではなく、「他者」への無条件の従属によって贖おうとしたのである。

それゆえレヴィナスにとっての「他者」は、その起源も理由も分からないままに、自己の認識や想像の構成対象となることを拒むかたちで、すなわち「存在とは別の仕方で、存在することの彼方に」顕現したのである。

同じことは親鸞にもまた当てはまるだろう。親鸞に生涯つきまとったのは、「悪人としての自己意識」であった。親鸞は、自己が愛欲に耽り名利を求めて悟りの境地に入ることを喜ばず、本心では浄土往生を望んでいないことを懺悔し、そうした自我を「恥ずべし傷むべし」と告発した。けれども、そうした「蛇蝎のごとき自我」から自力修行によって解脱しようとすればするほど、いっそう自己への妄執という呪縛に雁字搦めになるだけであった。そこにおいて親鸞が到達した自我への拘泥を逃れる唯一のみちは、まさに一切の自力を捨てて阿弥陀仏の「絶対他力」に全一的に帰依することであった。

それゆえ親鸞にとっての「他力」は、凡夫衆生が自力作善の行を断念したときに初めて、他者の側から予告なく不意に「絶対的な救い」として廻向されるものだったのである。

どうやら彼らと同様に、宇野もまた、資本主義の「内部」に生きる人間を、それゆえ自らをも、無慈悲な残虐性によって他者を支配しようとするエゴイズムに囚われた者とみなし、その日常的実践になんら展望を見いだすことができなかったようである。

宇野理論の核心である「労働力の商品化」とは、ひとり労働者の「従属労働」や「疎外された労働」のことではない。むしろそれは、流通が生産を包み全社会関係が市場メカニズムに支配される接合点であり、あらゆる人間が、安く買って高く売る「資本の人格化」として現れざるをえない自我の病理現象を指していた。宇野はつねづね「労働力の商品化」の意味するところを尋ねられると、それは「資本論の南無阿弥陀仏である」と答えたと伝えられる。これはたんなるメタファーではないだろう。それはまさに、資本主義のもつ物神的イデオロギーから片時も逃れられない人間（自己）の宿業を、いみじくも一言で言い表したものではなかったか。ここに、宇野理論から親鸞思想さらにはレヴィナス哲学へとつながるひとつの深遠なる「縁起」を見いだすのは、はたして筆者の独断的な思い入れであろうか。

たしかに、レヴィナスの「他者」も親鸞の「他力」もひとつのフィクションに過ぎないのかもしれない。あるいは宇野にとっての「社会主義」も、いまや永遠に訪れることのない究極理念として、すでに歴史の過去へと飛翔し去ったのかもしれない。それゆえ現在において「社会主義（マルクス主義）」なるものは、もはやひとつの倫理学ないし宗教学の研究対象として扱うしか方途は残されていないのかもしれない。だが、そうした倫理的・宗教的イデオロギーさえも、いままさに消滅の危機に瀕している。現代人は、もっぱら純粋意識の内性に閉じこもり、自助努力や自己責任という「自我」の呪縛によってみずからを押し潰すしか術がない。「存在」すなわち資本主義のもつ非人称性・無差別性・匿名性の暴力によって、存在者（他者）からの具体的で人格的な倫理的働きかけはあらかじめ放棄され無視されているのである。

そうした絶望的な自己への閉塞状況のなかにあって、グローバルかつ無慈悲に他者を侵食し続ける自我のエゴイズムそれゆえ資本主義の「全体性」そのものを克服するためには、いったい何が残されているのであろうか。

それは、あえて言えば、依然としてなお、不可侵の「無限性」を有する無限者（実践者）、すなわち「他者」の「他力」であると答えるしかないであろう。宇野弘蔵もまた最後まで密かに、その循環する理論体系の「外部」に、内なる自我を超越するイデオロギー、すなわち自己には認識も理解も表象も構成も不可能な、「無限なる他者」への形而上学的渇望 désir métaphysique を抱き続けていたように思われる。

資本主義の超克とは、けっして、弁証法的な内的必然性でもなければ、政治的・経済的な設計主義によって未来予想図を描くことでもない。いかに迂遠に見えようとも、それは、自我への妄執の無根拠性を根源的に暴露することによってしか方向づけることはできないであろう。それゆえその実践は、――それがフィクションであると知ったうえでもなお――レヴィナスや親鸞が無限の彼方に想定した「他者の倫理」の位置から、「いま」「ここ」に生きる「自己」を不断に審問し続けること以外にないのである。

参考文献

＊本文中の引用は、以下に掲げた著書（洋書は訳書）の頁を記した。

第Ⅰ部

峰島旭雄編『概説 西洋哲学史』ミネルヴァ書房 一九八九年
熊野純彦『西洋哲学史 近代から現代へ』岩波書店 二〇〇六年
R.Descartes; *Meditations prima philosophia*,1640. 山田弘明訳『省察』ちくま学芸文庫 二〇〇六年
R.Descartes; *Discours de la méthode*,1637. 山田弘明訳『方法序説』ちくま学芸文庫 二〇一〇年
I.Kant; *Kritik der Reinen Vernunft*, 1781. 篠田英雄訳『純粋理性批判』上・中・下 岩波文庫 一九六二年
E.Husserl; *Ideen zu einer reinen Phänomenologie und phänomennologischen Philosophie*,1950. Husserliana Bd.III. 渡辺二郎訳『イデーンI-I』みすず書房 一九七九年
E.Husserl; *Cartesianishe Meditationen und Vorträge*, 1950. Husserliana Bd.I. 浜渦辰二訳『デカルト的省察』岩波文庫 二〇〇一年
E.Husserl; *Die Krisis der europäischen Wissenschaften und die transzendente Phänomenologie*,1962. Husserliana Bd.VI. 細谷恒夫・木田元訳『ヨーロッパ諸学の危機と超越論的現象学』中公文庫 一九九五年
竹田青嗣『現象学入門』NHKブックス 一九八九年
浜渦辰二『フッサール 間主観性の現象学』創文社 一九九五年

谷徹『意識の自然 現象学の可能性を拓く』勁草書房　一九九八年
斎藤慶典『フッサール　起源への哲学』講談社選書メチエ　二〇〇二年
門脇俊介『フッサール 心は世界とどうつながっているのか』NHK出版　二〇〇四年
岡山敬二『フッサール 傍観者の十字路』白水社　二〇〇八年
J.P. Sartre; *L'être et néant*,1943. 松浪信三郎訳『存在と無』Ⅰ・Ⅱ・Ⅲ　人文書院　一九五六、五八、六〇年
渡辺幸博『哲学の現在――サルトルからポスト構造主義へ』関西大学出版部　一九九三年
M. Merleau-Ponty; *La Phénoménologie de la Perception*, 1945. 竹内芳郎・小木貞孝ほか訳『知覚の現象学』1、2　みすず書房　一九六七、七四年
M. Merleau-Ponty; *Signes*, 1960. 竹内芳郎・木田元ほか訳『シーニュ』上・下　みすず書房　一九六九、七〇年
M. Merleau-Ponty; *Le visible et l'invisible*,1964. 滝浦静雄・木田元訳『見えるものと見えないもの』みすず書房　一九八九年
廣松渉・港道隆『メルロ＝ポンティ』岩波書店　一九八三年
木田元『メルロ＝ポンティの思想』岩波書店　一九八四年
水野和久『現象学の射程 フッサールとメルロ＝ポンティ』勁草書房　一九九二年
鷲田清一『メルロ＝ポンティ 可逆性』講談社　二〇〇三年
屋良朝彦『メルロ＝ポンティとレヴィナス 他者への覚醒』東信堂　二〇〇三年
M. Heidegger; *Sein und Zeit*, 1927. 原佑・渡辺二郎訳『存在と時間』Ⅰ・Ⅱ・Ⅲ　中公クラシックス 二〇〇三年
木田元『ハイデガーの思想』岩波新書　一九九三年
木田元『ハイデガー「存在と時間」の構築』岩波現代文庫　二〇〇〇年

古東哲明『ハイデガー 存在神秘の哲学』講談社現代新書　二〇〇二年

E. Lévinas; *Totalité et infini, Essai sur l'extériorité*, La Haye, Martinus Nijhoff, 1961. 合田正人訳『全体性と無限――外部性についての試論』国文社　一九八九年

E. Lévinas; *Autrement qu'être ou au-delà de l'assence*. La Haye, Martinus Nijhoff, 1974. 合田正人訳『存在の彼方へ』講談社学術文庫　一九九九年

E. Lévinas; *En découvrent l'existence avec Husserl et Heidegger*, Paris,Vrin, 1974. 丸山静抄訳『フッサールとハイデガー』せりか書房　一九八八年

E. Lévinas; *Quatre lectures talmudiques*, Paris Minuit, 1968. 内田樹訳『タルムード四講話』国文社　一九八七年

E. Lévinas; *Du sacré au saint: Cinq nouvelles lectures talmudiques*, Paris Minuit, 1977. 内田樹訳『タルムード新五講話――神聖から聖潔へ』国文社　一九九〇年

R. Burggraeve (ed.); *Emmanuel Lévinas et la Socialité de L'argent*, 1997. レヴィナス著／合田正人ほか編訳『貨幣の哲学』法政大学出版局　二〇〇三年

M. Buber; *Ich und Du*, 1923. 植田重雄訳『我と汝・対話』岩波文庫　一九七九年

J. Derrida; *L'écriture et la Différence*, Paris, Seuil, 1967. 若桑毅ほか訳『エクリチュールと差異』上　法政大学出版局　一九七七年

港道隆『レヴィナス 法-外な思想』講談社　一九九七年

谷口龍男『「イリヤ」からの脱出を求めて――エマニュエル・レヴィナス論』北樹出版　一九九〇年

岩田靖夫『神の痕跡――ハイデガーとレヴィナス』岩波書店　一九九〇年

岩田靖夫『倫理の復権――ロールズ・ソクラテス・レヴィナス』岩波書店　一九九四年

岩田靖夫『三人の求道者――ソクラテス・一遍・レヴィナス』創文社　二〇〇六年

合田正人『レヴィナスの思想――希望の揺籃』弘文堂　一九八八年
合田正人『レヴィナスを読む――「異常な日常」の思想』ＮＨＫブックス　一九九九年
合田正人『レヴィナス　存在の革命へ向けて』ちくま学芸文庫　二〇〇〇年
熊野純彦『レヴィナス入門』ちくま新書　一九九九年
熊野純彦『レヴィナス　移ろいゆくものへの視線』岩波書店　一九九九年
斎藤慶典『レヴィナス　無起源からの思考』講談社選書メチエ　二〇〇五年
斎藤慶典『力と他者――レヴィナスに』勁草書房　二〇〇〇年
佐藤義之『レヴィナスの倫理――「顔」と形而上学のはざまで』勁草書房　二〇〇〇年
佐藤義之『物語とレヴィナスの「顔」――「顔」からの倫理に向けて』晃洋書房　二〇〇四年
村上靖彦『レヴィナス　壊れものとしての人間』河出ブックス　二〇一二年
内田樹『レヴィナスと愛の現象学』文春文庫　二〇一一年
小泉義之『レヴィナス　何のために生きるのか』ＮＨＫブックス　二〇〇三年
関根小織『レヴィナスと現れないものの現象学――フッサール・ハイデガー・デリダと共に反して』晃洋書房　二〇〇七年
安彦一恵『「道徳的である」とはどういうことか――要説・倫理学原論』世界思想社　二〇一三年
今村仁司『排除の構造――力の一般経済序説』青土社　一九八五年

第Ⅱ部

中村元・田辺祥二『ブッダの人と思想』ＮＨＫブックス　一九九八年
山折哲雄『仏教とは何か――ブッダ誕生から現代宗教まで』中公新書　一九九三年

中村元・長尾雅人監修『講座 仏教思想』全六巻 理想社 一九七四～八二年
中村元『龍樹』講談社学術文庫 二〇〇二年
渡辺照宏『日本の仏教』岩波新書 一九五八年
田村芳朗『日本仏教史入門』角川選書 一九六九年
末木文美士『日本仏教史――思想史としてのアプローチ』新潮文庫 一九九六年
竹村牧男『日本仏教思想のあゆみ』講談社学術文庫 二〇一五年
坂本太郎ほか校注『日本書紀』全五冊 岩波文庫 一九九四～九五年
花山信勝訳『法華義疏』全二冊 岩波文庫 一九七五年
服部正明・上山春平『仏教の思想 四 認識と超越〈唯識〉』角川書店 一九七〇年
長尾雅人『中観と唯識』岩波書店 一九七八年
廣松渉・吉田宏哲『仏教と事的世界観』朝日出版社 一九七九年
丸山圭三郎『ソシュールの思想』岩波書店 一九八一年
門口充徳『婚姻連帯論と社会学――レヴィ＝ストロースとデュルケムをめぐって』春秋社 二〇一四年
西田幾多郎著／上田閑照編『西田幾多郎全集Ⅲ』岩波文庫 一九八九年
立川武蔵『最澄と空海 日本仏教思想の誕生』講談社選書メチエ 一九九八年
梅原猛『最澄と空海』小学館文庫 二〇〇五年
天台宗典編纂所編『伝教大師全集』全五巻 日本仏書刊行会 一九七五年
弘法大師全集編輯委員会編『弘法大師全集』全八巻 密教文化研究所 一九八三～八五年
源信著／石田瑞麿訳注『往生要集』全二冊 岩波文庫 一九九二年
鴨長明著／簗瀬一雄訳注『方丈記』角川ソフィア文庫 一九六七年

大橋俊雄『法然』講談社学術文庫　一九九八年
阿満利麿『法然入門』ちくま新書　二〇一一年
阿満利麿『法然の衝撃——日本仏教のラディカル』ちくま学芸文庫　二〇〇七年
法然著／阿満利麿訳『選択本願念仏集——法然の教え』角川ソフィア文庫　二〇〇七年
阿満利麿『法然を読む「選択本願念仏集」講義』角川ソフィア文庫　二〇一一年
梅原猛『法然の哀しみ』上・下　小学館文庫　二〇〇四年
浄土宗聖典刊行委員会編『浄土宗聖典』全六巻　浄土宗出版　一九八八年
中村元・紀野一義・早島鏡正『浄土三部教』上・下　岩波文庫　一九九〇年
山折哲雄『法然と親鸞』中央公論新社　二〇一一年
釈徹宗『法然 親鸞 一遍』新潮新書　二〇一一年
古田武彦『人と思想 親鸞』清水書院　一九七〇年
笠原一男『親鸞』講談社学術文庫　一九九七年
伊藤益『親鸞 悪の思想』集英社新書　二〇〇一年
山折哲雄『親鸞をよむ』岩波新書　二〇〇七年
釈徹宗『構築された仏教思想 親鸞』佼成出版社　二〇一〇年
阿満利麿『親鸞』ちくま新書　二〇一一年
松野純孝『親鸞 その生涯と思想の展開過程』三省堂　一九七三年
松野純孝『親鸞 その行動と思想』評論社　一九八〇年
平松令三『親鸞』吉川弘文館　一九九八年
平松令三『親鸞の生涯と思想』吉川弘文館　二〇〇五年

阿満利麿『親鸞 普遍への道』ちくま学芸文庫　二〇〇七年
親鸞著／金子大栄校訂『教行信証』岩波文庫　一九五七年
石田瑞麿『教行信証入門』講談社学術文庫　一九八九年
親鸞著／石田瑞麿訳『親鸞――歎異抄・教行信証』Ⅰ・Ⅱ　中公クラシックス　二〇〇三年
山折哲雄『「教行信証」を読む――親鸞の世界へ』岩波新書　二〇一〇年
親鸞聖人全集刊行会編『定本親鸞聖人全集』全九巻　法蔵館　一九六九～七六年
マルティン・ルター著／石原謙訳『キリスト者の自由・聖書への序言』岩波文庫　一九五五年
加藤智見『親鸞とルター 信仰の宗教学的考察』早稲田大学出版部　一九九八年
スザ・ドミンゴス『親鸞とキェルケゴールにおける「信心」と「信仰」』ミネルヴァ書房　二〇一五年
竹内義範『親鸞と現代』中央公論社　一九七四年
滝沢克己『「歎異抄」と現代』三一書房　一九七四年
吉本隆明『最後の親鸞』春秋社　一九八一年
吉本隆明『親鸞復興』春秋社　一九九五年
今村仁司『親鸞と学的精神』岩波書店　二〇〇九年
高橋順一『吉本隆明と親鸞』社会評論社　二〇一一年
八木晃介『親鸞 往還廻向論の社会学』批評社　二〇一五年

第Ⅲ部

G.W.F.Hegel; *Phänomologie das Geistes*, 1807. 長谷川宏訳『精神現象学』作品社　一九九八年
城塚登『ヘーゲル』講談社学術文庫　一九九七年

竹田青嗣・西研『完全解読 ヘーゲル「精神現象学」』講談社選書メチエ　二〇〇七年
カール・レヴィット著／麻生建編訳『ヘーゲルとヘーゲル左派』未来社　一九八五年
良知力・廣松渉編『ヘーゲル左派論叢』全四巻　御茶の水書房　一九八六〜二〇〇六年
廣松渉『ヘーゲルそしてマルクス』青土社　一九九一年
廣松渉『青年マルクス論』平凡社ライブラリー　二〇〇八年
山之内靖『受苦者のまなざし　初期マルクス再興』青土社　二〇〇四年
K.Marx; Ökonomisch-phirosophische Manuskripte, 1844-45. *MEW, Ergänzungsband erster Teil.* 藤野渉訳『経済学・哲学草稿』マルクス＝エンゲルス全集 補巻第一分冊　大月書店
ヘルバート・マルクーゼ著／良知力・池田優三編訳『初期マルクス研究――「経済学＝哲学手稿」における疎外論』未来社　一九六一年
岩淵慶一『マルクスの疎外論――その適切な理解のために』時潮社　二〇〇七年
田上孝一『初期マルクスの疎外論――疎外論超克説批判』時潮社　二〇〇〇年
K.Marx-F.Engels; *Die deutsche Ideologie.* 廣松渉編訳／小林昌人補訳『新編輯版ドイツ・イデオロギー』岩波文庫　二〇〇二年
廣松渉『唯物史観の原像――その発想と射程』三一書房　一九七一年
L. Althusser; *Pour Marx,* 1965. 河野健二・田村俶・西川長夫訳『マルクスのために』平凡社　一九九四年
K.Marx; *Das Kapital, Bd.I.II.III.* MEW. 23-25. 岡崎次郎訳『資本論』マルクス＝エンゲルス全集第二三〜二五巻　大月書店
柄谷行人『マルクスその可能性の中心』講談社　一九七八年

岩井克人『貨幣論』筑摩書房　一九九三年
森嶋通夫『マルクスの経済学』森嶋著作集第七巻　岩波書店　二〇〇四年
高須賀義博『再生産表式分析』新評論　一九六八年
富塚良三・井村喜代子編『資本の流通・再生産（資本論体系四）』有斐閣　一九九〇年
R.Luxemburg; *The Accumulation of Capital*, Monthly Review Press, 1951.
P.M.Sweezy; *The Theory of Capitalist Development*, 1942. 都留重人訳『資本主義発展の理論』新評論　一九六七年
R.Hilferding; *Das Finanzkapital*, 1910. 岡崎二郎訳『金融資本論』上・下　岩波文庫　一九八二年
V.I.Lenin; *Imperialism*. 1917. 角田安正訳『帝国主義論』光文社古典新訳文庫　二〇〇六年
廣松渉編『資本論を〈物象化論を視軸にして〉読む』岩波書店　一九八七年
植村邦彦『市民社会とは何か――基本概念の系譜』平凡社新書　二〇一〇年
宇野弘蔵『宇野弘蔵著作集』一～一〇巻 別巻一　岩波書店　一九七三～七四年
宇野弘蔵編『資本論研究』Ⅰ～Ⅴ巻　筑摩書房　一九六七～六八年
宇野弘蔵『資本論五十年』上・下　法政大学出版局　一九七〇、七三年
宇野弘蔵『資本論と私』櫻井毅解説　御茶の水書房　二〇〇八年
青木孝平『ポスト・マルクスの所有理論――現代資本主義と法のインターフェイス』社会評論社　一九九二年
田中史郎『商品と貨幣の論理』白順社　一九九一年
降旗節雄『貨幣の謎を解く』白順社　一九九七年
小林弥六『流通形態論の研究』青木書店　一九六九年

伊藤誠・櫻井毅・山口重克編訳『論争・転形問題 価値と生産価格』東京大学出版会　一九七七年
大内力『地代と土地所有』東京大学出版会　一九五八年
日高普『商業信用と銀行信用』青木書店　一九六六年
日高普『商業資本の理論』時潮社　一九七二年
高橋洋児『物神性の解読――資本主義にとって人間とは何か』勁草書房　一九八一年
降旗節雄『帝国主義論の史的展開』現代評論社　一九七二年
新田滋『段階論の研究――マルクス・宇野経済学と〈現在〉』御茶の水書房　一九九八年
大内力『国家独占資本主義』東京大学出版会　一九七〇年
宇野弘蔵・藤井洋『現代資本主義の原型』こぶし書房　一九九七年
宇野弘蔵・梅本克己『社会科学と弁証法』岩波書店　一九七六年
降旗節雄『科学とイデオロギー』青木書店　一九六八年
降旗節雄『歴史と主体性』青木書店　一九六九年
滝沢克己『「現代」への哲学的思惟――マルクス哲学と経済学』三一書房　一九六九年
大内秀明『宇野経済学の基本問題』現代評論社　一九七一年
鎌倉孝夫『資本論とマルクス主義』河出書房新社　一九七一年
降旗節雄『宇野理論の解明』三一書房　一九七三年
降旗節雄編『宇野理論の現段階』一、三巻　社会評論社　一九七九、八三年
清水正徳ほか『宇野弘蔵をどうとらえるか』芳賀書店　一九七二年
大内秀明・鎌倉孝夫ほか『宇野弘蔵　著作と思想』有斐閣新書　一九七九年
清水正徳・降旗節雄編『宇野弘蔵の世界――マルクス理論の現代的再生』有斐閣　一九八三年

降旗節雄・伊藤誠編『マルクス理論の再構築――宇野経済学をどう活かすか』社会評論社　二〇〇〇年
櫻井毅ほか著『宇野理論の現在と論点――マルクス経済学の展開』社会評論社　二〇一〇年
宇野マリア編『宇野弘蔵追悼論文集 思い草』非売品　一九七九年

あとがき

本書は、私にとって初めての書き下ろしの著作である。なぜこのような文章を書くことになったのかについて、ごく簡単に記しておきたい。

私はこれまでの約四〇年間、ささやかながらマルクスの法・経済・社会思想を対象とした著書や論文を公にしてきた。もちろん宇野理論の観点から疑問をはさむことはあっても、大筋においてマルクスを評価し、その理論の部分修正をはかってきたに過ぎなかったといってよいだろう。しかし近年はしだいに、マルクスと宇野弘蔵とはまったく別の思想体系であり、宇野経済学というより宇野思想を正確に掴みとるには、むしろマルクスに対する批判に重点を移した方が、両者の差異が鮮明になるのではないかと考えるようになった。

そこで、マルクスとまったく異なった思惟形式を探すつもりで、若き日に憧れながら書棚で埃に埋もれていた現象学や仏教などの書物を手当たりしだい読むことにした。現象学こそは、唯物論に対する純粋意識すなわち観念論を代表するものであり、仏教には、科学的必然性に抗する人間の倫理的当為の根拠が集中的に表現されている。少なくとも私にはそう思われた。しかしながら私は、現象学といってもフッサールの超越論的還元の論理よりもそれを批判するレヴィナス、仏教といっても自力の行を説く大乗本流よりもそれを放棄する親鸞に魅かれていった。これらには倫理的主体そのものを、既存の哲学が依拠する「自己」から、そのまったく外部にある「他者」へと、大きく転換する意図が読み取れるように思えたからである。

この発見は嬉しかった。私にとって宇野理論もまた、マルクスに最終的に残る「人間」という主体(自我)を払拭し、資本という「他者」をして語らしめる規範理論であることに確信がもてた気がした。そのため、この三者をなんとか結びつけたいという思いが日に日に強まり、私は本書を文字にする欲求に取り憑かれていったのである。

こうした事情からこの書物は、着想から五年弱の時間を掛けてようやく書き終えることができた。

それゆえ本書は、通常の学術書の体裁を採らなかったことをお断りしたい。

読者の読み易さを優先する意味もあり、注記をとりやめ、引用文については本文のなかに出典を記した。なお、引用文のページ表記は、すべて参考文献に挙げた書物の(洋書については指定した翻訳書の)ものである。ただし、訳語については変更を加えた部分もある。また、利用させていただいた参考文献も、五十音順に並べるのではなく、ほぼ本文の論述の流れに沿って、最後にまとめて掲載しておいた。より詳しい知見を得たい方は、これらの文献にあたっていただきたい。けれども私としては、読者諸賢には、まず本書の奇妙な「三題噺」を楽しみながら読んでもらえたら、何にもましてありがたいと思う。もちろんマルクスや宇野に興味のない向きにも、現象学ないし仏教に対する関心からでも読み得るように心掛けたつもりである。

本書は思想書としてきわめて異形で未熟なものではあるが、それでも、今は亡き降旗節雄、廣松渉の両先生の学恩に多くを負っている。いまではもう、両先生の謦咳に接し叱正を受けた日々が遥か遠くになってしまった。それがたまらなく寂しい。

最後に、出版事情が最悪といわれる時期に、このようなジャンルも定かでない原稿を公刊することを快諾いただいた社会評論社の松田健二社長、および本書の編集を担当していただいた新孝一氏には、ただただお礼を申し上げるほかに言葉もない。いまは、この書物が多くの読者を得ることで、少しでも両氏のご好意に報いられることを祈念したいと思う。

青木孝平

二〇一六年七月

人名索引

青木孝平（あおき・こうへい）

1953 年　三重県津市に生まれる
1975 年　早稲田大学法学部卒業
1984 年　早稲田大学大学院法学研究科博士課程単位取得
1994 年　経済学博士（東北大学）
現在　　鈴鹿医療科学大学教授
経済理論・法思想・社会哲学・倫理学

著書『資本論と法原理』論創社 , 1984 年。
　　『ポスト・マルクスの所有理論』社会評論社 , 1992 年。
　　『コミュニタリアニズムへ』同，2002 年。
　　『コミュニタリアン・マルクス』同，2008 年。
編著『天皇制国家の透視―日本資本主義論争』社会評論社，1990 年。
共著『法社会学研究』三嶺書房，1985 年。
　　『クリティーク経済学論争』社会評論社，1990 年。
　　『現代法社会学の諸問題』民事法研究会，1992 年。
　　『法学―人権・くらし・平和』敬文堂，1993 年。
　　『ぼくたちの犯罪論』白順社，1993 年。
　　『マルクス主義改造講座』社会評論社，1995 年。
　　『社会と法―法社会学への接近』法律文化社，1995 年。
　　『エンゲルスと現代』御茶の水書房 ，1995 年。
　　『マルクス・カテゴリー事典』青木書店，1998 年。
　　『マルクス理論の再構築』社会評論社，2000 年。
　　『新マルクス学事典』弘文堂，2000 年。
　　『市場経済と共同体』社会評論社，2006 年。
　　『コミュニタリアニズムのフロンティア』勁草書房，2012 年。
　　『現代社会学事典』弘文堂，2012 年。ほか

「他者」の倫理学――レヴィナス、親鸞、そして宇野弘蔵を読む

2016年9月10日　初版第1刷発行

著　者＊青木孝平
装　幀＊後藤トシノブ
発行人＊松田健二
発行所＊株式会社社会評論社
東京都文京区本郷2-3-10
tel.03-3814-3861/fax.03-3818-2808
http://www.shahyo.com/
印刷・製本＊倉敷印刷株式会社

Printed in Japan